농부와 빨간버스

上

농부와
빨간버스 上

초판 1쇄 인쇄	2024년 04월 25일
초판 1쇄 발행	2024년 04월 30일
지은이	이승렬
펴낸곳	참국화
주소	전남 보성, 보성읍 중앙로 63-1

인쇄	북퍼브
전화	070-4269-9223
홈페이지	www.bookpub.co.kr
E-메일	bookpub78@naver.com
ISBN	979-11-987108-0-2

■ 저작권법에 의해 보호를 받는 저작물이므로 무단전재, 무단복제를 금합니다.

10년 다큐

농부와 빨간버스

上

작가의 말

마흔에 시작하여 환갑에 출판.
책을 쓰면서 응원과 낙심이 될 뻔한 말이 있었습니다.

> · 글 이라고 하기엔 약하고.   · 나이가 책을 쓰기엔 늦었소.
> · 책 쓰기 좋은 나이세요.   · 책을 천천히 쓰세요.

우여곡절 끝에 인생 2막이 2002년 마흔 가을에 시작됐습니다.
'어떻게 살아갈까?' 생각을 거듭하다가 어느 날 제가 저에게 묻기를,
'그동안 살아보니 어땠어?' 라는 질문을 하게 됐습니다.
선뜻 흔쾌한 답이 떠오르지 않았습니다. 그러나 한 가지는 확실했습니다.
지금부터는 내 자신에게 주어진 모든 시간을 '재미지게' 살아야겠다는 생각이었습니다. 그러면서 '식물농사, 그것도 약초농사를 짓자' 그런 결심을 우

연히 하게 됐습니다.

많은 약초들 중에서 어떤 이름을 가진 약초하고 재미지게 살아갈까 고심했고, 저는 감국(甘菊)을 선택했습니다. 산과 들녘을 다니며 감국 자생지를 확인하며 우리나라 약초시장의 흐름에도 관심을 갖게 되었습니다. 그러다 보니 자연스럽게 다양한 분야의 사람들을 만나게 되었고 그러다 백 마디 말보다 책으로 오래오래 전해야겠다는 생각이 들게 된 결정적인 사건이 꼭 10여 년 전에 발생했습니다.

한약초에 관심 있는 어느 중소기업 사장이 어느 청정지역에 약초재배생산기지를 만들고 싶어 했습니다. 저에게 "함께 가서 그곳을 살펴봅시다." 라고 제안이 왔고, 저는 약초학자들과 동행한다는 말을 듣고 약간은 들뜬 마음으로 따라나섰습니다. 그곳에서 그 일행들과 함께 기념사진을 찍고 다시 나뉘어져서 각자의 시각으로 흙 여행을 하고 다시 만났습니다. 그리고 뜻밖의 한 마디를 듣게 됐습니다.

"흙이 오염 되서 약초기지를 만들 수 없겠습니다." 라는 말이었습니다.

그때가 2010년 5월이었으니까 13년 전 일이 되었습니다. 솔직히 저는 아직도 그때 그 말을 들었을 때의 충격에서 헤어 나오지 못하고 있는 상황입니다.
그것은 대한민국 청정지역이라는 곳을 통 털어 했던 말이었기 때문에 더더욱 암담하게 들렸습니다. 그 후부터 흙에서 자라는 지역 각 곳의 먹을거리에 대해 더 관심 있게 관찰하면서 본격적인 '흙 여행'을 다녔습니다. 그리고 무엇이든 흙에서 자라는 먹을거리에 대해서는 '불안하지 않은 나라' 신뢰받는 청청지역이 반드시 있어야 한다는 결심을 하게 되었습니다.

그래서 그동안은 승용차로 전국을 선택적으로 다녔다면 이제는 더 많은 곳곳을 방문하면서 사람들과 교류할 수 있는 '이야기창고' 혹은 '사랑방'이 필요했습니다. 그런 생각으로 2013년 중고버스를 구입하여 '빨간버스'로 손수 만들어 전국 방방곡곡 지혜를 듣는 여행을 이어가게 됐습니다.

그렇게 이야기 창고가 된 제 빨간버스는 자연스럽게 여행지에서 만난 사람들과 수평적 대화들을 나누는 공간이 되었고 자연히 다양한 사람들의 깊은 사연도 듣게 됐습니다.

시(時)를 쓰고 쫓겨났다는 스님. 몽환적으로 남해를 그리는 화가. 날마다 철원 소이산에 올라 평강고원을 바라보는 사람들...

저는 그 많은 이야기들 중에서 삽화를 그리기도 하고 몇몇 사연을 담아 협업으로 노래를 만들기도 하고 작가들에게 지원되는 사업 중 하나인 [한국출판문화산업진흥원] 우수출판콘텐츠 제작 지원 사업 공고에도 2015년부터 칠전팔기 지원도 해봤습니다.

또 이 책을 집필하는 동안 2014년1월 남해에서 만나 2018년 추석 다음날 해운대에서 쉰 살에 붓을 버리고 은하로 돌아간 무명화가가 있습니다. 저의 벗님 이야기인데요, 저는 여행 중 휴대폰으로 기록사진을 찍는 편입니다. 하늘나라로 먼저 간 벗님의 삶과 사랑 이야기를 국내외 영화제에 출품하여 많은 사람들과 공감할 생각입니다.

처음 빨간버스 여행은 의도적으로 시작하였습니다. 그러나 현재는 전혀 의도적이지 않는, 마치 유유히 흐르는 세월에 나뭇잎 하나 되어 흐르는 그런 여행이 되고 있습니다.

이 책은 우도 땅콩밭에는 년 중 들꽃이 만발하게 하고 울릉도 나리분지에는 자연농업을 할 수 있게 하고 유일한 국가 문화재 논 가천 다랭이 논은 소가 쟁기질하고 소먹이는 논두렁 밭두렁의 풀을 베어 먹여 쇠똥구리가 서식하는 생명의 근원지가 되기를, 또 모든 학교의 꽃밭 풀밭에 풀 죽는 약을 뿌리지 않는 그래서 건강하게 성장하기를 소원하며 쓴 여행기입니다.

2023. 11. 이승렬

목차

작가의 말 ...4

1부 이승렬 10년 다큐멘터리 ...13

한 줄로 읽는 삽화...1 ...14
한 줄로 읽는 삽화...2 ...15
한 줄로 읽는 삽화...3 ...16
한 줄로 읽는 삽화...4 ...17
한 줄로 읽는 삽화...5 [사람 꽃] ...18
한 줄로 읽는 삽화...6 [사람 꽃] ...19
한 줄로 읽는 삽화...7 [시인과 농부] ...20
한 줄로 읽는 삽화...8 ...22
한 줄로 읽는 삽화...9 [참국화 소녀] ...23
한 줄로 읽는 삽화...10 ...24
한 줄로 읽는 삽화...11 [건강 장수 : 연작] ...26
한 줄로 읽는 삽화...12 [은하로 가는 길] ...28
한 줄로 읽는 삽화...13 [은하] ...29
한 줄로 읽는 삽화...14 [송정해수욕장2016] ...30
한 줄로 읽는 삽화...16 [물감 똥 쥐] ...32
한 줄로 읽는 삽화...17 [별은 깜깜한 밤에 더 빛난다] ...33

한 줄로 읽는 삽화…18 [해운대에서] …34
한 줄로 읽는 삽화…19 [해운대 유람선 동백잎 타고] …35
한 줄로 읽는 삽화…20 [영월삼거리잠수교] …36
한 줄로 읽는 삽화…21 [강원랜드에 빨간버스] …37
한 줄로 읽는 삽화…22 [뱀과 빨간버스] …38
한 줄로 읽는 삽화…23 [저작권 도용] …40
한 줄로 읽는 삽화…24 …41
한 줄로 읽는 삽화…25 …42
한 줄로 읽는 삽화…26 [돔베(도마)] …43
한 줄로 읽는 삽화…27 [보성삼베위에 유화] …44
한 줄로 읽는 삽화…28 [삼팔선 철책과 국화별] …45
한 줄로 읽는 삽화…29 [등대와 네잎클로버] …46
한 줄로 읽는 삽화…30 …47
한 줄로 읽는 삽화…31
[내가 예수라면 어떡하시겠어요?] …49
한 줄로 읽는 삽화…32 [예수님 사칭] …52
한 줄로 읽는 삽화…33 [이루지 않는 사랑] …53
한 줄로 읽는 삽화…34 [2014.11.6.가을
하동형제봉활공장에서 이루지 않는 사랑] …55
한 줄로 읽는 삽화…35
[소이산에서 본 철원평야와 평강고원] …56
한 줄로 읽는 삽화…36 …57

한 줄로 읽는 삽화…37 [새별오름] …58
한 줄로 읽는 삽화…38 [새별오름] …60
한 줄로 읽는 삽화…39 [테쉬폰] …61
한 줄로 읽는 삽화…40 [차귀도 건너편에서] …62
한 줄로 읽는 삽화…41 [달리고 싶은 곳] …63
한 줄로 읽는 삽화…42 [달리고 싶은 곳] …64
한 줄로 읽는 삽화…43 [북두칠성] …65
한 줄로 읽는 삽화…44 [팔렛트 그림] …66
한 줄로 읽는 삽화…45 [보성삼베천위에 유화 아크릴] …67
한 줄로 읽는 삽화…46 [참국화 꽃이 피네] …68
한 줄로 읽는 삽화…47 [승렬씨 자화상] …69
한 줄로 읽는 삽화…48 [하루에 열 번 행복하자] …70
한 줄로 읽는 삽화…49
[포스터 : 나 홀로 전시시회 포스터] …71
한 줄로 읽는 삽화…50 …73
한 줄로 읽는 삽화…51 [누드모델이 된 시인 김형철] …76
한 줄로 읽는 삽화…52
[코로나19로 삽화전시회를 취소함] …78
한 줄로 읽는 삽화…53 [빨간버스 첫 출발 때] …79
한 줄로 읽는 삽화…54 [바다가 파도를 치는 건] …80
한 줄로 읽는 삽화…55 [여행지에서] …81
인생2부 허락한다면 들꽃농사를 지으며 살고 싶어… …82
2012여름방학 교육기부로 시작된
[참국화시인학교] …121
농촌여행 이야기 창고로 빨간버스 제작 …156

2부 풍요로운 농촌을 위하여 ...187

문화재 논..
풍요로운 농촌을 위하여... ...188
산청 여행! ...205
풍요로운 농촌을 위하여... ...265
영광 모시떡 여행 ...281
의령 망개떡 여행 ...292
문학이 농사짓는 봉평 ...301
제주여행~음 수 사 원 飮 水 思 原 ...315
울릉도 돌 외 여행에서 생각한 나리분지에
[국립 밭 나리분지]제안 ...338
한국도로공사 사장님께 ...344
교육부장관님께 ...347
하동녹차여행 천년의 찻잔을 찾아서 ...352
보성녹차밭 커피월담 ...370
밤 밭을 지나다가 푸른 밤 밭을 꿈꾸며 ...378
감초 이야기 ...384
안흥찐빵에서 생각한 대한민국 특산품기본법 ...395
천안명물 호두과자 여행! ...404
고려비색청자(高麗翡色靑瓷)여행 ...414
김 제 평 야 는 휴 식 이 필 요 하 다 ...485

1부
이승렬
10년 다큐멘터리

한 줄로 읽는 삽화...1

봄꽃은 봄에 핀다

한 줄로 읽는 삽화...2

여름 꽃은 여름에 핀다

한 줄로 읽는 삽화...3

가을꽃은 가을에 핀다

한 줄로 읽는 삽화…4

겨울 꽃은 겨울에 핀다

한 줄로 읽는 삽화...5 [사람 꽃]

사람 꽃

봄꽃은 봄에 핀다

여름꽃은 여름에 핀다

가을꽃은 가을에 핀다

계절엔 계절의 꽃이 핀다

시인이 말했다

사람 꽃은 언제피어요

한 줄로 읽는 삽화...6 [사람 꽃]

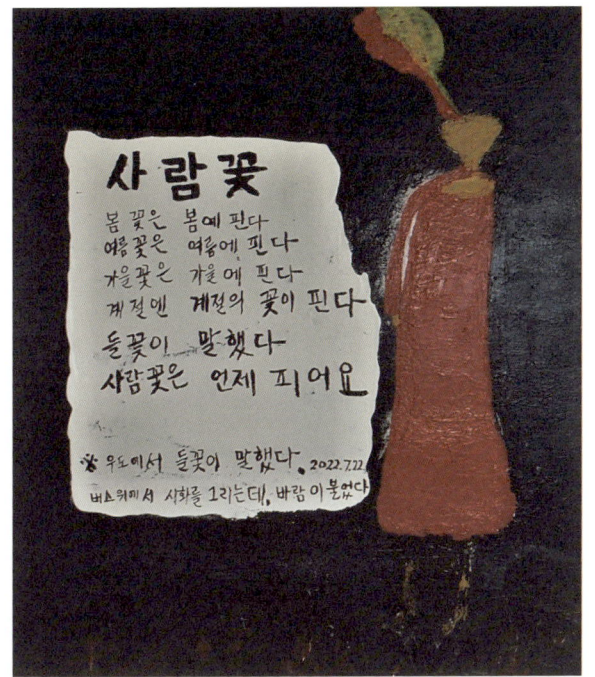

45*53cm

사람 꽃

봄꽃은 봄에 핀다

여름꽃은 여름에 핀다

가을꽃은 가을에 핀다

계절엔 계절의 꽃이 핀다

들꽃이 말했다

사람 꽃은 언제피어요?

한 줄로 읽는 삽화...7 [시인과 농부]

농부와 시인

농부가 시인께 묻습니다

시인님 시는 어떻게 쓰는 거예요

음, 음 그러니까

뱀은 길다

뱀은 꼬불꼬불 간다

음, 그렇군요

시인님

시가 지나가요

• 2012 참국화에서 어떤 시인과 나눴던 대화

한 줄로 읽는 삽화...8

각자의 삶이 있다.

한 줄로 읽는 삽화…9 [참국화 소녀]

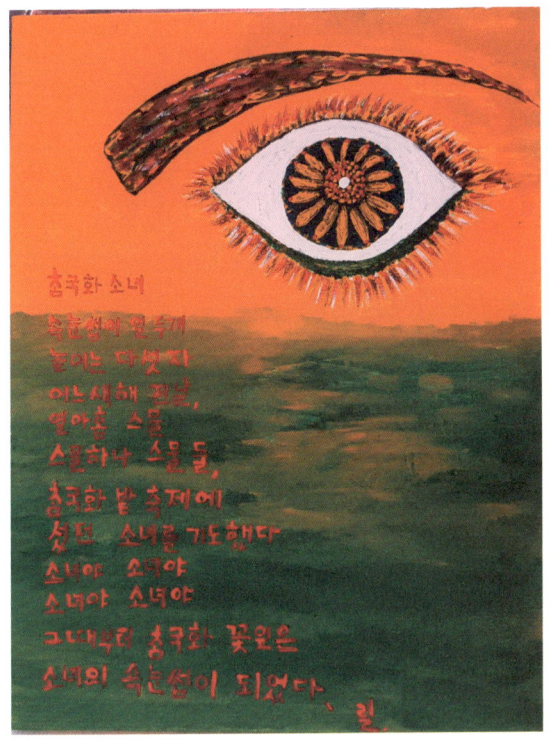

• 참국화(甘菊) 꽃잎은 대개 18개~22개입니다.

참국화 소녀　　　　참국화 밭 축제에 섰던
속눈썹이 열 두 개　　소녀를 기도했다
눈높이가 다섯자　　　소녀야 소녀야
어느 새해전날,　　　소녀야 소녀야
열아홉 스물　　　　　그때부터 참국화 꽃잎은
스물하나 스물둘,　　 소녀의 속눈썹이 되었다.

한 줄로 읽는 삽화...10

참국화 소녀

집안우여곡절이 있고 몇 년 후, 그러니까 2012년 구정 전날 해질녘에 급한 전화를 받게 됐습니다. 당시 산속 농장에서 삼대 삼형제가 함께 살고 있을 때였습니다. 남동생의 딸11세가 아프다고 하더니 토하면서 숨을 안 쉬어 구급차에 실려 병원으로 갔다는 것 이었습니다. 그래서 정신없이 병원응급실에 도착하니 입에 산소호흡기가 입에 물린 채로 누워있었습니다. 배를 보니 숨을 쉬고 있었습니다. 그래서 간호사님께 아이가 숨을 쉬고 있다고 하자 간호사께서는 산소호흡기 때문에 숨을 쉬는 것처럼 배가 오르락내리락 한다는 것 이었습니다. 분명히 배를 보니 숨을 쉬고 있는데...

그때 아이의 아빠는 보성에서 부산으로 조문 가다가 연락을 받고 중간에서 택시를 타고 병원으로 오고 있는 중이고...

응급실에 누워있는 아이 곁으로 모인가족들... 아이 이마에 손을 얹고 있는데 얼음 같이 차가움이 손바닥에 비참하게 전해져오는데...

"세상에 감국농사를 짓고 있는 나 감국을 참국화,로 부르는 참국문학축제 무대에 섰던 열한 살 참국화 잎이 스물하나 스물두 개 죽어서 겨우12살 제발 참국화 꽃잎처럼 스물살을 넘어서야지..."기도했던 소녀의 장례를 치르기 위해서는 부검을 해야 했습니다. 그때 키 크기를 재니 다섯자. 지금 소녀가 살아있다면 22세 대학교를 다니고 있겠습니다.

한 줄로 읽는 삽화...11 [건강 장수 : 연작]

참국화를 모델로 밤하늘의 국화꽃

1. 유화 72*53cm
2. 유화 72*53cm
3. 유화 72*53cm

한 줄로 읽는 삽화...12 [은하로 가는 길]

한 줄로 읽는 삽화...13 [은하]

2017.11.29. (해운대, 미포)
그림 왼쪽 위, 사다리를 타고 찍은 사진

2018년 추석다음날 쉰 나이에 부산의료원에서 안드로메다로
먼저 떠난 벗님을 생각하며 그린 그림입니다.
아래 지구에서 달까지 가서 달에서 샛별에 연결된 다리를 건너서
일직선 사다리를 타고 은하계로 가는 길...

저는 이 그림을 그릴 때 직접사다리를 타고
은하계로 가는 상상을 하면서 그려보았습니다.

한 줄로 읽는 삽화...14 [송정해수욕장2016]

2016.9 사진

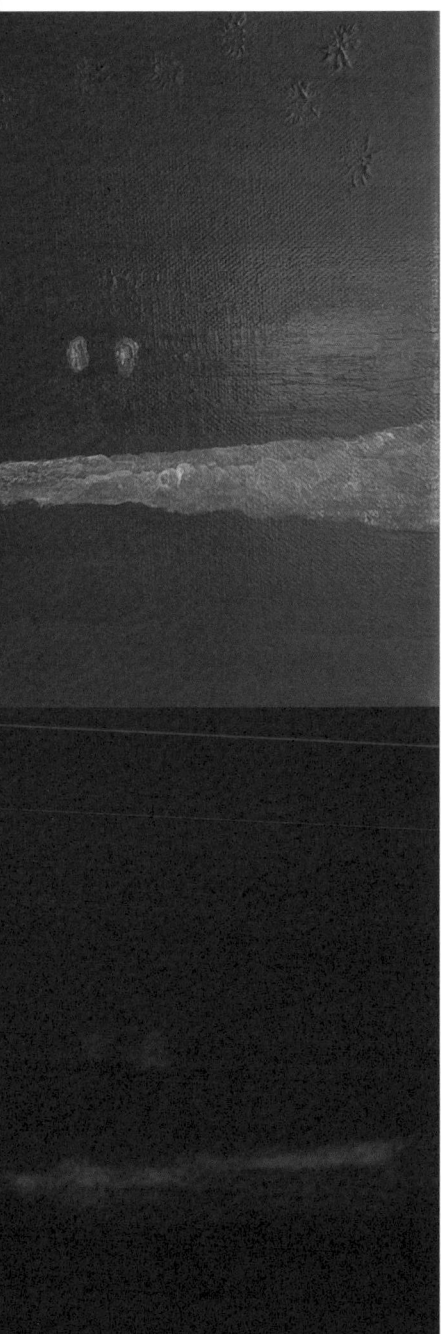

장소: 2016년 송정해수욕장

〈추석전날 밤 벗님과 함께〉

 이하선 암이 얼굴을 녹여 내리고 외형적 상처로 고통을 받고 있는 벗님은 송정해수욕장 백사장으로 들어가더니 옷을 입을 채로 파도를 향해 휘청거리며 들어간다.

 나는 사고가 예상되어 같이 있던 일행에게 현장의 사진을 찍어달라고 부탁하고 벗님의 팔을 잡고서 밀려오는 파도에 쓰러지는 벗님을 놓칠세라 함께 물속으로 들어가 짠물을 마시고 짠물을 닦아내며 헉헉대며 벗님에게 위로가 못된 위로를 하면서 겨우겨우 현실로 되돌아왔던 송정 밤바다에 점하나있는 것은 함께 물속으로 들어간 장면이고 밤바다에 점이 두 개인 그림은 벗님과 함께

한 줄로 읽는 삽화...16 [물감 똥 쥐]

물감 똥 쥐 이승렬

벗님이 남해 창선에 살고 있을 때 먹을 것이 없어
벗님 방에 드나들던 쥐들이 벗님의 물감을 먹고
"물감 똥을 싸놓았다"는 물감 똥 쥐,

한 줄로 읽는 삽화...17 [별은 깜깜한 밤에 더 빛난다]

스텐레스 판넬 유화 25*36

다큐멘터리 노래 <해운대에 가면> 위로의 가사를 쓰면서...

한 줄로 읽는 삽화...18 [해운대에서]

2016년 여름 해운대에서 동백 잎을 타고는,
그림의 하얀 모래밭, 해운대서 모래한줌 물감에 섞어 그렸습니다.

한 줄로 읽는 삽화...19 [해운대 유람선 동백잎 타고]

한 줄로 읽는 삽화...20 [영월삼거리잠수교]

영월삼거리잠수교

　봉평에서 태백, 정선으로 가는 여행코스, 물결에 휩쓸려 강둑에서 놀고 있는 모래들을 한 스푼 데려와 물감과 함께 섞어 산과 강과 하늘과 구름을 몇 년 째 그리고 있는 중...

한 줄로 읽는 삽화...21 [강원랜드에 빨간버스]

정선, 태백, 삼척 폐광지역을 위하여 만들어진 강원랜드(카지노) 의무인 듯 여러 번 갔습니다. 새벽엔 눈꺼풀이 무거운 직원들 그리고 게임에 중독된 사람들... 석탄으로 쌓아 만든 주차장 언덕에서 석탄 반 줌 훔쳐와 기름물감에 섞어 강원랜드빌딩을 그렸습니다.

한 줄로 읽는 삽화...22 [뱀과 빨간버스]

세상 속 많은 사람들... 때로는 복잡한 사람을 필연적으로 상대할 때가 있습니다. 그럴 땐 한계를 넘어선 인내와 함께 알면서도 모르는 척 상대를 해야 할 때 가 있습니다.

그 만남과 대화는 인간과 인간이 대화를 하는 것이 아니라 어느 한쪽에서는 인간의 경계를 넘나드는 대화를 합니다.

그럴 땐 함께 작두의 칼날 위에 서서 경계를 넘나들며 춤을 대화를 이어가야 합니다.

준비 과정으로는 사람보다 체온이 낮은 뱀을 가슴에 담아 똬리를 틀게 하고 뱀 입술에 키스할 예상을 세워야 합니다.

뱀에게는 미안합니다, 만은 인간의 경계를 넘나드는 이와 만남을 생각할 때 는 뱀에서 똬리 트는 방법을 배우야 합니다.

- 여러 가지로 복잡한 인간을 만나 대화하면서 혈압 오르지 않게 하는 나름의 비책.

한 줄로 읽는 삽화...23 [저작권 도용]

뱀의 혀 앞에 무릎을 꿇고 두 손으로
책을 바치는 작품 이미지를 도용했습니다.

한 줄로 읽는 삽화...24

한 줄로 읽는 삽화...25

한 줄로 읽는 삽화...26 [돔베(도마)]

제주 차귀도 건너편 해안에서 못 자국이 있고 녹 쓴 못이 박혀있는 나무 도마 같은 것을 하나 주웠습니다. 그리고 몇 칠 후 바닷가에서 해녀를 만났습니다.

그 해녀 분께서는 왜 그걸 주워오는지? 제주에서는 그런 걸 집으로 들여가지 않는다고 하셨습니다. 그래서 짐작을 하게 되었습니다. 어쩌면 이 나무토막은 집으로 돌아가지 못했을 어부들이 쓰던 도마.

저는 도마를 사용했던 어부들을 생각하며 돔베에 바다에 떠 있는 태우를 그렸습니다.

한 줄로 읽는 삽화...27 [보성삼베위에 유화]

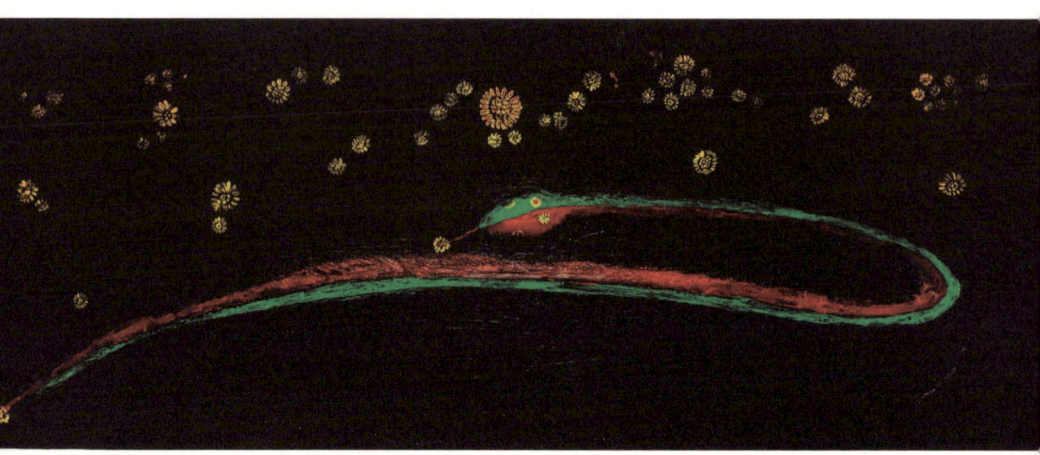

삼팔선뱀과 국화별

한 줄로 읽는 삽화...28 [삼팔선 철책과 국화별]

2014. 파주시 진동면 동파리 해마로촌에서 며칠 있을 때였습니다.

때는 늦가을 밤에는 통행이 자유롭지 못한 DMZ 그러나 수많은 새들이 길을 일러주고 안부를 묻는 듯 시끌벅적 수다스러운 대화들을 뿌려 내리며 삼팔선을 자유자제로 넘나들고 넘나드는 것이었습니다.

그것도 밤에 더...

저는 생각하게 되었습니다. '국화농사를 짓는 나' 국화가 씨앗을 맺을 때 노란국화잎이 빨갛게 탈색이 되는데 오늘밤 나의 국화 별들이 씨앗을 맺어 새들처럼 한반도에 내려 앉아 통일의 국화로 피었으면 좋겠다. 그런 소원속의 빨간 버스, 푸른 철책, 그리고 노란색의 빨간 국화잎을 그렸습니다.

한 줄로 읽는 삽화...29 [등대와 네잎클로버]

사진 2017.3.8

한 줄로 읽는 삽화...30

2017년 제주 이호테우 해변에서에서 만난 모닝을 캠핑카로 타고 남자. 키는 대략 180cm 정도 그와 며칠, 일주일쯤 만나면서 그의 신변이야기들을 들어주고 같이 올레 길을 걷고 그분의 이야기를 여행기에 쓴다고 사진을 찍었던 제주공항근처 등대.

1961년생으로 청소년기에 서울남대문시장에서 지게꾼으로 사회생활을 시작했다는 그는 2017년 현재 생존하신 아버지를 많이 미워하고 있는 상태였습니다. 장남인 그는 남대문시장지게꾼으로 돈을 벌어 남동생이 장가들도록 아버지께 돈을 보내드렸다고 했습니다.

어린청년으로 지게꾼생활을 시작할 때 같이 일하던 형이 "상인들이 너의 나이를 묻거든 두어 살 올려서 말해라, 그래야 덜 무시당하건 든" 그 후로 어떨 결에 두 살 높여 살기 시작했다고 합니다. 그 말을 듣고 저는 그만 "그 형님분이 어렸던 지게꾼을 도와 주셨군요." 라고 말했습니다. 그러자 그 남자는 "그때부터 내 인생인 엉망이 되기 시작했습니다."라고 말을 했습니다.

그 남자의 아버지는 큰아들인 지게꾼이 돈을 많이 벌고 있는 것으로 알고 있는 것 같다고도 했습니다. 시골아버지로부터 가장 많이 상처를 받은 일은 남동생이 결혼하기 전 임신을 하게 됐는데 남동생이 돈이 없으니 유산시킬 돈을 보내 달라는 것이었다고 합니다. 그 당시 남자는 결혼을 해서 10여년의 시간이 흐르고 남자부부는 아이가 생기길 간절히 소원하고 있는데 그의 아버지는 작은 아들의 혼전임신 아이를 지우려고 남대문시장 지게꾼인 큰아들의 소원을 빼앗아갔다는 것입니다.

그 남자에게 그 뒤로도 아이가 생기지 않았고 이런 저런 일들로 알콜중독 병원치료를 받는 생활을 하게 되었다고 합니다.

2017. 3. 8. 이호테우해변에는 푸른 크로버들이 자라고 있었는데 대화 중에 행운의 네잎크로버잎 이야기가 나왔습니다. 그런데 그는 네잎크로버에 대하여 이렇게 말 했습니다.

"행운인지 불행인지 네잎크로버를 찾으려고 사람들은 얼마나 많은 크로버 잎을 밟을까?"

한 줄로 읽는 삽화...31 [내가 예수라면 어떡하시겠어요?]

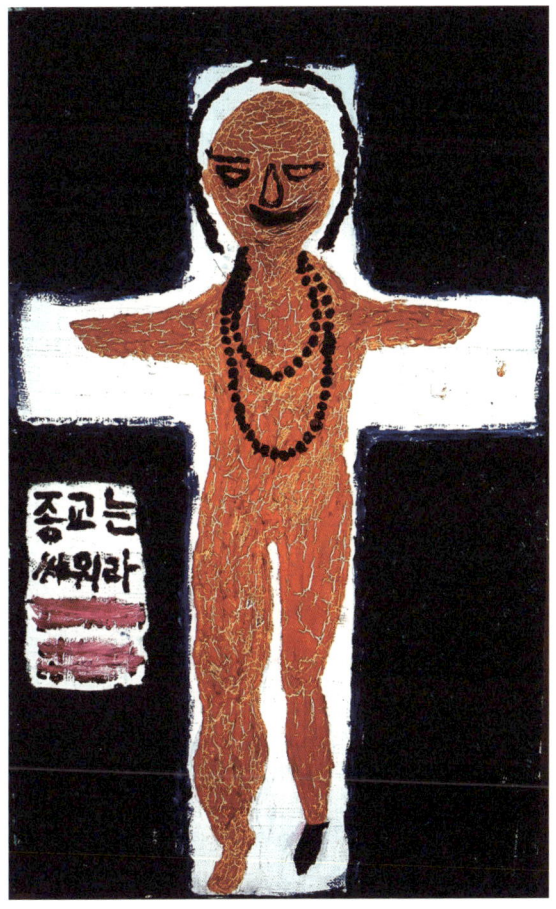

몇 년 전 어느 대학병원근처 약국에 갔던 사연입니다.

먼저병원에 들려 전날 밤부터 금식을 한 상태에서 몇 가지 검사를 하고 몇 달분의 약을 타기위해서 약국으로 들어가 처방전을 접수하고 손님들 틈으로 의자에 앉아있는데 약간의 허기가 찾아오고 마침 약국안에 100원을 넣으면 종이컵에 커피한잔 마실 수 있는 자판기가 보였습니다. 자판기 앞으로가서 100원을 동전투입구에 넣으려니 동전투입구가 스카치테이프로 막혀있었습니다. 그래서는 약사님들께 "커피를 마시려고 하는데 동전투입구가 막혀있습니다." 라고 하니, 약국의 사장님쯤 되시는 분께서 자판기 앞에 서있는 저에게 오셔서는 나가달라고 하였습니다. 그래서 저는 "100원 넣고 커피 마시려고 합니다. 그런데 투입구가 막혀있어서 말씀드린 것뿐인데, 왜 그러시죠." 재차, 여러 번 같은 말씀을 같은 드려도 막무가내로 나가달라고 하는 것이었습니다. 그래서 저는 하는 수없이 접수해 놓았던 처방전을 약사님께 달라고 하였습니다. 그 제서야 약국사장님 같은 분은 제가 손님인걸 알고 사과를 하며 저에게 나가달라고 했던 이유를 말 한 것이었습니다.

자판기의 커피는 100원을 넣지 않고, 버튼만 누르면 약국내에서 누구나 마실 수 있는 무료 커피인데 약국의 손님이 아닌 아이들 세명을 데리고 부인과 함께 메일같이 커를 마시러온 가장이 있다는 것이었습니다. 그래서 그 사람들 인줄 알았다는 것이었습니다.

하기야 그 때 저의 행색이 그렇게 보였을 것입니다. 빛바랜 푸른색 등산용 가방을 매고 검정색 계열의 웃옷을 입고 푸석푸석한 얼굴. 저는 그분께 말씀드리길 "몇 달 먹을 약을 타러온 젊은 사람들 중에 죽음문턱까지 생각하지 않는 사람은 없었을 것입니다. 저는 약국에 오면서도 기도를 했습니다." 라고, 했더니, 그 분의 말씀이

"나도 예수님을 믿는 사람으로 늘 기도 하고 있다고 했습니다."

그랬습니다. 그 말씀을 듣고 저는 저도 모르게 그만 그분을 향한 목소리가 높아지고 말았습니다.

"여기 약국주인신가요? 예수님을... 그리고 기도하신다면서요. 만약 내가 예수라면 어떡하시겠요. 예수님인지 알아보시겠어요. 그리고 또 아이들 세 명과 부인과 함께 매일같이 무료커피를 마시러 온 그분이 예수님이신지 어떻게 아시겠어요. 가장이 가족들 앞에서 늘어진 어깨로 약국에 들어와 날마다 공짜커피를 마시면 오늘도 예수님가족이 오셨다 가십니다, 하실 수 도 있지 않습니까."

벌서 몇 년 전일이 되어버렸지만 요즘도 어딘들 약국만 지나가면 건방지게 목소리만 높였던 죄송한 마음이 자꾸 커져만 갑니다.

예수님은 어떤 형태로 이 세상에 오셨을까요.

한 줄로 읽는 삽화...32 [예수님 사칭]

여행 중 어떤 사람이,

"정치인이 어떤 도시에 자기건물을 지어놓고

월급목사를 두고 교회를 운영하고 있다니까요?"

• 빨간 돼지저금통. 오른손 엄지 검지 사이의 돈(동그란 금화)

한 줄로 읽는 삽화...33 [이루지 않는 사랑]

　이루지 않는 사랑이란, 주재로 삽화를 그리게 된 것은 '여 스님과 처사님'의 사연이 너무나 애틋하여 이승에서 두 사람의 사랑이 이뤄지길 바라는 마음으로...

　그날 저는 갤로퍼를 타고 노을이 물들기 전 형제봉활공장에 도착하여 화개골 악양골 대봉같은 홍시 별들이 주렁주렁 열려 빛나는 광경을 즐기려고 있는데 나와 비슷한 승합차가 올라오더니 주차를 하고 하루가 저무는 배경 앞에서 "스님" 처사님" 상호간의 이름을 부르는 두 사람 그리고 나의 눈치를 보는 것 같은 두 사람. 그래서 나는 어느 여행지에서처럼 두 분 이쪽으로 서세요. 휴대폰 셔터를 눌러대며, 그리고 서로 포옹하세요.

더요 더. 더. 꼭 서로안아주세요. 좋습니다.

그리고 그날 밤 형제봉 하늘에는 대봉 같은 홍시별 뒤로 평사리 백사장 같은 은하수 밭에서 섬진강 재첩들이 소곤소곤... 나는 내차에서 자고 처사님과 여스님은...

• 그 후 1년쯤 여 스님으로부터 전화가 왔습니다.
그날도 두 분의 사연을 잠깐 들려 주셨는데요,
저는 부분이 삽화의 그림처럼 서로 엉덩이를 빼지 말고 사랑 이루셨으면 좋겠습니다.

한 줄로 읽는 삽화...34
[2014.11.6.가을 하동형제봉활공장에서 이루지 않는 사랑]

여 스님과 처사님 2014.11.6. 하동형제봉활공장에서 찍어준 사진

다음날 하동형제봉활공장에서 일출을 맞고 화개장터로 내려갔는데 심장문제로 화개면사무소로(점심시간) 겨우 들어가서 직원 분께 119구 요청을 부탁드려 하동의료원으로 실려 갔던,

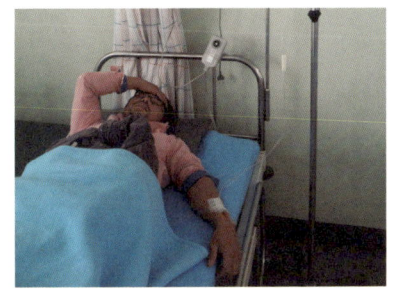

2014.11.7. 하동의료원 긴급 입원 후 퇴원
• 119 구급대원님들께 감사드립니다.

한 줄로 읽는 삽화…35 [소이산에서 본 철원평야와 평강고원]

철원 소이산 올라 철월평에서 평강고원을 잇는 황톳길을 남북 협의 없이 마음속으로 길을 열었습니다. 이 길은 남북을 오가는 통로와 함께 동서를 오 갈수 있는 한반도 중심의 길이 되겠습니다.

2014. 8 소이산에서 본 철원평야와 평강고원

한 줄로 읽는 삽화...36

유화 : 60*120cm

인생이란 바다와 삶의 건반

한 줄로 읽는 삽화...37 [새별오름]

유화 120*60cm 2022.7

빨간버스 꼬리에 노란 바람개비를 달아 2022.7

아크릴 100*60cm 2022. 7

새별오름 위에 별을 그리려고 며칠을 이곳에 주차하고 있는데, 이곳 관리하시는 분께서 트럭을 타고 오셔서 거친 언어로 새별오름은 별이 안 뜬다, 그리니 차 빼라! 하셨다. 나는 푸른 새별오름이 너무 좋아 이곳에서 며칠을 더 있었는데 맑은 밤이면 새별오름 만큼이나 청초한 별들이

"잘 오셨어요, 정말 오셨습니다,"

하고 반겨 주는 것 같았다.

한 줄로 읽는 삽화...38 [새별오름]

빨간버스 꼬리에 노란 바람개비를 달아 2018.

새별오름 사진 2022.7

한 줄로 읽는 삽화...39 [테쉬폰]

한 줄로 읽는 삽화...40 [차귀도 건너편에서]

밤에 길목

한 줄로 읽는 삽화...41 [달리고 싶은 곳]

한 줄로 읽는 삽화...42 [달리고 싶은 곳]

한 줄로 읽는 삽화...43 [북두칠성]

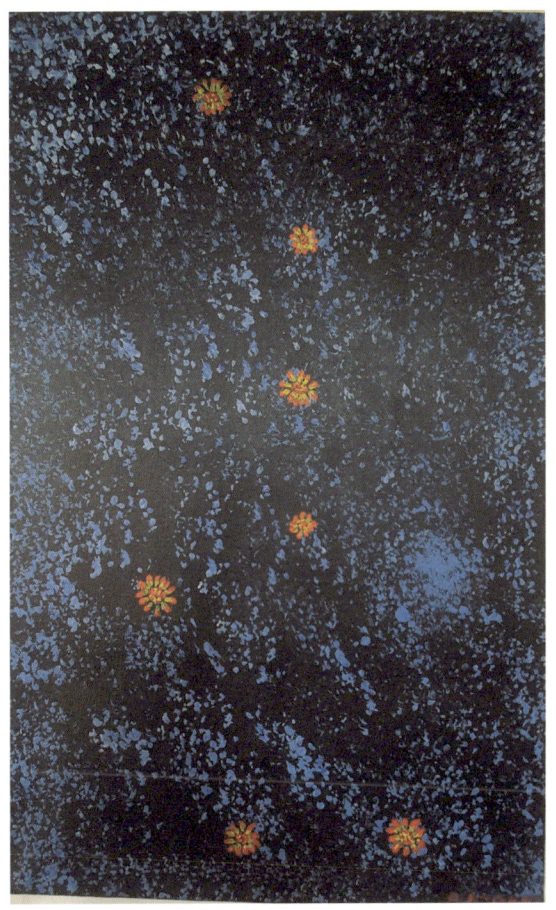

어느 날 밤 시골 어머니 집에서 휴대폰으로 북두칠성을 촬영 지인에게 사진을 보내줬는데 지인은 사진을 컴퓨터로 옮겨 확대를 해 보았는데 우리가 볼 수없는 수많은 별들이 하늘에 있다고 알려 줬던 북두칠성 그림.

한 줄로 읽는 삽화...44 [팔렛트 그림]

빨간버스 안에서 그림을 그릴 때 사용하던 알루미늄 판넬,
그림을 그릴 때 물감을 묻혀놓고 섞어 쓰고 덜어 쓰고 남은
물감이 빨간버스

한 줄로 읽는 삽화...45 [보성삼베천위에 유화 아크릴]

한 줄로 읽는 삽화...46 [참국화 꽃이 피네]

참국화 한송이

한 줄로 읽는 삽화...47 [승렬씨 자화상]

승렬씨   자화상 사진

한 줄로 읽는 삽화...48 [하루에 열 번 행복하자]

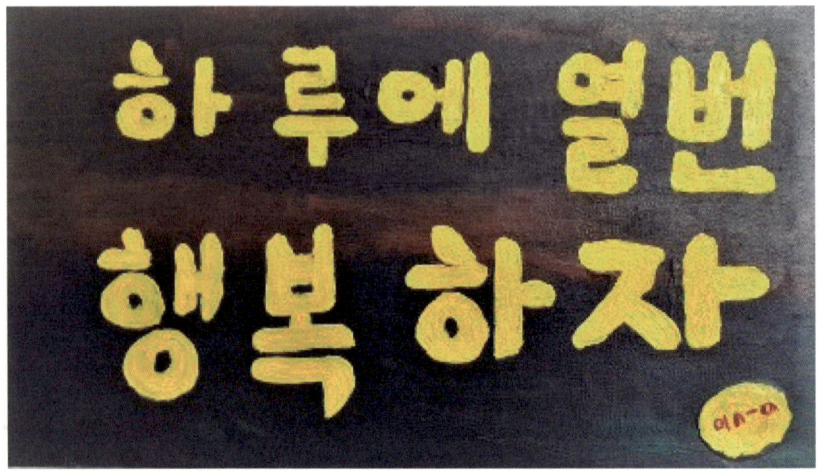

유화

오늘이 마지막 날

내일이오길...

그래서 하루에 열 번 행복하자

한 줄로 읽는 삽화...49 [포스터 : 나 홀로 전시시회 포스터]

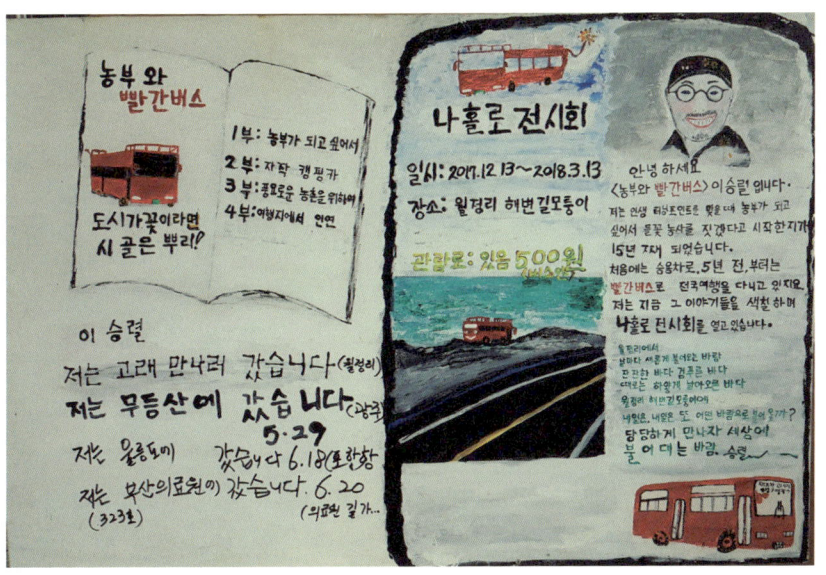

농부와 빨간버스

도시가 꽃이라면 시골은 뿌리!

1부 : 농부가 되고 싶어서

2부 : 자작캠핑카

3부 : 풍요로운 농촌을 위하여

4부 : 여행지에서 인연

이승렬

저는 고래를 만나러 갔습니다. (월정리)

저는 무등산에 갔습니다.(광주)

저는 울릉도에 갔습니다.(포항항)

저는 부산의료원(323호)에 갔습니다.(부산의료원, 길가)

일시 : 2017.12.13.~2018.3.13.

장소 : 월정리 해변 길모퉁이

관람료 : 있음 500원(버스 안)

안녕하세요.

〈농부와 빨간버스〉 이승렬입니다.

저는 인생터닝 포인트를 맞을 때 농부가 되고 싶어서 들꽃농사를 짓겠다고 시작 한지가 15년째 되었습니다. 처음에는 승용차로5년, 전, 부터는 빨간버스로 전국여행을 다니고 있지요 저는 지금 그 야기들을 색칠하여 나 홀로 전시회를 열고 있습니다.

    월정리에서 날마다 새롭게 불어오는 바람
    잔잔한 바다
    검푸른 바다
    때로는 하얗게 날아오르는 바다
    월정리 해변 길모퉁이에
    내일은, 내일은 또 어떤 바람이 불어올까?
    당당하게 만나자 세상에 불어대는 바람.

              이승렬

한 줄로 읽는 삽화...50

저는 날씨가 더워 23일 무등산에 갔습니다.

농부와 빨간버스 전시회

일시 : 2018.7.22.~27.

장소 : 5.18민주광장

"오늘보다 더 웃는 미래를 위한 지혜와 만남"

   수년째 전국의 유명논밭을 중심으로 여행 중인 빨간버스가 5.18민주광장에 정차했습니다. 꽃이 있습니다. 들꽃과 상여 꽃이 있습니다. 흙에 뿌리를 둔 들꽃, 피었으나 중간에 누운 시체, 그러나 살아있다는 운상꾼들의 발걸음이 있는 상여 꽃.
   농부와 빨간버스는 생명의 근원인 흙이 건강해야 미래 우리의 생활이 행복하다고 말합니다. 홀로 여행 중 홀로만난 사람은 누구나 시인이었고 누구나 예술가였습니다.

   우리는…
   세상사 특별한 인생 없다, 는 것에 동의하였고 우리는 특별한 사람들이다, 는 것에 고개를 끄덕였습니다. 또 나를 자주 만나자 거울 앞에서처럼 자존감 예기도 나눴습니다.

   빨간버스와 함께 여행지에서 만난 수많은 인연들… 그 야기들을 캠바스에 유화 등으로 색칠하는데 100여점이 되어 버스안과 밖에 붙이고 있습니다. 그동안 지역 지역을 여행하면서 먹고 마시고 체험한 지역의 특산품들... 저는 온전한 지역의 특산품이길 소원하고 있습니다. 농부들이 떨어뜨린 땀이 다시 자라나서 꽃이 되어 결실을 맺을 수 있도록 응원해 주십시오.

농부와 빨간버스 이승렬

한 줄로 읽는 삽화…51 [누드모델이 된 시인 김형철]

출판 전 2023.08.27.

그제 전주에 있는 김형철 친구에게 전화했습니다.

- 잘 있자?

"응 그리여, 너도 잘 있지!"

- 형철아 아무래도 오두막에 한 번 다녀가야겠다.

"무슨 일 있어."

- 없는데, 너를 그리고 싶어서…

모델 김형철 2023.08.27.
이승렬 오두막 마당에서 포즈

유화 : 24*40

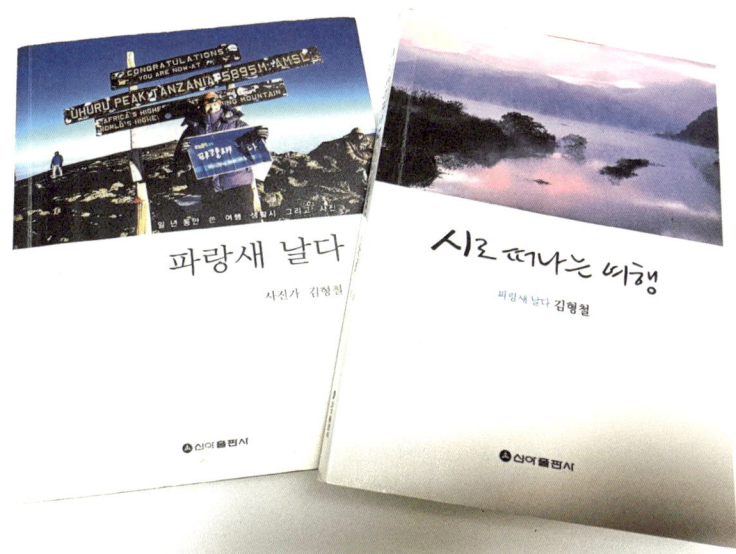

김형철 시집

한 줄로 읽는 삽화...52 [코로나19로 삽화전시회를 취소함]

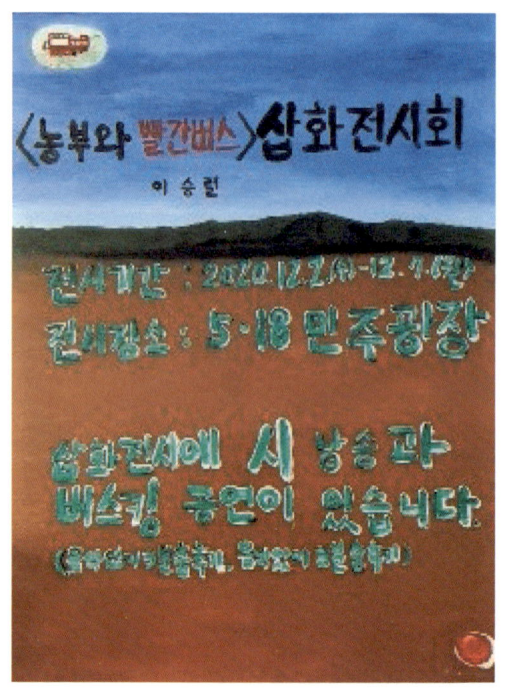

<농부와 빨간버스> 삽화전시회

작가 : 이승렬

기간 : 2020.12.2.~12.7(6일간)

전시장소 : 5.18 민주광장

삽화전시에 시 낭송과
버스킹 공연이 있습니다.

한 줄로 읽는 삽화...53 [빨간버스 첫 출발 때]

한 줄로 읽는 삽화...54 [바다가 파도를 치는 건]

120*60cm

바다가 파도를 치는 건 균형을 잡기위해서다

한 줄로 읽는 삽화...55 [여행지에서]

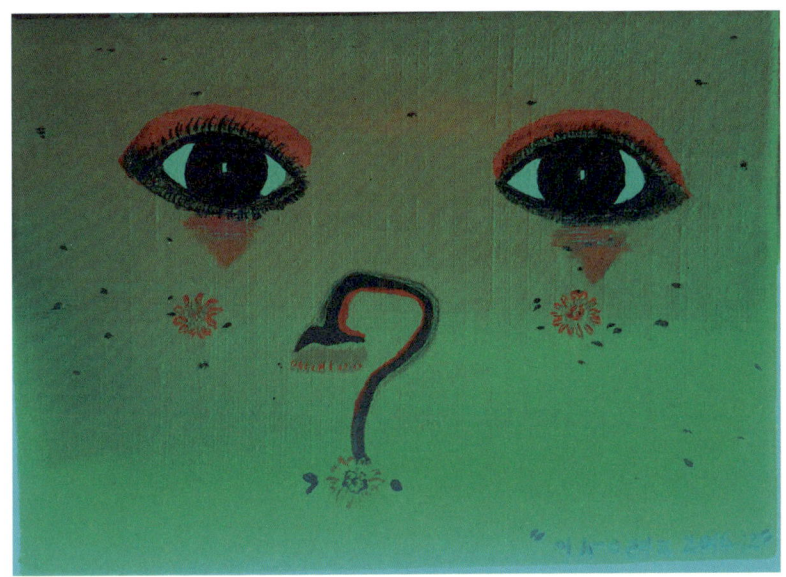

여행지에서

느낌표!

물음표?

< >

" "

' '

,

…

그리고 마침표 사람도 만났습니다.

인생2부 허락한다면
들꽃농사를 지으며 살고 싶어...

그 해가 2002년 월드컵으로 국민들의 함성이 하나로 뜨거웠던 여름이었습니다. 당시 저는 서울의 한 대학병원에서 심장혈관을 넓히는 시술을 두 번 받게 되었습니다. 생과 사를 오가며 저는 많은 생각을 하게 되었습니다. 인생후반을 뛸 수 있는 시간이 다시 주어진다면 그 동안 살아 왔던 삶의 방식을 바꾸고 고향산골에 돌아가 약초농사를 지으며 살고 싶다. 동물적 삶이 아닌 식물 적 삶을 살아야겠다는 막연한 계획을 세우게 되었습니다.

물론 어디까지란 결론을 정해놓은 것도, 꼭 완성하리라는 목표를 설정해 놓은 것도 아니었습니다. 다만 두 번째 인생인 만큼 좋아하는 일들을 마음 것 즐기며 살고 싶었습니다. 언젠가 때가되어 내 스스로에게 물었을 때 당당하게 웃으며 "응, 재미지게 살았어."라고 대답할 수 있기를... 절망적인 상태에서 소원했던 꿈을 훗날 망각하지 않길 맹세했던 해였습니다.

고향에 돌아가 어떤 약초농사를 지을까?

그때 여의도서점에서 식물에 관한 책을 여러 권 샀습니다. 어떤 약초가 좋을지 많은 식물들을 두고 생각에 생각을 거듭 했습니다.

"나는 왜 식물농사를 지으려고 하는 것일까?"

스스로도 답이 궁금했습니다. 짐작컨대 그것은 아마도 청소년기에 보았던 어떤 풍경 때문인 것 같습니다. 마당이 있는 집에서 아침햇살이 내리는 시간에 식물에 물을 뿌려주는 광경, 그 모습이 아마도 저에게 행복한 인생으로 각인되었던 모양입니다. 그래서 약초 농사를 짓고 싶었고, 약초를 선택하기 전 기왕이면 문화예술과 연관성이 있으면 좋겠다는 생각을 막연히 했습니다. 남성보다는 여성들이 더 좋아할 이름으로, 약리성 짙은 품종이 있다면 더욱 좋겠다는 생각을 하며 책을 정독했습니다.

페이지를 넘기며 식물들의 정보를 익히던 중 마침내 약초 하나에 꽂혔습니다. 국화과에 속하는 감국(甘菊)이었죠. 저는 감국과 함께 산골로 돌아가야 한다는 결심을 굳히게 되었습니다.

마음이 바빠졌습니다. 감국은 무엇인지 어느 곳에서 자생하고 있는지 확인하기 위하여 전국산야를 찾아다니기 시작했습니다. 그러나 마음이 앞서서였을까요? 감국이 자라고 있는 곳을 쉽게 찾아내지 못했습니다. 산에서 산삼을 찾는 심마니의 마음을 이해 할 것 같은 암담한 시기였습니다. 그러던 2003년 가을 어느 날, 어릴 때 나물을 캤던 저희 집 산골농장을 산책 하다가 우연히 푸른 떡갈잎을 뒤에 노랗게 무리지어 핀 감국을 만났습니다. 전년에 표고버섯 재배용으로 자른 떡갈나무 밑 둥에서 가지가 올라와 있었는데, 그것을 따라서 반가운 감국이 단아하게 피어 있었습니다.

책에서 만나 인생의 후반부를 함께하고 싶었던 들꽃이 전국 산야를 뒤져도 보이지 않던 그 꽃이 제가 태어난 곳에 있었던 것입니다. 어렸을 때 동생들과 함께 토끼에게 줄 꼴을 베고 칡잎을 따던 곳에서 저를 기다리고 있었다는 듯 감국이 웃고 있었습니다.

그렇게 저의 인생 2막을 열어준 감국을 야생지에서 처음 만나 씨앗을 심고, 뿌리 나눔으로 옮겨 심어 재배면적을 늘려갔습니다. 비슷한 생김새로 산국과 감국은 간혹 혼돈을 줍니다.

어떤 감국은 산국 같고 어떤 산국은 꼭 감국 같습니다.

| 감국 | 산국 |

그래도 군이 다른 점을 찾자면, 감국꽃잎이 산국보다 조금 큽니다. 감국이 피었을 때 대략 2.5~3cm 정도로 재배지역이나 토양성분에 따라서 꽃잎의 크기가 약간 다를 수 있습니다.

또한 맛이 완전히 다릅니다. 감국은 단맛이 있으며 산국은 쓴맛이 있습니다. 제가 깨물었던 식물들 중에서는 산국이 가장 쓴맛이 강했습니다. 쓴맛을 수치로 나타내는 기계를 찾을 수가 없어서 아쉽지만, 한 송이를 30번쯤 깨문 것으로 가정을 하고 수치를 낸다면 산국의 쓴 맛은 100%, 감국의 쓴맛은 20%정로라고 할 수 있겠습니다.

또 제주도의 산국은 겨울에서 봄까지 피는 것으로 볼 수 있고, 다른 지역의 산국보다 쓴 맛이 덜합니다. 감국은 특별한 곳에서만 자생하는 품종이 아니라 전국산야에 고루 자생하는데, 산국보다 습기를 싫어합니다. 그렇다면 감국은 어떤 성분 때문에 한약재로 사용할까요? 평소 알고지낸 한의사분들께 여쭤본 일반적인 답변입니다.

"사람이 화가 오르면 간에서 화를 멈추게 합니다. 그런데 어떤 때에는 그 화가 머리끝까지 올라가는 경우가 있지요, 그리고 머리가 많이 아프게 되면 안압까지 오르고… 이럴 때 화를 낮추기 위해 감국을 사용합니다. 화가 낮아지면 안압이 떨어지고 그래서 눈에도 좋다고들 합니다."

감국 색깔

엽록소 빛 감국찻잔 사진   엽록소 빛 감국근접 사진

 감국차를 마시다가 찻그릇에 12시간쯤 그대로 두었습니다. 그런데 물색이 변해져서 당황스럽기도 하고 무엇을 잘못한 사람처럼 괜스레 겁이 나기도 했습니다. 그런데 어느 한의대 교수님께서 집에 오셔서 하룻밤을 주무시면서 감국 농사 정보와 감국 유전자 분석을 위해 감국을 샘플로 가져가셨습니다.

 그때 평소 궁금했던 감국차의 에메랄드빛 변색에 대하여 여쭸더니, 엽록소일 가능성이 있다고 말씀하셨습니다. 그러면서 학계에서도 감국에 대한 연구가 더 필요하다는 말씀을 하셨습니다.

감국꽃이 씨앗으로 익어가는 현상

노란 꽃 속 육각형 집안에 씨앗으로 영글어 갈 풋향기들이 담겨져 있습니다. 벌과 나비는 가을걷이를 하듯 꽃잎을 잡고 꽃송이를 흔들고 티끌보다 가벼운 잠자리 같은 곤충들이 풋 향기를(씨앗이 될 단백질) 담아갑니다. 요 녀석들 때문에 노란꽃잎은 빨갛게 짙어지다 희어지고 또 내년 가을에 필 진한 감국 향기로 영글어 갑니다.

국화꽃잎 수

감국농사를 지으면서 꽃잎을 관찰한 결과 꽃잎 수는 열여덟 장부터 스물두장이가장 많았습니다.

국화씨앗 크기와 향기

벌레 같은 생김새를 한 이 씨앗 사진은 철물점에서 산 줄자에 감국 씨앗을 올려놓고 찍은 것입니다. 줄자의 거리는 총 5cm 국화씨앗 하나의 크기는 0.1cm~0.2cm입니다. 이 작은 씨앗 하나를 깨물면 우주에 떠있는 별 하나를 깨무는 느낌의 향이 납니다. 국화차를 마실 때 마다 저는 상상합니다. 별의 향기를...

산에서 작은 밭으로 감국 재배 면적이 조금씩 늘어가면서 약초 농사도 더 재미있게 빠져들고 있었습니다. 그리고 여전히 전국의 약초시장들을 다니며 모니터링하고 감국 농사만큼은 전국에서 제일가는 곳으로 만들겠다는 욕심까지 들었습니다. 그 때(2005년~2010년) 어떻게 소문을 들었는지 여러 지자체 관계자들이 감국 재배를 하겠다고 연락이 왔습니다.

직접 농장으로 저를 찾아온 분들도 많았습니다. 그 즈음 우리나라에서는 허브와 야생화와 약초에 관심이 많을 때였습니다.

그때 감국사업을 하겠다는 사람들은 계획을 세워놓고 다급하게 찾아오거나 전화로 연락을 해온 분들입니다. 그 분들이 심겠다는 감국 사업 계획을 들어보면 허술하고 1회용으로 사용하고 버릴 휴지 같은 느낌을 받아서 내키지 않았습니다. '저는 이 꽃에 제 인생을 걸기로 약속한 사이인데...' 하는 비장함이 들어 그 분들에게 "감국 모종을 구입 하시려면 1년 전에 예약을 하셔야 한다" 는 핑계를 대며 둘러대기를 여러 번 했습니다. 저야 감국 모종을 팔면 당장에 배곯지 않고 돈벌이는 되겠지만, 그것은 꽃의 대한 예의가 아니었습니다.

어떤 곳에서는 수 만평 땅에 국화꽃을 심어 축제를 한다며 호들갑을 떨었습니다. 대대적으로 TV광고를 내고 영화세트장을 만들고 하면서 약초 축제를 홍보했습니다. 감국 농사를 짓고 있는 저도 당연히 그 축제 현장으로 달려갔습니다. 그런데 가보니 국화들이 한창 피기 시작한 그 자리에서 저는 그만 할 말을 잃었습니다. 국화꽃을 보고 하늘을 보고 또 국화꽃을 보며 이런 생각을 했습니다.

'이 많은 국화 꽃밭을 계획하고 일구느라 담당자들이 수고를 참! 많이 하셨겠다. 이게 바로 우리 농업의 현실이구나!'

저는 약초 축제를 빛내고(?) 있는 국화꽃들에게 미안한 마음이 들었습니다. 왜냐하면 그 밭에 심어져 있는 꽃들은 약초인 감국이 아닌, 모습이 비슷한 산국이거나 이름을 얻지 못한 그저 평범한 국화였기 때문입니다. '소위 약초 축제를 한다는 곳마저도 최소한의 연구조차 선행되지 않는 이런 일이 어떻게 일어날 수 있을까?' 불신과 의문이 들었습니다. 약초를 재배할 때는 최소한 한의대학교나 한방병원 등 판매 가능 여부와 함께 철저한 연구와 고증을 바탕으로 해야 하는 게 아닐까...?

그러나 현실은 전혀 달랐습니다. 특히 소비자를 무시한 채 그저 보여주기식 행정과 공과를 빛내고 싶은 시장군수의 열정만이 우선시 되고 있는 그래서 아쉬움이 큰 어떤 지방자치단체의 국화사업이 있었습니다.

저의 감국농사도 2010년 수확 후 국화차 소비 외에는 특별한 판매처를 찾지 못했습니다. 한의원 한방병원 한의대학교 제약회사 등을 찾아다니며 제도적 협약체결을 통한 안정적인 약초농사를 지으려고 노력했으나 만족할만한 결과를 이끌어내지는 못했습니다. 저를 포함한 영농조합에서도 2만여 평에 감국을 자연농법으로 재배생산 했지만, 목표하는 한약재로는 판매하지 못했습니다.

저는 감국농사를 시작하면서 한국에서 가장 큰 한방병원에 한약재로 공급을 해야겠다는 포부를 갖고 있었습니다. 그 이유는 우리나라 한의대학교나 한방병원에서 우리의 약용식물인 진품 감국을 사용한 이력이 없었기 때문이었습니다. 예를 들면 한약재로 탱자를 쓰는데 탱자를 구하기가 쉽지 않아 비슷한 것을 사용합니다. 탱자 대용으로 귤이나 귤피를 사용하듯 감국도 마찬가지입니다. 가품 감국을 수입해서 사용하고 있습니다.

한국 의약수출입협회 통계자료에 의하면 가품 감국 수입 현황이 06년 51,558kg 07년48,643hg 08년15,820kg 09년17,000kg 10년14,000kg 이나 됩니다. 사실 한방병원에 농부가 약초농사를 지어 공급한다는 것은 어쩌면 하늘의 별을 따는 것만큼이나 불가능한 일이라는 것을 피부로 느낀 일이 있었습니다. 한번은 우리나라에서 명성이 높다는 한의대와 한방병원이 있는 의료원에 국내산 감국이 있으니 사용해줄 것을 부탁했습니다. 그 전에 한의대 교수님께도 택배를 위해 냉장 보관한 감국 생화를 스티로폼박스에 담아 진품이라는 것을 확인받고 보내드리기도 했습니다.

또 한약제가 들어가는 한약원(의료원에서 사용할 모든 한약재를 관리하는 곳. 의료원에서 운영)을 방문하여...

"의료원에 감국 진품을 납품하고 싶습니다. 그동안 국내산이 없어 할 수 없이 가품을 사용하셨다면, 이제는 진품 감국을 사용해 주십시오. 그리고 진열장에 진열된 감국 가품도 진품으로 바꿔주십시오."

이렇게까지 요청했던 일이 있습니다. 그리고 지인과 함께 의료원장 측근을 만나 같은 뜻으로 간곡하게 말했습니다.

"한국에서 가장 중요한 곳에서 가품을 사용하면 산하 한의대와 한방병원 등에서는 무엇을 보고 배우겠습니까? 진품 감국을 꼭 사용해주십시오"

라고 부탁했었습니다. 그로부터 한 달 여 시간이 지난 후, 동행했던 지인으로부터 실망스런 연락이 왔습니다. 내년까지는 계약한 물량이 있으니 어렵겠다고.... '제기랄...' 시간을 끌 때 이미 알아봤습니다.

이즈음 저는 한약재인 감국과 관련해서 보건복지부와 식약청을 자주 드나들었습니다. 문제는, 한약재로 사용한 감국 품종이 두 종이라는 것입니다. 저는 어떻게 품종이 두 종일 수 있냐며 보건복지부 관련부서에 여러 번 건의하고 문제제기를 했습니다.

그리고 그 담당자께서는 "시장분리 하겠습니다," 라고, 제게 모호한 약속을 했습니다. 그렇게 또 얼마간의 시간은 흐르고...기다리다가 저는 청와대 국민신문고에 글을 올렸습니다.

청원의 내용은 우리나라 한약재사용에 관한 것으로 요약을 하자면, '국가의 대통령은 한 분입니다. 국가의 정책이 바로서지 못하면 국민들의 일자리가 사라지고…(중략)…

우리 산과 들에 자생한 감국이란 이름이 하나있습니다. 그런데 어찌 들에서 자생 하지 않는 국화를 감국이라 부르며 한약재로 바꿔 사용할 수 있습니까. 둘 중 하나만 감국이란 이름으로 사용할 수 있게 해주십시오…'라고.

감국   국화

2011년 8월 마침내 답변이 왔습니다. 담당기관은 보건복지부, 답은 식약청.
"국민신문고를 이용해 주셔서 감사합니다. 귀하께서 질의하신 사항에 대하여 다음과 같이 답변 드립니다. 한약재의 경우 약재명과 식물명이 반드시 일치하는 것은 아닙니다. 지적해주신 수입한약재 [감국] (약재명)은 당시 '감국'(식물명)과 '국화'(식물명) 모두 기원 종으로 인정하고 있기 때문에 '국화'(식물명)도 [감국] (약재명)으로 사용되었던 것입니다. 2011.3.22.일자로 [대한약전외한약(생약)규격집]이 개정되어 [감국] (약재명)과 [국화] (약재명) 품목이 분리됨에 따라, '감국'(식물명)만 [감국] (약재명)으로 인정되므로 향후에는 이와 같은 문제가 없을 것으로 사료됩니다."

※ 감국 개정에 있어 작은 암투가 있었으리라는 추측. 개정 후 바로는 아니었지만 그로부터 전국 한약재시장에서 가품감국을 써 붙여 놓고 버젓이 판매하는 일들은 차츰 줄어들었습니다. 현재는 찾아볼 수 없을 만큼 가품 감국은 감국 시장에서 일반 국화로 분리되었지만, 여전히 한방병원, 한의대 등에선 국산 진품 감국을 사용하지 않고 있습니다.

※ 그래서 한약재를 취급하는 분께 여쭤봤습니다.

- 왜 국산약재인 감국 사용을 안 하세요?
"값이 비싸서요."
"…………"
그래서 한 번도 한의대나 한방병원에서는 감국을 사용해 본 적이 없습니다. 그 이유는 우리나라 몇 곳에서 재배하고 생산까지는 했으나 납품된 이력이 없기 때문입니다.

또 다른 국화농사 '참 국 화 문 학 축 제'

2010년 잠실에서 서울살이를 하고 있는 친구소개로 한분을 소개 받게 되었습니다. 고향출신으로 정치를 하고 있는 분이었는데 친구는 뜻대로 되지 않는 저의 감국농사가 안타까웠는지 도움을 주고 싶었던 것이었습니다.

저보다 한살적은 친구는 술과 담배를 지극히 사랑하는 독신으로 그 친구와 첫 만남은 특별했습니다. 10여 년 전 가을날 저는 지인 몇 명을 초대하게 되었는데 제가 초대한 지인이 또 그 친구를 초대하였고 그 친구는 또 다른 한 명을 초대하여 대략적인 약속시간보다 두시간정도 빨리 와서... 그때까지 우리는 한 번도 인사를 나눈 적도 없었는데 산장으로 들어서면서부터 다짜고짜

"멧돼지고기 어디 있어?"

술이 덜 깬 분위기로 처음 보는 제게 빨리 멧돼지고기와 술을 대령하라는 식으로 씩씩 거렸습니다. 그때는 저희가족이 농장을 운영할 땐데 어머니와 아버지 남동생 두 가족들과 함께 멧돼지, 흑돼지, 흑염소방목과 표고버섯 느타리버섯 등을 키우는 산장까지 운영했을 때였습니다. 그래서 저는 묶어놓은 살아있는 멧돼지를 가리키며,

- 멧돼지 저기 있는데요.

"에이 씨. 배고파죽겠는데 언제 먹냐?"

며 아직 잡지 않은 돼지를 보며 계속해서 투덜거렸습니다.

- 그러실 거면 가세요.

했더니 조금 조용해 졌습니다.

그런데 그 후부터 문제가 됐습니다. 초대 하지 않았던 사람들이 와서 투덜거린 것에 저도 모르게 열이 올라갔던 것 같습니다. 그래서

- 투덜거리려면 가세요. 기분이 별로거든요. 가세요. 빨리 가시죠.

이렇게 쏘아붙였는데도 이 두 사람은 묶여있는 멧돼지를 바라보고는 자리를 뜨지 않는 것이었습니다. 저는 그때 왜 그렇게 까지 했는지... 쫓겨나지 않으려고 했던 그 두 사람을 끝까지 쫓아버린 일이 있었습니다.

독신의 술사랑 친구와 함께 온 그분은 전직 모 은행지점장이었다는 소릴

나중에 듣게 되었는데, 그는 쫓겨 가면서 씨*** 개시키... *같은 시키 등등 있는 욕들은 다 불러내어 오페라를 부르고 갔을 거라는 추측...

초대를 했으면서도 쫓아냈던 그 사건 몇 년 후, 우연한 자리에서 그를 다시 만나게 되었는데 뜻밖에도 그때 제 고약한 성격과 살아가는 고집이 맘에 들었다는 이야기를 했습니다.

그래서 독신의술사랑 친구는 저에게 뭔가 돌파구를 찾아보라는 뜻으로 기꺼이 막걸리를 곁들인 자리까지 만들어 주었는데 술 사랑친구가 소개시켜준 그분께서 저에게 말씀하시길 농사를 지으면서 어떤 것이 필요하냐는 물음에,
제가 대답하길
- 농업도 이제는 정보가 넘쳐나는 시대입니다.
어떤 지역에서든 어떤 작물이든 맘먹은 대로 농사를 지을 수 있는 환경이 되어있습니다. 바람이 있다면 문화예술과 연결된 농사를 짓고 싶습니다. 라고 했었습니다.
"구체적으로 그것이 어떤 것인가?"
- 저는 감국농사를 짓고 있으니까 국화가 필 때 문화예술인들과 함께 국화 밭에 모여 국화도 따고 산에 단풍도보고 하늘도보고 새참도 먹으면서 이야기하는 그런 농사를 짓고 싶습니다, 라고 말해 습니다. 그것은 평소에 제가 갖고 있었던 생각으로 제 말을 귀담아 듣던 그 분에께서 이듬해인 2011년 봄, '문학축제'를 열자는 연락이 왔습니다. 그리고 서울 팀 보성 팀에서(편의상 팀이라 하겠습니다) 축제에 대한 준비를 여름부터 해나갔습니다.

서울 팀에서는 문인들의 원고를 받아 문학지 [첨국문학]지를 만들고,
보성 팀에서는 여러 도시에서 찾아오실 손님맞이 준비를 착실히 했습니다.

사실 보성 팀에 속한 제가 국화밭 주인이기도 해서 주도적으로 나서서 이런저런 준비를 도와야 했었는데 실상은 그러지 못했습니다. 이제와 핑계를 들자면 축제 3년 전, 가족들의 삶의 터전이었던 농장이 부도가 났습니다. 2005년 신강진-광양 구간 중 345KV송전철탑이 세워지고 농장 내 등산로가 폐쇄되면서 농장을 찾는 손님들의 감소로 이어져, 끝내 부도 처리가 됐었습니다. 그 일로 가족모두가 실용불량자가 되었고 가족들은 삶의 길을 잠깐 잃게 되었습니다. 경제적으로 막막한 상태. 그런데다 엎친 데 덮친 격으로 농사지은 감국을 판매하지 못한 상태여서 어려움이 가중되어 있었고 문학축제와 관련해서 서울과 보성을 다니며 만났던 분들과 함께 식사하러간 음식점에서도 밥값 한번 내지 못하며 눈치만 살핀 처지였습니다. 지금 생각해도 죄송한 일들이 너무 많습니다.

어쨌건 국화밭에서 '참국문학축제'가 펼쳐지게 되는데

저는 [참국화로 부르기까지] 라는 제목의 수필을 쓰게 되었는데 그 글을 쓰면서 감국을 우리말로 바꿔 부르고 싶었습니다.

어렸을 때 산골에서 동네 어머니들이 봄나물을 캐면서 여러 나물 이름들을 불렀던 기억이 났습니다. 저는 감국을 '참국화'로 부르고 싶었습니다. 사실 '참'이 붙여진 나물들이 많이 있습니다. 참꽃, 참취, 참쑥, 참국화 이외에도 여러 가지가 있지만, '참'이 붙여진 먹을거리는 참으로 극명한 맛이 있습니다.
'참'은 인간이 풀잎을 먹으면서부터 식별하고 검증해낸 언어의 증명서입니다.

저의 이런 참국화 생각을 서울 팀 관계자께 말씀드렸더니, 참에 대한 논의를 했다고 합니다. 그리고 마침내 "참국화가 맞습니다."라는 말씀을 해주셨습니다. 그에 대한 동의로 2011년10월 보성군 문덕면 봉갑리와 수월리 사이 (주암댐으로 수몰된 지역) 댐 물이 찰랑거리는 구렁진 감국 밭에서 '참국문학축제'가 열렸습니다.

축제 날 새벽부터 아침까지 잔비가 내렸습니다. 많은 비는 아니었지만 새벽녘엔 걱정이 됐습니다. '축제가 가능할까?'

해가 나올 시간에 국화밭으로 가서 서성이고 있는데 다행이 구름사이로 삼태기만한 햇볕이 나와 주었습니다. '아! 다행히 축제를 할 수 있겠구나,' 안도가 됐습니다. 비가 그친 뒤에는 언제나처럼 바람이 따라오는데 실과 바늘, 물과 불처럼, 사랑하지만 사랑하지 않는 것처럼 목화 같은 바람이 살살 나뭇잎들을 흔들었습니다. 제 가슴에 물들어 있던 추억들도 흔들렸습니다. 비 맞은 국화 밭을 내려다보고 있으니 문득 어릴 적 아버지가 마당을 쓸고 계신 모습이 떠올랐습니다.

몇몇 해 전 아버지는 제 이름을 부르시며 "승렬아, 부모보다 빨리 죽으면 안 된다" 그러셨는데 왜냐하면 그 즈음 저는 심장병으로 가끔 구급차 신세를 졌기 때문이었습니다. 어떤 날엔 보성에서 서울까지 그대로 구급차에 실려 가기도 했었고 아버지보다 먼저 죽지 않기 위해 생명의 끈을 놓지 않았던 제가 그 아침엔 아버지처럼 국화밭길을 쓸었습니다. 산골에서 아버지가 마당을 쓴 날엔 꼭 반가운 손님이 오셨습니다.

저도 빗물에 흙이 묻어있는 밤자갈들을 쓸고 밀어내는데, '정갈해야한다' 이번엔 할머니 생전의 말씀이 가슴에 들렸습니다. 할머니는 가마솥뚜껑을 닦을 때마다 '정갈' 이란 말씀을 자주 하셨는데 왜 빗자루 질을 하는 이 대목에서 '정갈' 이란 단어가 떠올랐는지 빗자루를 내려놓으면서 조금 알 수 있을 것 같았습니다.

축제 날 아침,

멀리서 혼자오시는 분이 계셔서 국화밭에서 전화를 받고 문덕시외버스정류장과 복내시외버스정류장에 마중을 나갔습니다. 보성군 문덕면 (옛 백사마을, 단양동 앞) 찻길에서 국화 밭까지는 걸어서 약30분 정도로 주암댐에 수몰되기 전까지는 광주를 오가던 유일한 큰 길이었습니다.

국화밭으로 가는 길은 댐에 물이 가득차면 길의 흔적을 찾아볼 수 없지만 물이 조금 빠지면 민물장어처럼 구불구불한 신작로가 들어나게 됩니다.

참국문학축제에 찾아올 사람들은 옛날 신작로를 걷다가 작은 오르막길을 오르고 약300미터쯤 약간의 숲속을 지나고 억새풀이무성한 길을 지나서 4~5백 미터쯤 댐의 물을 보며 가다가 왼쪽으로 (오른쪽은 호수, 왼쪽은 산) 지렁이처럼 생긴 밭길을 따라 200미터쯤 오르면 축제장인 국화 밭이 나오게 됩니다.

축제는 여러 도시에서 오신 분들이 많아서 예상시간보다 늦은 오후3시쯤 진행되는데 **태극기를 국화 밭에 세우고 모두 태극기를 바라보면서 애국가를 부릅니다.** 그때를 생각하면 내가 국화밭에서 무슨 짓을 했는지...? 가뜩이나 심장이 정상이 아닌데 지금도 그 날을 생각하면 가슴이 벌렁벌렁 해지면서 농사란 무엇인가? 나에게 또 되묻게 됩니다.

그때 국화 밭에서 저는 오신 분들께 인사드리기를 포기하고 축제의 풍경을 영상기록으로 남겨야겠다, 마음먹고 그 시간을 촬영하게 됩니다. 호수가 작은 협곡에서 국화꽃을 축하하기 위하여
    알록달록 색색의 옷을 입은 여덟아홉 명의 실버예술인
    색동의 한복을 입은 사람.
    정장차림의 신사 분들...
    힐을 신고 자갈길을 지나서 오셨던 분들...
    단체조끼를 입고 오신 분들...
    그리고 초 중 학생들...
그리고 장작불에 새참이 준비돼 있는 이 그림은 축제장 마당의 식전풍경입니다. 애국가 제창에 이어서 사회자는 순국선열 및 호국영령과 먼저가신 문화예술인에 대한 묵념을 합니다.

그리고 참국문학축제에서 뭔가 의미 있는 일을 해야겠다며 '보성 이형섭'씨 아이디어로 참국문학축제와 지역교육지원청과(지역 내 초등학교 포함) 문학멘토링 협약체결도 합니다. 그리고 이어진 순서로
    제목
      시 : ①가을친구 ②친구
      산문 : ①물 사랑 ②참국화밭에서

라는 시제가 주어졌고, 문학축제에 오셨던 문인들과 학생들이 멘토와 멘티로 맺어져 산문의 추억을 쌓는 시간을 갖게 됩니다. 그리고 한편 어머니와 동생들 그리고 동네아주머니들은 가마솥에 장작불을 지펴 고구마와 계란을 삶아내시고 국화전을 부쳐내고 막걸리를 평상에 올려놓으시니 옛날 시골집 잔칫날 같은 풍경으로 이어지고 국화 밭 아래에 있는 연못 둑에 대나무기둥을 세우고 빨래줄 같은 줄을 쳐서 문인들의 시화를 걸어 놓았는데 그 작품들이 단풍에 취했는지 시상에 젖었는지 막걸리에 취했는지 줄에 걸린 시화들이 모두 연못에 들어가 아른 아른거리다가 땅거미가 찾아오면서 국화밭에서의 축제는 1막을 내리고 2부 밤 축제를 문덕면생활관으로 옮겨 즐겼던 '참국문학축제' 나는 무슨 생각으로 문화예술과 연결된 농사를 짓고 싶다고 했는지…?

그동안 국화농사를 지으면서 생각해보면, 우리사회가 급격하게 발전하면서 한편으로는 중심을 잃은 고도의 성장으로 곳곳이 막히고 곳곳에 항아리 밑이 깨지는 결과들이 생기고 그래서 점점 열악해지고 막혀가는 농업의 물꼬들을 터 줄 수 있는 사람들은 문화예술인들이다, 라는 생각이 생겼고 그 생각으로부터… 또 독신의 술사랑 친구로부터 지인을 소개받아 함께 甘菊밭에서 문학축제를 통해 참국화 이름을 얻는 농사를 짓게 되었으나, (감국농사 : 농부가 재배하고 농부가 생산하고, 그러나 유통과 소비가 막힘, 그래서 생산자와 소비자 간의 물꼬가 막힘)

'나에게 물꼬란' 어쩌면 국화농사를 지어 빌딩을 짓는 것이 아니라 두런두런 이웃이 있는 오막살이 세상일지도… 그래서 나의 인생2부는 평생 텃밭에 참국화를 심으며 참국화 풀빵을 굽고 캠퍼스에 참국화를 그리면서 낙엽 지는 순간까지 참국화 향을 닮고 싶다는 생각.

2011.10.22. 참국문학축제 사진과 [참국 문학] 사화집에
쓴 수필 참국화로 부르기까지...

축제 석달전 : 왼쪽부터 이남섭시인. 김영승시인. 김장현시인.
이형섭시인. 이승렬농부. 김진중시인. 이중래시인

문학축제를 열기위한 현실적인 모임 2011년 여름밤 보성군 녹차밭 봇재다원
왼쪽부터 손삼규시인 이형섭시인. 김장현시인. 김진중시인 이승렬은 기록사진을 찍었음.

참국문학축제 준비 최종만남 축제7일전 : 서울시 서대문 독립관
왼쪽부터 이형섭시인. 이승렬농부. 최양현시인. 김장현시인. 김진중시인. 장건섭시인.

2011.10.22. 참국문학축제 이모저모...책 [참국 문학] 국화야 액시야

[참菊 문학] 국화야 액시야

참국화 밭으로 가는 길...

(주암댐으로 수몰된 보성군 문덕면 백사 단양마을 앞, 광주 가는 길...)

참국화밭으로 가는 길 문덕면 (옛)백사마을 앞   참국화밭으로 가는 길(옛) 백사마을 앞

2011.10.22. 참국문학축제 이모저모 ...국기에 대하여...

국기에 대하여 경례

재능교육기부 mou체결 신세훈시인. 우측 김용국시인(문덕초등학교 교장)
학생 (고)이슬이 왼쪽 사회자 이상미시인

2011.10.22. 참국문학축제 이모저모 ...축하마당...

축하마당 : 보성실버예술

시제 ...글짓기 알림...

시제 :(이남섭시인) 시/ 가을친구, 친구.
산문/ 물사랑, 참국화 밭에서

2011.10.22. 참국문학축제 이모저모 ...글짓기...

　　멘토와 멘티　　　　　　　　　멘토와 멘티

멘토와 멘티   멘토와 멘티

멘토와 멘티   멘토와 멘티

2011.10.22. 참국문학축제 이모저모 ...글 감상...

글짓기 :글 감상 왼쪽부터 정정순시인. 김남국시인.
장겁섭시인. 김장현시인. 이영춘시인. 김진중시인.

2011.10.22. 참국문학축제 이모저모 ...음악재능기부... 서울시 송파에서 활동...

음악: 재능기부 (서울 송파에서 활동) 사회 : 이상미시인.

2011.10.22. 참국문학축제 이모저모 ...축제의 음식...

축제의 음식 : 고구마

축제의 음식 : 국화전을 부치고 계란을 삶고, 학생들은 우유와 빵 그리고 생수

축제의 음식 : 국화전을 부치고 계란을 삶고, 학생들은 우유와 빵 그리고 생수

2011.10.22. 참국문학축제 이모저모 ...축제의 사진...

왼쪽 김장현시인 오른쪽 이용부시인
(축제를 위해 보이지 않는 지원과
응원을 주신 이용부시인)

보성실버예술

국화밭에 큰 버드나무가 있어요

시낭송

2011.10.22. 참국문학축제 이모저모 ...문인들의 시화...

축제장의 풍경과 뒤에 문인들의 시화

문인들의 시화

시화 : 문인들의 시화

2011.10.22. 참국문학축제 이모저모…수필 참국화로 부르기까지…

참국화로 부르기 까지…

첩첩산중의 마을 이름은 심곡深谷 여기에서 태어나 1976년 봄 14세에 빠른 서울 살 이를 시작했습니다. 1년 남직한 공장생활에 갑갑함을 변명으로, 주간잡지에 실린 고소득 보장이란 사기에 야행을 시작했고, 사춘기를 불나방들과 함께 청춘을 태워가며 그렇게 주제도 없는 춤을 추고 살았습니다.

너무 일찍 체험해버린 우리사회의 일면, 어른이 되면 다 그런 줄 알았습니다. 이것이 청소년시절의 사회에 대한 일방적인 정립이었습니다.

저의 인생에 전환점이 되어준 글과 그림

깜박거리는 불 빛 속에서도 시인을 동경하는 친구와 서양화를 공부하던 친구를 만나 느끼게 된 것이 인생은 여러 길이 있고 사람마다 가는 길이 다를 수 있구나, 그리고 그것을 금전으로 평가해서는 안 되며 빈부의 이유로 나는 또 다른 신분을 만들어가며 권력으로 이용하고 가해하며 살고 있는 것은 아닌지 문득 고향의 부모님이 생각났습니다. 그리고 인생의 꽃은 무엇이며 어떻게 필까! 곰곰히 생각을 해봤습니다.

89년 귀향

90년 중반까지 전기, 전화, 길도 없는 그런 작은 산골에 한 달에 한번 가족들과 자장면(외식)먹기, 윤택한 산골 만들기,

이 두 가지 꿈으로 귀촌 야산을 이용 토종닭을 방목하면서 소득원을 찾으려 했고 광주에서 흑염소음식점, 서울에서의 흑돼지구이, 참숯을 구워 참숯 베게, 매트를 만들어 백화점 진열과 판매도 해보았습니다. 산촌에서 생산된 물산을 도시에 공급, 도시와 농촌의 연결고리로서 작은 산촌의 행복함이 이뤄지길 꿈꿔보았습니다.

그러나 어렵게 설정된 저의 생각과 실행이 큰 불효를 하고 있었습니다. 결론적으로 부모님께서 어렵게 모은 재산을 많이 버렸으니까요.

이렇게 여러 번 뜨거운 맛을 보고도 시골에 무엇이 있을까? 그 산에 무엇이 있지! 나를 그토록 부르는 것은 무엇일까? 이런 생각으로 끊임없이 고향을 향해 휘어지는 내 마음은 또 무엇일까!

2000년 세 번째 행복한 산골 만들기 사업에도 실패하면서 고향집으로 돌아가지 못하고 신림동 고시촌 3평 남짓한 곳에 갇혀있었습니다.

배를 타야지 하는 생각으로 강원도 삼척, 동해항을 기웃거리기도 하였고 새로운 사업은 또 뭐가 있을까 하는 고민에 포천, 연천, 가평, 청평에도 여러 번 갔었습니다.

영등포 신길동 옥탑 방 생활과 여의도역 1번 출구 앞, 포장마차도 산촌에서의 하지 못한 숙제로 시간이 흐르는 내내 노을만 그렸고, 고향으로 되돌아가고 싶었지만 두꺼운 낯 짝을 내밀 수는 없었습니다.

고향을 갈 수는 없지만 서울에서 가까운 거리에 있는 시골을 선택하기로 하고 지인을 통해 포천읍에 있는 밭을 무상으로 임대하여 수박 참외 고추를 심어 가꾸며 또 다른 귀농을 준비하면서 신길동 옥탑 방에서 포천인근지역으로 막노동 일에 전원주택을 짓는 현장에서도 산 촌민들의 고단한 생활이 도시와의 연결 고리가 있다면 분명 윤택한 생활이 가능하리라는 것을 버리지 못하고 있었습니다.

어떤 것 들이 있을까, 소재를 찾아가며 동물성이 아닌, 우리나라의 식물자원 관심에 한참 빠져 있을 때 심장의 혈관이 막혀 대학병원에서 긴급하게 스텐트로 혈관을 늘리는 시술을 받았고, 스텐트가 몸에 맞지 않아 시력이 나빠지는 등, 몸은 더 이상 서울에서 버틸 수 없는 지경에 이르러 영원한 귀향을 생각했습니다.

서울에서 죽을 수 있는 경제적 여유도 없었고, 죽더라도 어려서 본 별빛, 달빛 소나기가 지나가며 피게 될 무지개가 보이는 곳에서 잠들고 싶었습니다.
외동딸은 여섯 살, 고향 할아버지 할머니 곁에 있었고 아내는 신길동 옥탑방에서, "사면초가" 40세에 죽음의 그림자를 업고 아버지께서 운영하신 농장에 가산을 탕진한 죄인의 몸이 되어 세 번째로 어둑한 밤에 숨어들었습니다.

그때 아버지께서 하신 말씀이 승렬아 죽지 말아야 한다. 부모보다 빨리 가면 안 된다 하시며 걱정을해 주셨습니다. 그때의 건강상태는 구급차에 자주 실려 서울에 있는 대학병원까지 이송되어 입원을 하곤 했었습니다. 그해 겨울 내내 죽는 연습을 했습니다. 신기하게도 세상을 미워하는 마음이 생기면 심장이 더 뛰고 아팠습니다.

이때부터 무엇이든 미워하는 마음을 가슴속 깊은 곳에서 부터 없애려 연습을 하고 있습니다. 그러나 잘 안 되는 건 간사한 제 마음이겠지요,

언제든 내 생각과 관계없이 내 안의 내 영혼이 날 떠날 수 있다는 것을 항상 염두 해 두고 살아가고 있습니다.

사선을 넘나들며 본격적으로 계획을 세운 것이 식물농사였습니다. 청소년 시기에 서울의 어느 정원에서 물 뿌리는 광경을 훔쳐보고 그때부터 식물에 대한 관심을 가졌는지도 모릅니다.

지구상에는 허브식물이 2500여종이 있고 우리나라에도 1,000여종 이상이 분포하는 것으로 추정되고 있다고 합니다. 우리나라 한 의계에서 쓰는 한방약재는 547종으로 동물성54 광물성36 식물성429 기타28 가지가 있습니다.

식물에 관한 책을 보며 어떤 품종을 선택해야할지 어떻게 어디까지 접근해야할지 여러 가지 방향에서 고민한 끝에 쓰임새에 있어서도 약리작용, 산업적 가치, 문화예술의 접근성도 좋아야 한다는 것에 감국(甘菊)을 선택했습니다.

이때부터 본격적으로 우리나라의 전통, 문화관광 흐름을 한눈에 볼 수 있는 인사동거리와 제기동(약령시)약초장터, 전국의 약초를 취급하는 오일장, 한의원, 대학한방병원, 약초재배, 생산지와 함께 유통과정을 지금까지 모니터하고 있습니다.

외국인들에게 한국의 전통을 대표적으로 보여줄 수 있는 인사동거리, 참 많이도 변해 있습니다. 저가품경쟁에 밀려 우리의 소중한 것들이 외세물산에 뒤로, 뒤로 덮여지고 문화예술의 도구 붓, 한지, 먹, 벼루는 박물관에 가면 볼 수 있을 정도로 귀하게 됐다고 합니다.

그마저 한국산을 구입한 외국, 관광객을 보면 캄보디아, 한지. 일본, 붓. 인사동의 한 예술인은 이렇게 말합니다. 우리는 우리가 살아가는 있는 본질에 대하여 충실하고 있는지? 최근 몇 년 사이 시화전이 늘어 수 십 장씩, 글씨를 써 달라는 주문이 들어와 돈을 벌어 좋긴 하지만, 작자가 직접 쓰고 그려 작품으로써 예술 활동을 폈으면 좋겠다는 말씀을 하셨습니다.

인사동에 가면 천상병시인의 귀천이 있었습니다, 지금은 안계시지만, 우리의 국화차라며 감국을 드리곤 했었고, 전통찻집과 여러 곳에 감국을 진열해 놨지만 알아봐주는 사람은 아무도 없었습니다.

한방에서는 감국을 한약재로 두통이나 감기 비타민A, B1등의 성분이 시력과 간 기능을 개선시키며 플라보노이드 성분이 항균, 항바이러스 및 항염증 효능이 있어, 한약재로 사용하고 있고, "한방병원설립요건 병실 30개 이상"병원이 전국에 160개가 있습니다.

그러나 유명한 한의대, 한방병원에서도 진품 감국을 사용한곳은 한군데도 없습니다. 한약재 자급률10% 미만으로 한 의계는 정체성을 잃은 지 이미 오래됐습니다.

개화기, 갑신정변1884년~ 일제강점기 1910~ 1945년을 거치는 동안 해외로

100만점 이상 우리식물자원이 유출 당했다고 합니다. 나리는 백합으로 개량되어 네덜란드에 매년 400만 달러이상 로열티를 주며 역수입하고 있고, 구상나무도 1917년 미국하버드대 부설 수목원으로 가져가 15개 품종으로 개발돼 역수입 되고 있으며, 세계적으로 유명한 크리스마스트리 나무가 됐습니다.

유엔이 1987년 지구상에 모든 생물종을 보호하기위하여 전문가회의를 개최하면서부터 1992년 브라질 리우환경협약(158개 국가 협약) 2010 일본 나고야 의정서(제10차 생물다양성협약당사국총회) 2011년 9월23일 UN본부에서 열린 생물유전자원 접근 및 이익 공유에 관한 의정서에 환경부장관이 서명했습니다.

이 서명의 의미는 그동안 국가 간의 생물자원을 마음대로 사용했지만 의정서가 발효되면 나라간의 협약을 거쳐 자원의 원산지가 있는 나라에 로열티를 지불해야 합니다.

버드나무가 원료인 아스피린은 독일 바이엘의 화학자 펠릭스 호프만이 신약으로 개발한지가 100년이 지났고, 스위스 로슈홀딩이 중국의 토착식물인 팔각회향을 신종플루 치료제인 타미플루로 개발, 특허권을 가지고 연간 30억 달러이상 매출을 올리고 있습니다.

우리나라는 530여종의 국외 반출금지 대상목록이 있으며, 러시아의 경우 천연자원을 무단 반출시 간첩죄로 취급할 만큼 엄벌에 처한다고 합니다. 현재 우리가 살고 있는 지역에도 밝혀지지 많은 식물이 미래의 신약이 될 수 있습니다.

우리나라 천연물시장규모 약 10조원 의약, 한약, 식품, 바이오, 화장품 등 세계는 지금 천연자원 전쟁에 돌입했습니다.

그러나 우리나라는 어떻게 대처하고 있을까요? 제약회사, 식품회사, 한방병원, 한의대학교, 우리의 것은 다 내어주고, 품종도 구별 못하는 학습으로 의사가 되어 국민들을 진찰하고 건강권을 위협해 삶의 꽃을 갈취하고 있는 것은 아닌지, 고의적 오류로 명예를 탐하고 부를 취하는 그들은, 그는 누구인지,

한국문화예술에도 오류가 있습니다.

미술에서 사군자[四君子] 매화(梅花) 난초(蘭草) 국화(菊花) 대나무(竹)는 12세기 고려중기 김부식(金富軾)과 정지상(鄭知常)이 묵죽과 묵매를 처음 그렸다고 문헌은 전하고 있습니다. 세월이 흐르면서 사대부상의 정립을 위해 군 자적 인품이나 절개를 표현한 [매 란 국 죽] 그 중에서 국화는 홑꽃을 그려야 함에도 자연이 배경이 된 곳에 겹꽃을 그린 것은 지식인들의 무지함에서 오는 오류로 한국의 산야에는 겹꽃의 국화가 자생하질 않습니다.

해외동포들, 또한 한국문화 길잡이의 역할과 함께 사군자를 그리는 활동을 넓혀가고 있지만 정보미숙이 안타까울 뿐입니다.

정부와 환경부, 보건복지부, 식약청과 인터넷정보 또한 많은 오류로 시정이 요구되는 상황입니다.

한국을 원산지로둔 초본식물로써 이른 봄 쑥과 함께 잎이 가장 빨리 자라

나고 늦게 피는 꽃이 감국입니다. 이러하듯 감국은 모든 식물들이 싹이 트며 꽃이 피고 지는 것을 지켜보고 씨앗을 떨어뜨려 번식을 하는 생명력 있는 한국의 대표 국화꽃입니다.

인간이 들꽃에 대하여 조금 낫다면 손이 있고 발이달린 것이라고 생각합니다. 사람도, 나무도, 식물도, 자연의 일부 그러나 억지로 꺾어 밟는 짐승들, 그들은 거짓과 진실사이의 경계를 타고 상여꽃향기로 향수를 만들어 세계적 개발특허, 명품 이렇게 굿을 하며 스스로 상여속의 눕습니다.

2011년 4월 25일 한국최고의 한방병원장이 대통령주치의가 됩니다.
그러나 짝퉁한약재를 사용하면서까지 "내가 최고의 명의다." 대통령 주치의 역할을 하는 것을 볼 때 식물유전자원을 도둑질하려는 세계의 국가들이 재미있어 할 것 같습니다.

화전민 아들에서 서울시민으로 살다 귀향, 광주 전남의 식수원이 된 주암댐상류지역에서 농업법인을 결성 2009년 겨울, 환경부(영산강유역환경청) 공모사업에 선정돼 5억4천만 원의 기금을 받아 약, 2만여 평에 감국을 재배, 생산했지만 한의계에서 구매를 외면, 국가가 추진하는 정책사업도 상업 앞에서 무릎을 꿇고 말았습니다.
시인이 쓴 시 한편의 재료값은 얼마나 될까요? 연필, 지우개, 원고지…….
또한 화가의 그림 한 점의, 재료값은 얼마나 될까요? 붓, 물감, 화선지…….

현대문명은 진화를 거듭하고 있지만 농부는 혼란스럽고 작은 지혜도 부릴

줄 모릅니다. 사면초가 늪에 빠져있을 때, 우연히 하늘에 흐르는 구름을 보게 되어 세상과는 또 다른 소통의 길이 있을 수 있을 것이다, 라는 생각으로,

2010년 봄

서울 송파에서 지인의 소개로 뵌 이용부님께 말씀드리길. 귀향생활의 고단함과 감국은 농약, 비료, 퇴비까지도 칠 필요가 없는 야생종으로 국민들의 식수원인 댐 주변지역에서 재배가 가능하고 잦은 안개발생으로도 병충해가 없으며, 들풀과 함께 키워 소비자들이 신뢰하고 기업들이 사용에 관한 역할을 해주면 많은 농민들의 삶이 조금 더 좋아질 것 같은데 이것이 어렵습니다.

그리고 어떤 품종이든 농산물은 대량재배, 생산이 가능한 시대에 와 있습니다. 그러나 자연의 형태로 관리하여 생산한 물산은 얼마 안 됩니다. 대형유통업체들은 풀질과는 관계없이 값싼 모델을 만들어 비유를 합니다. 하여 농업인으로 촌놈으로 산다는 것이 매우 힘이 듭니다, 문화예술과 접목된 농업을 해보고 싶습니다, 하고 말씀드렸더니 그 자리에서 흔쾌히 답을 주셨습니다.

올해 여름

김장현님을 뵙고 감국(甘菊)이 쓰임새에 있어 가품이 진품으로 둔갑되고 여러 오류가 있음에도 일부 예술인들까지 문화를 오염시키는 상황이 더 이상 감국 이란 이름으로 부를 가치가 없어 우리말인 참국화로 부르고 싶습니다, 하고 말씀드렸더니 5분도 안돼서 참국이 맞아 하시며 금세 알아봐 주셨습니다.

OECD(경제협력개발기구) 식량자급률, 프랑스320% 체코198% 독일147% 미

국125%. 한국25%. 34개 회원국 중 28위로 쌀101% 콩8.4% 옥수수1.0% 밀 0.5% 한약재 9%. 국토 면적중, 70%가 임야, 활용가능한토지가 적다는 이유로 살아있는 갯벌을 매립하고 도시 등 공단을 만들어 몸집만을 키우고 있으며, 환경부이하, 에서는 그 지역의 주민들로부터 수변지역 토지를 사들여 옥토를 접근금지 시킵니다.

또한 수자원공사의 전국 댐이 17개로 홍수위와 만수위 선의 토지를 활용 못하고 있습니다. 여름철 폭우 때마다 떠내려 온 환경오염물질들……. 지구별은 이렇게 몸살을 앓아 생명체를 보호하는 오존층이 파괴돼 기후가 급변하는 등 국가적 고민이 요구되지만 정부와 관료들은 비만해지고 서민들과 농민들의 배꼽은 허리에 닿아 있습니다.

참국화로 부르기까지...
정부의 여러 부처와 약초를 재배한 자치단체, 유통회사, 한의사, 한방병원, 국회에 까지 다소 시끄러운 소리로 투명성 있는 제도적 개선을 희망했습니다. 그러나 그들, 일부는 100년쯤 시간이 더 흘러야 침을 흘리며 잠에서 깰 것으로...

문화예술인까지도 "참"을 묻었다면
농부는 아마 들에서 목을 매 죽었을 겁니다.

2011년 10월 이승렬

2012여름방학 교육기부로 시작된
[참국화시인학교]

　　　　　참국문학축제가 끝나고 이듬해인 2012년 1월10일 당일 오전 10시쯤 서울 김장현 시인으로부터 전화를 받게 됩니다. 내용인즉 참국문학축제 때 보성교육지원청과 맺은 문학멘토링 협약체결로 오늘 서울 서대문 독립관에서 교육기부단체와 함께하는 '창의적 체험활동 문학캠프'가 있는데 참국화농부가 모르고 있어서 되겠냐며 전화를 하셨던 것이었습니다. 그리고 저는 광주에서 고속버스를 타고 서대문 독립관에 도착을 하니 행사가 일부진행 중으로 몇 분께 눈인사를 드리고 기록사진만 찍었습니다. 다음날 문학캠프 일행에 묻어서 성북구에 있는 만해한용운 심우장을 견학하고 보성에서 선생님들과 학생들이 타고 서울로 올라갔던 버스 빈 좌석에 앉아 집으로 돌아왔었습니다.

2012.1.10. 장소 : 서대문 독립관무궁화홀. 참국문학과 문인들과 학생들1:1 문학캠프

그리고 봄과 여름의 경계 5월말, 6월초쯤이었을까? 국화 밭에서 꿈같은 일들이 벌어졌던 문학축제를 되돌아보며 축제무대가 되었던 너와집 마루에 앉아 나에게 되물었습니다. '혹시 과시를 위한 축제는 아니었는지? 억지로 개최한 행사는 아니었는지?' 국화포기들을 바라보면서 '축제의 의미는 무엇일까?' 생각을 하고 또 생각해봤습니다. 그리고 시간이 폭포수처럼 밭과 산을 푸르게 물들여 가는 6월 중순 문학축제 때 사회를 봤던 시인으로부터 전화가 왔습니다.

"농부님 참국화시인학교 어떠세요."
- 시인학교요? 농부가요,
  저는 무도 배추도 아닌 얼갈이배추 같은 농부인데요...

그런 통화를 시작으로 여러 번의모임을 갖으며 시인학교를 준비해 가는데 학생들을 위한 시인학교라는 생각을 하니 부담감에 큰 바위산이 앞을 가로막곤 했습니다. '시인은 자기가 쓴 시처럼 살아야 시가 산다는데...'

2012.6.하순 대전역(만남)
왼쪽부터 김장현시인 이상미시인 이용부시인

2012.6.하순 대전역 근처 식당
(시인학교 장소 설명)
왼쪽부터 이상미시인 이용부시인 김장현시인

우여곡절 끝에 열리게 된 참국화시인학교

2012.7.30(월) ~ 8.1.(수) 문덕생활관에서 [학교 밖 더 큰 세상! 참국화시인학교가 문화예술인들의 재능기부와 함께 3일 동안 열리게 되는 가운데,

참국화시인학교 초대 교장선생님으로는 이영춘시인님께서 기꺼이 춘천에서 보성군 문덕면 까지 오셔서 미래시인들과 2박3일을 함께 하시는데, 프로그램으로는 시 느끼기와 환경캠프. 별밤 그리고 영산강유역환경청 이재현청장님의 울지마 톤즈 이야기와 주암댐관리단장 김관중님의 물이기 등으로 이어지는...

참국화시인학교는 지역주민들께서 먹을거리도 기부해주셨는데 흑염소 한 마리, 집에서 키운 닭10마리, 쌀, 묵음김치, 된장, 풋고추 등으로 정적인 식사를 할 수 있었습니다.

참국화시인학교 : 이영춘시인과 미래시인들   참국화시인학교 : 이영춘시인과 미래시인들

2012 사진으로 느끼는 참국화시인학교 환경캠프 : 옛 백사길 광주방향

(문덕면 백사마을)

환경캠프: 이상미시인과 학생들   쓰레기를 줍는 학생시인

환경캠프: 학생들의 쓰레기 병 등, 설치작업   환경캠프: 학생들의 쓰레기 병 등, 설치작업

환경캠프: 조용환시인   환경캠프: 학생들의 쓰레기 병 등, 설치작업

2012 사진으로 느끼는 참국화시인학교 : 시 퍼포먼스

학생들의 시 퍼포먼스 : 시작 전

2012여름방학 교육기부로 시작된 [참국화시인학교]

(옛) 백사 단양길 : 풀벌레 소리 들으며...

2012 사진으로 느끼는 참국화시인학교 : 우리의 별을 찾아서...

우리의 별을 찾아서...

2012.7.30. 참국화시인학교 : 재능기부자님들과 학생들 기념 (장소 문덕생활관)

2012.7.30. 참국화시인학교 : 재능기부자님들과 학생들 기념 (장소 문덕생활관)

저는 2박3일의 시인학교가 끝난 뒤에도 여전히 '시' 라는 글자만 생각해도 어딘가 모르게 손발이 오그라드는 느낌이 들고 시와 나와는 아무런 관계도 없다, 시인들은 어떻게 시를 쓰는지…? 그저 시인들이 존경스러울 뿐이었습니다. 어쨌든 재능기부인 참국화시인학교는 별 문제없이 내년을 기약하고 각자의 집으로 돌아갔고 그래도 2박3일 동안 있었던 인생의 강물이 어떻게 흘러갔는지 몇 자라도 적어봐야 되는데 도무지 시인님들 앞에서 용기가 나지 않아 환경캠프와 함께 문학 재능기부를 했던 조용한시인님께 시인학교는 어땠는지? 부탁을 드렸더니, 아래의 글

"어린 시인들이 가꾸는 문학 세상, 참국화시인학교"란 글을 써 주셨습니다.

조용환시인

어린 시인들이 가꾸는 문학 세상 "참국화시인학교"

문덕(文德)은 어쩌면 유일한 자연이고 싶은 지도 모른다. 사람과 꽃들과 새들, 그리고 품안을 오롯이 빠져나가는 길들은 광주로도 순천으로도 그리하여 서울로도 가고 저 우주로도 가고, 또 오는 길이다. 초등학생부터 고등학생들이 문덕에 모여 시(詩)를 꿈꾸었다. 전국에서 모여 든 44명의 어린시인들은 옹기종기 삼삼오오 떠들고 재잘거린다. 마치 웃고 까불고 무질서한 것이야말로 최상의 자연이라는 듯이.

「참국화 시인학교」는 시인학교장 이영춘(춘천) 시인의 '독서와 글쓰기'를 비롯해서 이상미(부산) 시인의 '논술, 시낭송과 시 퍼포먼스', 그리고 서정윤(대구) 시인의 '디베이트 토론', 환경캠프에 조용환, 김영래 시인이 참여해 3일간의 빠듯한 일정이 진행되었다.

시(詩)는 언어가 아닌 실상(實相)이다.

주암댐상수원(住岩댐上水源)의 오염실태를 체험하며 수원지를 다녀왔다. 생활과 마주친 적 없던 새로운 원시의 숲길이다.

어린시인들은 느릿느릿 걸었다. 물수제비를 날리고 첫 대면한 풀의 모가지를 꺾고, 친구의 웃는 얼굴을 보다 가까이에서 만나면서 환경문제의 심각성에 진저리치는 어린 시인도 있었다.

이게 왜 여기에 있지?

아이, 지저분해. 만지기 싫어요.

푸념 섞인 어린시인들은 익숙하지가 않았다. 주암댐상수원의 물은 식수원이며 농업용수로도 쓰이는 다목적댐이라는 한국수자원공사 주암댐 관리단장 김관중 님의 '우리 지역 물 이야기'는 실생활과 가장 밀접한 '물'의 소중함을 일깨워준 강의였다.

『울지마 톤즈』의 이태석 신부님의 오랜 친구였던 영산강유역환경청장 이재현 님의 '아프리카에서 찾은 행복과 나눔의 가치'는 어린시인들의 가슴을 더욱 뜨겁게 하였다. 친구를 만나는 소중한 인연, 온갖 재해와 온난화로 인한 지구적 문제로 인해 피해를 입고 있는 아프리카의 실상과 그들의 가난, 배고픔, 정치적 불안, 동족상잔의 악순환 속에서 살아야 하는 아프리카를 인식하는 일은 특별하였다.

"어둔 길을 눈을 뜨고 걸어가다."

환경인식은 프로그램을 바꾸는 진보를 보였다. 숲과 마을공동체가 엄연한 현장에서 불을 피우는 일은 환경을 모토로 한 이번 시인학교의 취지와 어긋난다는 생각을 어린시인들과 시인들은 공유하기에 이르렀던 것이다. 프로그램의 캠프파이어를 변경하여 저녁 산책을 나섰다. 깜깜한 숲길이었다. 깜깜한 나무와 깜깜한 풀벌레소리, 깜깜한 발소리, 숨소리들을 느낄 수 있었다.

이어서 이영춘 교장선생님의 노래부터 시작된 장기자랑 시간을 가졌다. 춤추고 노래하고 키득거리고 왁자지껄 떠들고 박수치고…… 즐거운 한 마당이었지만 제자리에서 꿈쩍 않는, 노는 데 서툰 어린시인들이 많았다. 그런 모습에서 오늘 현장교육의 부재를 절감할 뿐이다.

"시인을 흉내하여 시에 이르다."

이상미 시인의 지도를 따라 윤동주 시인과 박목월 시인의 시(詩)에 들어있는 역할을 세분하였다. 이를테면 화자와 청자, 그리고 객관적 참여자인 독자가 시의 전면에 동시에 나타나는 퍼포먼스이다.

어린시인들은 각자 맡은 캐릭터의 시 구절을 암송하고 이해하여야 했다. 웃고 떠들 수만은 없게 된 것이다.

이영춘 시인의 강의에 따라 어린시인들은 즉각 시를 써내야했다. 사물을 인식하고 상상력이 어떻게 발휘되는 것인지 깨닫는 과정은 시 문장의 언어적 완결성의 중요성을 알려주었다. 따라서 독서의 중요함은 당연하였다.

'누에는 뽕을 먹고 실을 뽑아낸다.'

그러므로 "시인은 책을 먹고 시를 뽑아낸다."는 말씀에 고개를 끄덕거릴 수밖에 없다. 책을 읽지 않으면 어떠한 창조도 일어나지 않는다. 고전을 읽고 시를 외우고 역사의 위인들을 통한 영향은 필연적인 것이다.

"시(詩)를 주워 시(詩)를 걸어두고 떠나다."

시인학교의 근본 취지는 환경과 생활의 밀접함이 어떻게 문학적 상상력으로 구현되는지? 그러므로 시(詩)를 구하는 일은 환경을 구하는 일이라는 인식에 도달하는 것이라고 시인들은 강론하였다.

어린시인들의 기억에서 가장 오래 남을 만한 기억은 무얼까?

어린시인들은 보성군 문덕면 소재의 생활관 앞에서 주암댐상수원에서 주워 모아온 쓰레기를 공중에 매달았다. 무더운 여름날은 어린시인들을 힘들게 하였다.

그러나 조막만 한 손에서부터 제법 한 세상을 책임을 질 만한 큰 손들이 모여 「허공의 딸꾹질」을 설치하였던 것이다.

모두 땀으로 흠씬 젖어들었으나 참담한 설치를 마치고 돌아보는 어린시인들은 보람과 막중한 부담에 한숨을 내쉬는 것이었다.

마지막 날, 여기저기서 달려오신 부모님들께서 지켜보는 가운데 시 퍼포먼스가 진행되었다. 어색하고, 외었던 구절을 까먹고, 너무나 진지해서 웃음이 나고, 징그러울 만큼 잘 하고, 쏟아지는 박수소리에 또 얼굴 붉어지고……

간소한 졸업식이 진행되고 어린시인들은 떠났다. 둘러보니 「허공의 딸꾹질」만이 뙤약볕에 눈부시다. 참다운 시는 그야말로 쓰여지지 않는다는 오랜 문학담론이 떠오른다.

쓰레기들은 허공에서 어느 바다를 헤엄쳐 갈 것이고, 어린시인들의 꿈은 다시 이곳 시인학교의 문덕으로 향할 것이 틀림없다. 2012.8.

2013 사진으로 느끼는 참국화시인학교 : 문학 강연

김원중시인 차한수시인 이상미시인(참국화시인학교 교장)

문학 강연 : 왼쪽부터 대구 김원중시인 부산 차한수시인 이상미시인(참국화시인학교 교장)

축제장의 풍경과 뒤에 문인들의 시화

차한수시인 1936년 출생 이승렬농부 1963년 출생
차한수 시인님께서 점심시간에 저에게 하셨던 말씀
농부님 진지잡수셨어요?

김원중시인 1936년 출생
김원중 시인님께 들었던 세상사
[하늘땅 만평 사놨다는 글을 예전에 어느 곳에 기고하였는데 부동산 여러 곳에서 전화가 왔다... 지금도 가끔 하늘땅 판매문의 전화가 온다.

2013 사진으로 느끼는 참국화시인학교 환경캠프 : 감자 옥수수 삶고 주먹밥

감자 씻기　　　　　　　　　　감자 옥수수 삶기

왼쪽 이승렬 차한수시인 이상미시인 (주먹밥)

감자 옥수수 먹기　　　　　　　　환경캠프 풍경

2013 사진으로 느끼는 참국화시인학교

대학생 자원봉사 : 김성갑, 장용주

자원봉사 환경캠프(감자 옥수수 삶기) : 엄구섭

2013 사진으로 느끼는 참국화시인학교 : 환경캠프, 식사 그리고 별밤

왼쪽 이승렬 차한수시인 이상미시인 (주먹밥)

감자 옥수수 먹기   문덕청년회장 : 염기우, 총무 이동철

왼쪽 이승렬 차한수시인 이상미시인 (주먹밥)

2013 사진으로 느끼는 참국화시인학교 : 강연기부

임덕윤 영화감독 박재순 농어촌공사 사장

영화이야기 기부 : 임덕윤 감독님과 이상미시인
(혈액 투석 중 환자복으로 오신 임덕윤 감독님을
따뜻하게 마중)

후원과 강연기부 : 감사패
농어촌공사사장 박재순님께 이상미시인

- 박재순님께서는 고향이 보성군 문덕면으로 참국화시인학교 소식을 들

으시고 응원과 격려를 주시려 오셨습니다. 강연에서는 국가의 뿌리는 농업입니다. 그러므로 우리 땅에서 재배하고 생산된 농산물을 많이 드셔야 우리사회가 건강하고 더 행복해집니다, 라는 말씀을 주셨으며,

제가 임덕윤 1969년 전북출생 영화감독을 처음 만났을 때가 2011년~2012년쯤, 국화밭을 가는데 낯선 사람이 지팡이를 짚고 도로 오른쪽을 따라서 조심스레 걷는 모습에 차에서 내려 "태워다 드릴까요..." 그렇게 인연이 되어 임덕윤 감독이 머물고 있는 문덕중학교(폐교)를 몇 차례 찾아가는 교류로 세상 이야기를 잠시 터놓게 되면서 참국화시인학교 이야기도, 재능기부 이야기도 하게 되었습니다. 그리고 어린 시절 꿈이었던 영화감독을 시각장애인이 되어서 만든 영화이야기를 들려주시겠다고 하셨습니다. 당시 임덕윤 감독은 일주일에 2~3회 혈액투석치료를 보성아산병원으로 가서 받고 온다고 하셨는데, 함께 찍은 기념사진에 바지가 환자복입니다. 기부를 하시겠다던 그날도 혈액투석 치료가 늦어져 환자복을 갈아입지 못하고 와서 죄송합니다, 라고 말했던 임덕윤 감독의 [조금은 불편한 그다지 불행하지 않는 0,43] 영화가 2009 장애인 영화제 대상을 받았다고 합니다. 연출 의도는

"장애인으로 사는 삶은 절말 불행한 걸까요?

장애인으로 사는 사람은 진정 자신의 꿈을 펼칠 수 없는 걸까요?

어린 시절의 꿈인 영화감독을 향해 한 걸음 한 걸음 나아가는 이야기..."

그리고 무심히... 몇 년이나 지났는지도 모를 시간이 흐르고... 어떤 날 임덕윤 감독의관한 문자가 왔습니다. 그것은 임덕윤 감독님 부고였습니다.

2013 사진으로 느끼는 참국화시인학교 : 관 체험

관 체험 : 이상미 시인

참국화시인학교 : 관 체험 이상미시인과 자원봉사자들과 학생들

2013 참국화시인학교 관 체험

관 뚜껑을 닫고 쾅쾅 못질을 합니다. 관에서 나오고 싶을 땐 노크를 하면 밖에서 뚜껑을 열어줍니다. 희망하는 학생들이 관 체험을 하는데, 그 문제

학생도 관 속에 들어갔습니다. 잠시 후 송아지만한 그 학생이 관 뚜껑을 열고 나오면서 울먹울먹...

"그동안 부모님한테 잘못한 일 죄송하고 학교에서 친구들에게 담배 피며 괴롭힌 일 진심으로 미안하다"며, 다시는 그러지 않겠다고 다짐을 합니다. 이어서 작은 목소리로 자신의 포부를 밝혔습니다. "지금부터 열심히 노력해서 꼭 공고에 진학 하겠습니다," 라고. 저는 그 모습을 지켜보면서 진담 반 농담 반으로 들었습니다. 워낙 장난 끼 많은 학생으로 보였기 때문에 그땐 그렇게 받아들이고 말았습니다. 그런데 그 학생은 매년 시인학교에 참가했고, 시인학교에 와서 당당하게 자신의 꿈에 대한 강의를 할 정도로 달라졌습니다. 그리고 취업이 보장된다고 하는 마이스터공고를 졸업했다고 합니다.

인생에서 꿈이란 무엇일까요?
어떻게 살아가야 한다고 자신 있게 말할 수 있을까요?

2013 사진으로 느끼는 참국화시인학교 : 기념

2013 참국화시인학교 : 기념촬영

2014 사진으로 느끼는 참국화시인학교 : 전현숙 화가의 크로키 수업

크로키 수업 : 전현숙 화가

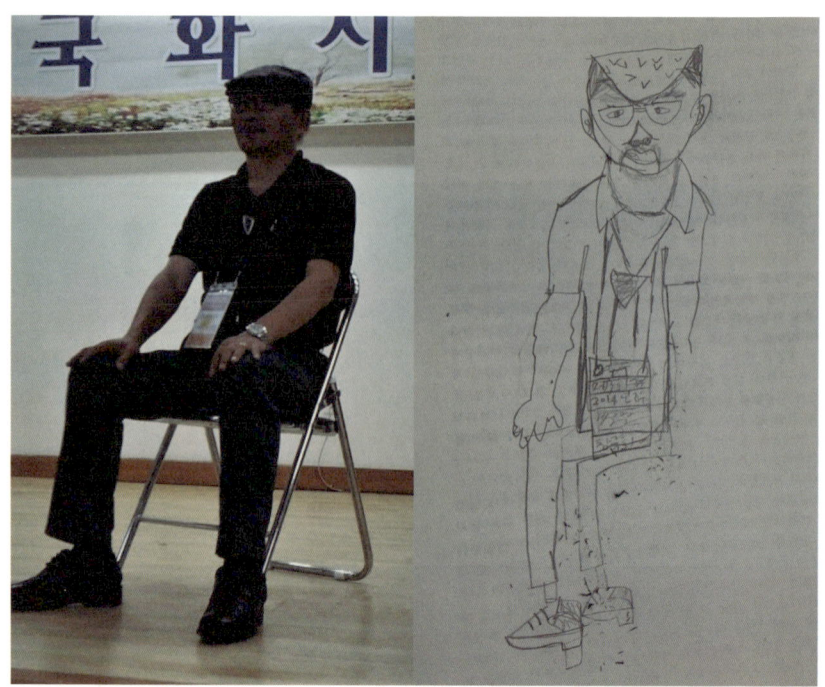

모델 : 장건섭 시인   학생 크로키 중에서

2015 사진으로 느끼는 참국화시인학교 : 김송남 시인의 다례(차 예절)

다례 : 김송남 시인

다례 중에서   다례 강연 : 김송남 시인

2016 사진으로 느끼는 참국화시인학교 : 금혼식

금혼식 : 백과사전, 결혼50주년기념식, 유래가 분명하지는 않으나 고대 로마 제국에서부터 비롯되었다는 설과 중세독일에 기원을 두고 유럽전역에서 19세기까지 그 풍습이 형성되었다는 설이 있다. 금혼식에는 금화나 금으로 만든 화관 등 주로 금으로 된 선물을 주고받는다.

금혼식 관습

서구 사회에서는 금혼식 잔치에 초대된 사람들은 축하선물로 금혼식의 심벌인 금과 관련된 물건이나 한 쌍으로 된 물건을 선물하는 것이 보통이다. 캐나다에서는 금혼식을 맞는 부부에게 총리가 축하 메시지를 보낸다. 미국에서도 금혼식에 대통령의 축하카드를 받을 수 있다. 로마가톨릭 신자들은 금혼식 등 특별한 결혼기념일에 교구를 통해 교황의 축복을 신청할 수 있다.

한국에서는 금혼식 기념이 아직 일반화되어 있지는 않으나 점차 증가하는 추세이며, 전통적으로는 결혼 60주년을 기념하는 회혼례를 많이 치른다.

금혼식 준비 : 들꽃, 청주, 막걸리, 닭 2마리, 호롱불, 청사초롱 등...

2016 사진으로 느끼는 참국화시인학교 : 금혼식

금혼식은 올리게 된 사연...

매년 참국화시인학교가 끝날 시간쯤 이상미교장 선생님과 자원봉사자와 사무국장인 저 이승렬이 모여 시인학교가 열리는 동안 부족했던 점들은 무엇이 있었는지를 되돌아보며 또 내년 시인학교를 열 것인지? 등등에 대하여 이야기하는 시간을 갖는데 이상미시인께서 서정주시인의 시/ 신부, 를 퍼포먼스하면 어떨까요...? 의견으로부터 1년을 혼례에 대하여 공부하면서 전통으로 하면...! 현대식으로 하면...! 차분히 준비한 금혼식.

안종태어르신 1936 보성출생   금혼식준비

축제장의 풍경과 뒤에 문인들의 시화

2016 사진으로 느끼는 참국화시인학교 : 금혼식, 축하마당

축하마당 준비 : 정명조님 문덕면 풍물

축하마당 : 문덕면풍물

2016 사진으로 느끼는 참국화시인학교 : 금혼식

신랑 : 안종태 1934년 보성군 문덕출생
신부 : 김금자 1942년 보성군 벌교출생

2016.7.28. 금혼식 기념 촬영

2017 사진으로 느끼는 참국화시인학교 : 부산 송정해수욕장에서 1박2일 철길 따라 청사포 까지..

2017.7.30. 청사포 오후6시 : 송정해수욕장에서 철길 따라 청사포까지..

2017.7.30. 청사포 오후6시 : 송정해수욕장에서 철길 따라 청사포까지..

2012년6월 중순 이상미 시인께서

"농부님 참국화시인학교 어떠세요." 전화를 받고 시작된 참국화시인학교는 2017년 7월 30일 부산 송정해수욕장에서 1박2일. 철길을 따라 청사포 까지만 저는 함께할 수 있었고 이후부터 부산 이상미 시인께서 자원봉사자들과 함께 재능기부로 참국화시인학교를 이어오고 있는데요,

저에게 甘菊은 참국화입니다. 참국화를 떠올리면 자연스럽게 참국화시인학교로 이어지며 언제든 시인학교가 생각나면 시인학교에서 만났던 시인들의 모습이 꽃송이로 또 꽃잎으로 동화책을 넘기듯 이어지며 참국화 밭에서 달을 맞으며 풀벌레 소리와 함께 '나를 찾던' 별밤, 그 빛나던 눈빛들이 새록새록 씨앗으로 심어진 참국화시인학교... 먼저 별동네로 이사 가신시인께 명복을 빌며 이글을 읽는 모든 시인께 응원합니다.

참국화이야기를 맺으면서...

2002년 우여곡절 끝에 인생2부를 시작하게 되면서 감국약초농사를 지으며 평생을 살아가겠다, 다짐했습니다. 그리고 7~8년 후 2만여 평의 감국을 재배하고 감국꽃을 수확했어도 한약재로는 판매하지 못하게 됩니다.

그 이유는 한약재를 취급하는 업계에서 진품의 감국을 사용하지 않기 때문인데 그분들은 경제적인 이유를 들어 가짜감국을 사용함으로써 어찌 보면 자신들의 발등을 찍는 행위가 되어 버리고 있습니다. 그 증거로는 전국 한약초 재배생산기반들이 고갈되어가고 있다는 것입니다.

그래서 저는 자본이 삼켜버린 한약재시장의 국내산 자급률을 높여야 한다는 생각으로 문화예술과 연결된 농사를 짓고 싶다고 했습니다. 막혀가는 물길을 터줄 사람들은 정치인들보다 문화예술인들이 더 적극적인 역할을 할 것이다, 라는 신념이 있었기 때문입니다.

결국, 논으로 들어가는 물길이 막히면 논농사는 지을 수가 없습니다. 그러면 추수할 수 없는 빈 가을을 맞이하게 되고 논에서 자란 곡식을 먹는 짐승들은 눈을 뜬 채 동면에 들어 거야 할 것입니다.

이렇듯
흙과 함께 살아가는 농사꾼들이 농업을, 약초농사를 포기하게 되는 환경에서는 전국 약,2만개에 가까운 한의원과 한방병원과 한의대학교 모두가 절망적이고 극단적인 시간을 맞이할 것이라는 우려에 감국밭에서 참국문학축제가 열렸고 참국화시인학교가 열렸습니다.

　세계 어떤 나라든 그 지역의 자원을 이용하지 않는다면 건강한 나라로 발전할 수 있을 것입니다. 지금 우리사회는 막힌 물꼬가 점점 많아지고 있습니다. 이렇듯 흐르는 물꼬 앞에 쌓아 올린 것은 모두가 모래성입니다. 언제든 폭풍우가 몰아치면 물길에 의해 흩어질 모래성입니다.

참국화 차와 빵 만들기

국화차 만들기

① 선별된 꽃바구니

② 꽃 세척 : 3~4회 물에 꽃을 행굽니다

③ 강하지 않는 증기로 약,5~7분정도 꽃을 쪄냅니다(충분히 꽃이 익지 않으면 갈변 현상이 일어남)

④ 건조된 꽃

참국화 빵

국화 빵 모델 : 사진

참국화 빵 반죽 재료

찹쌀 또는 우리밀 밀가루100g, 물 300g, 천일염 5g

참국화효소 30g (채취한 국화 줄기를 물에 씻은 다음 길이 5~20cm 정도를 설탕에 섞어 1년 이상 발효시킨 효소)

흰설탕 10g, 마가린(식물성) 10g, 식소다 1g, 분유 20g, 옥수수가루 20g

식용류10g, 베이킹파우더3g

빵틀 제작 : 2015년 12월

빵틀제작비용 : 300만원

빵틀에 구워진 풀빵

농촌여행 이야기 창고로
빨간버스 제작

나름 바른 먹을거리를 위한 숙제를 하기 위해 승용차로 전국을 10여 년 다녔습니다. 그런데도 허전함은 가슴 한쪽에 자꾸 쌓여만 갔습니다. 다녔던 곳을 여러 번 다녀도 여행 끝에서는 허기가 졌습니다.

    이 허기는 무엇일까
    이 허기는 도대체 무엇일까
    그렇다!
    그 허기는 입으로 먹을 수 없는 것
    그 허기는 눈으로 귀로 먹을 수 있는 것
    그 허기는 세상 사람들이 지니고 있는 것

그 허기를 구하러 중고 버스를 장만해 빨간색을 입혀 다녔던 길을 다시 가기로 했습니다. 허기를 달랠 지혜를 찾기 위해서였습니다.

첫 번째 빨간버스

파란버스 : 구입할 때 　　　　　　　빨간버스 작업 전

2013년 여름 저는 35인승 파란버스를 구입 하게 되었습니다.

차 값은 약 400만 원. 버스를 운전해 여름에 이곳저곳을 다녀오니 어느새 가을이 되었습니다. 농사꾼에게는 곡식을 거두는 계절인데 배짱이 같은 저는 거둘 곡식은 없고 들밭에 심어놓은 국화뿐이었습니다. 저를 지켜본 농부들께는 죄송한 가을이었습니다.

어느덧 나무들이 잎을 흘려 내리는 12월.

'언젠가 나도 나무의 잎이 될 텐데...'

가족에게는 미안했습니다, 그러나 뭔지는 모르지만 여행을 떠나라는 내심으로부터 압력 같은 것을 받았습니다. 당시는 그랬습니다. 조금이라도 빨리 가고 싶었습니다.

물론 오라는 곳 없었습니다.

마땅히 급히 갈 곳도 없었습니다.

그러나 그때는 그렇게밖에 할 수 없었습니다.

무작정 35인승 의자들을 듬성듬성 놔두고 해체하기 시작했습니다. 해체된 의자 우측 뒤에는(운전석 반대 뒤쪽) 간단하게 조리할 수 있는 싱크대를 설치하고 싱크대 옆에는 20리터용 물통 두 개를 비치해 두고 식사와 차를 마실 수 있는 원목 테이블도 의자를 떼어낸 곳에 마주 앉을 상태로 놨습니다. 일단은 급한 대로 천막생활을 하듯 천렵 간다는 느낌으로 재미있게 버스 의자들을 뜯어냈었습니다.

또 벽난로를 설치하는데 벽난로(나무난로)는 특별히 싱크대에 붙여 차체와 용접을 했습니다. 만약의 경우 비포장도로를 달리는 중 흔들려서 이탈하는 경우가 발생되지 않도록 단단하게 재차 고정시키는데, '버스에서 장작을 지펴 그 열로 밥을 짓고 국을 끓이고 고구마를 구워 먹으면 정말 재매있겠다, 난방까지.'이런 생각이 잠깐 들기도 했습니다.

연기가 나갈 난로의 굴뚝은 창문을 빼꼼히 열어 열려진 만큼 철판에 원형 파이프를 잘라 용접하고 연기 통을 이어 붙여서 창과 창틀에 실리콘으로 마무리했습니다. 또 연기 통은 조립형으로 차 밖에서 꼽고 뺄 수 있도록 했습니다. '달리는 버스에서 연기가 풀풀나면 안 되니까요'

그리고 난로서부터 우측 버스 출입문 경계와 창 아래까지는 참나무토막을(장작이 아닌 기계톱으로 잘라놓은 원목) 쌓아두고 난로 옆에는 장작을 팰 도끼를 세워두고 창가에는 미니책장을 만들어 여행에 참고가 될 만한 몇 권의 책을 꽂아 놓았습니다.

저는 빨간색을 정말 좋아합니다. 그래서인지 분홍색 티셔츠도 몇 개 있고 속옷 팬티까지도 빨간색을 자주 입는 편입니다.

그런데 파란색 버스와 여행 갈 생각을 하니깐 자꾸 무언가 걸리는 느낌이 들었습니다. 그것은 그동안 보아왔던 우리나라의 대표 먹을거리와 농업생산기지가 세계 속 대한민국 품위와는 균형이 잘 맞지 않는다는 제 나름의 결론이 있었기 때문입니다. 그렇다면 제가 본 우리 농업의 색깔은 어떤 색일까? 생각에 생각을 더해 보았지만 그중에서 제일 적절한 표현과 알맞은 색이 있다면 교차로에서 본 빨간 신호등이었습니다. 대한민국 식량자급률 23%쯤 된다고, 한다.

파란 신호등으로 가려면 어떻게 해야할까? 더 늦기 전에 경쟁력을 갖춰야 합니다. 그렇습니다. 우리 몸을 구성하고 생명의 유전자가 숨 쉬고 있는 곳, 우리 아이들이 훗날 피워야 할 씨앗을 심을 곳으로 이 일은 모두가 관심을 가져야 한다는 생각에 빨간색을 칠했습니다. 빨간버스의 빨간색은 신호등의 빨간색입니다.

2013.12

버스 앞 유리에 붙여진 "목적지가 있으시면 타셔도 됩니다."는 행선지가 같은 방향이면 가는 길이니 태워드립니다, 라는 뜻도 있지만 빨간버스는 지금보다 더 즐거운 세상으로 가는 중이니 함께 가시지요. 라는 뜻이 더 있습니다.

버스 앞에 써놓은
"도시가 꽃이라면 시골은 뿌리, 뿌리가 건강해야 향기롭다."
는 말 그대로입니다. 발바닥이나 발가락이 아파본 적 있는지요?
"시골이 튼튼해야, 도시가 건강하다."
"엄마가 웃는 집은, 가족이 웃고 산다."

여행을 떠나기 전, 만나고 싶은 세상 사람들에게 저의 마음을 버스에 표시해 뒀으니 저와 비슷한 사람은 저를 보고 끼리끼리 동족인 듯 반가워할 것이고 평상적인 사람은 미소와 함께 응원해줄 것이라 믿었습니다. 이런 믿음으로 크리스마스가 하루 남은 날 서릿발 같은 눈이 몇 가닥 내리는데 집에서 목적지를 정하지 않고 출발을 하게 되었습니다.

그런데 몇 킬로쯤 갔을까(문덕교를 복내방향으로 다 건널 쯤)버스가 멈춰버리고 말았습니다. 버스에 기름이 없었던 겁니다. 고향에서 누가 볼까 봐 창피했는데 그러나 어쩔 수 없는 상황. 몇 달 전 귀농한 지인께 가까스로 전화를 걸어 주유소에서 기름을 한 말 받아 넣고 출발하는데, 아내에게 미안한 마음을 가졌던 시간이었습니다.

그때 아내는 제가 떠나는 것을 보고도 여비를 넉넉히 줄 수 없는 현실에 또 정처 없을 수 있는 여행을 말리지 못하는 심정에 구슬프게 불렀을 것 같은 아리랑 구절, "나를 버리고 가시는 님은 십리도 못가서 발병 난다."가 꼭

10리쯤에서 버스가 발병 났었습니다.

  보성을 지나 순천을 잠깐 들렀다가 광양시 어느 마을에 도착 첫날을 잔 듯 만 듯 아침이 되었는데 누군가 노크를 했습니다. 버스 문을 열고 "안녕하세요." 인사부터 했더니,

  "민원이 들어 와서요, 이상한 버스가 있는데 이불을 태우는지 연기가 난다고, 새벽부터 여러 번 민원이 들어왔어요."

  면사무소에서 나오셨다고 했습니다. 아침에 일어나보니 마을에 이상한 버스가 있고 연기까지 나니 주민들께서 놀랄 수밖에...

2013. 12. 26. 광양시

그리고 하동 평사리공에서 며칠, 형제봉에 주렁주렁 달린 홍시별을 감상하다가 섬진강 모래밭으로 내려가 강물을 한 주전자 담아서 차를 끓여 마시기도 하다가 12월 31일 오후 다랭이(남해군 남면 가천마을) 마을로 갔습니다. 1월 1일 다랭이논 절벽 아래에 있는 바다 위에서 떠오른 일출을 맞고 다랭이마을 주민들이 올리는 기원제를 보며 기원제에 차려진 상차림을 유심히 촬영했습니다. 사실 이 상차림은 여행을 하면서 꼭 찾고 싶었던 보물과도 같은 것이었습니다. 농사꾼으로서 문화재 논을 짓고 사는 사람들의 상차림은 어떠할까? 내심 설레기도 했었으니까요.

제게는 국보 1호인 숭례문만큼 국가에서 지정한 문화재 논은 국가적으로 큰 의미를 가져야 한다는 생각을 갖고 있었습니다.

다랭이마을 주차장에서 보름을 지냈습니다.

그리고 삼천포대교를 건너기 전 창선면에 있는 왕후박나무를 보고 가기 위해 그곳으로 가서 바닷가까지 내려갔는데 작은 섬 앞에 굴 캐는 아주머니들이 계셨습니다. 돌을 뒤집으며 호미질하는 모습, 호미 굴까는 소리가 산골에서 밭매는 풍경과 다를 바가 없었습니다. 그 시간이 잠깐인 것 같았는데 해는 지고 저녁으로 가는 길목이 되었습니다. 차가워진 바닷바람을 뒤로하고 저도 버스로 돌아가고 있는데 버스 앞에 누군가 기다리고 있었습니다. 그 모습이 임꺽정을 닮은 사람, 아니면 장비를 닮은 사람. 그와 나, 서로를 알아볼 수 있는 정도의 밤이 와 있었습니다. 우리는 보자마자 통성명도 없이 얼싸안고 서로의 등을 토닥토닥 거려주고 서로를 "벗님" "예, 벗님"하고 이름을 나눠 불렀습니다.

사천시청에서

그리고 버스 안으로 들어가 장작을 지펴 저녁을 지어먹고 차를 마시다가 자정쯤 되었을 때 벗님이 기거하는 집으로 가자고 해서 한두 번 '다음에 가시죠' 거절하다가 따라갔는데 집이 너무 추워서 집(집과 집 사이에 작은 마당이 있다. 사람이 없으면 폐가)과 방(낡은 전기장판이 깔려 있었다. 전기가 들어왔다는데 만져도 만져도 온기는 오지 않았다.) 을 옮겨 다니면서 차를 마셔야 했습니다.

벗님은 살고 있는 집에 대해서 이야기를 해줬는데 이 집은 친구가 사놓은 집이고 이곳으로 오기 전에도 친구가 사놓은 시골집에서 몇 년 기거했다고 했습니다. 그런데 그 집을 어느 날 친구가 팔아버리고… 이곳으로 와서 살면 어떻겠냐? 해서 와있다고 했습니다. 벗님은 태종대가 고향으로 중학교 때 극장 간판 그리는 알바를 했으며 화가였다고 했습니다. 그렇게 보니 방문 위에 날개 달린 두, 세장의 그림이 걸려있었습니다. 또 비어있던 집을 보수 하면서 생긴 이야기도 들려줬는데 옛날 흙집이라 방 천장이 낮고 종이로 돼 있어서 천장 얼룩 때문에 리모델링 정도를 하게 되었는데 천장에서 쥐똥이 한 가마니씩 나왔고, 지금도 쥐구멍을 다 막지 못해 방안을 들락거린 녀석들이 있다. 그리고 집을 오랫동안 비워놓고 산에(산에 움막집이 있다고 함) 다녀온 일들이 있었는데 한번은 방안에 먹을 것이 없어서 쥐들이 물감을 먹고 물감 똥을 싸놓았다, 고 했습니다.

그날 새벽이 가까울 때까지 차를 마시며 다식으로는 가끔씩 코를 찡그리는 물감 똥을 상상한 특별한 찻자리로 새벽에 벗님과 함께 사천 시내로 건너가 추워서 또 장작을 지피다가 시내에서 난 연기가 풀풀 흘러나올 것이 죄송해서 약간 변두리로 가서 날을 샌다는 것이 어느 담벼락 가까이에서 장작을 지펴 몸을 녹이고 있는데 사천공항이었습니다.

비행기장 옆에서 휘발유 창고 옆에서 연기를 날린다는 아찔함에 또 장소를 옮기게 되고, 날은 밝아 사천시청으로 가서 커피를 빼 마시고 점심도 사천시청 구내식당에서 먹고, 퇴근 시간이 다 되도록 벗님과 이야기를 나누고 있었습니다, 아니 벗님의 이야기들을 어느 순간 들어주고 있었습니다.

세상에 하고 싶은 말이 얼마나 많은지, 술은 무박 2일로 여러 번 마셔 본 적 있으나 차를 마시면서 무박 2일은 처음이었습니다. 퇴근시간이 지나도 이야기는 계속되고, 만나서 이야기를 나눈지 24시간쯤 됐습니다. 그중에서 저는 두 시간쯤 말을 했을까요?

'여행 중에서 듣는 여행은 한 권의 여행기를 읽는 것이다,' 라고 저에게 칭찬을 하고 "벗님, 또 봐요." 여러 번 부탁 끝에 벗님은 터미널에서 버스를 타고 창선으로 가기로 하고, 저는 저대로 길을 가기로 했습니다.

이어서 진주촉석루, 산청, 의령, 경남도청, 김해공항, 부산, 경주, 대구, 울산, 서울, 강화도, 파주, 임진각, 연천, 철원까지 곳곳마다 장작 난로에 의지하며 올라갔습니다. 그리고 철원의 철새들을 보며 며칠 있다가 화천으로 내비를 켜고 출발한 내리막길이었는데 버스에서 무슨 소리가 나더니 속력이 줄고, 느낌이 이상해서 버스를 세우고 내려가 버스 뒤를 살펴보니 검은 오일이 버스를 따라서 아스팔트에 사건현장 증거처럼 뚝뚝뚝, 쭉 흘려져 있었습니다.

무슨 일인가 싶어 검은 오일이 최초로 흘렀던 삼사백 미터를 쫓아서 가는데 계란후라이 크기만 한 쇳덩이가 오일 덩어리와 함께 떨어져 있었습니다.

그걸 주워 와서 다시 오백 미터쯤 다시 버스를 끌고 가다가 마을이 가까운 길옆에 정차하고 엔진룸을 열어 쇳덩이가 떨어져 나왔을 만한 곳을 확인하는데, 엔진 커버 중간이 어른 손바닥만 하게 뚫려져 있는 것이었습니다. 나중에 엔진 전문가에게 물어본 결과 엔진 속에서 부품이 깨지거나 빠지면서 엔진을 깨고 나오는 경우가 있다고 했습니다. 또 하나 엔진 오일을 제때에 교환하지 않아도 그런 경우가 생길 수 있다고 했습니다. 그렇게 철원군 김화읍 길가에서 움직일 수 없는 상황이 되었고 그 자리에서 며칠을 지내며 생각하는 시간을 갖기로 했습니다.

고칠까 말까?

2014. 1. 김화읍 : 엔진이 깨짐

고쳐야 한다는 저의 답은 이미 나와 있지만 현실은 정반대였습니다. '현실이니까요?'

건강만 담보된다면 알바를 해서 당연 엔진을 바꾸는 것이 가장 빠른 길인데, 제가 여행을 시작하면서 아무에게도 말하지 않는 것이 있었습니다. 그것은 죽음보다 더 무섭고 두려운 것인데, 제가 제 몸 관리 못 해서 저도 모르게 사망, 누군가에게 발견되는 것입니다. 이런 죽음은 정말 창피할 것 같아서 최악의 컨디션이 되지 않도록 순간순간 정신을 차리기도 합니다. 그래서 그런 이유로 체온 변화가 심한 겨울에 알바하기가 두려웠습니다. 보기엔 헐크처럼 건강한데, 자존심도 없는 약한 인간이 되어있었습니다.

첫날 저녁 여기까지로 여행이 끝나나 싶어서 우울했습니다. 그리고 이 모든 것 또한 욕심이다 싶어서 버스 안에 있었던 책이며 가지고 있던 소품들을 난로에 하나씩 하나씩 넣고 장작과 함께 3일간을 태웠습니다. 그러다가 정신이 들어 폐차 값은 얼마나 될까? 궁금해서 알아보았더니 철원에서는 100만 원 춘천에서는 150만 원을 준다고 했습니다. 더군다나 춘천에 계신 시인분도 뵐 예정에 있었는데 50만 원을 더 준다고 하니, 춘천으로 방향을 잡았습니다. 그리고 춘천에서 올라온 견인차에 버스를 매달고 저도 견인차를 타고 춘천에 있는 폐차장으로 갔습니다.

폐차장에서 폐차에 관한 서류들을 사무실에 챙겨주고 나서 사무실의 결제를 기다리고 있는데 사장이란 분이 차를 봐야겠다며 세워진 차에 가서 이곳저곳을 살피더니, 그리고 하는 말. 상태가 안 좋아서 100만 원밖에 줄 수가 없다고 했습니다.

| 춘천폐차장 | 춘천폐차장 앞 |

이런, 이럴 수가 저는, 어제 저하고 통화한 사람이 사장님 맞아요? 라며 확인을 했고 저보다 한참 젊은 사장님은 협의 없음 같은 뉘앙스로 여울진 답을 해왔습니다. 속으론 캠핑카 장사 지내는데 이정도면 하면 됐지 뭐 그랬지만.

사장에게는 "당신 그러면 못써요, 약속인데, 어쨌든 이 정도로 그냥 지나갈 거니까. 버스로 맥주 다섯병, 삼겹살 세 근 올려주세요 이상 끝." 그렇게 말하고 버스에 올라와 난로 옆에 있는데 사장이 술과 고기를 올려다 주었습니다.

그날 저녁 폐차장 담벼락에서 캠핑카를 위로하는 밤을 보내고 부스스한 아침에 누군가가 버스에 노크를 해 왔습니다.

그리고 다짜고짜 버스가 왜 이곳에 서 있냐? 한번 폐차하면 이런 기회는 평생 돌아오지 않는다, 장담한다. 자기 일인 양 폐차는 절대 안 된다, 만류했던 분은 군대에서 운전병으로 67세 젊었을 때 꿈이 버스를 사서 전국 유랑 떠나는 것이었는데 아직도 못 가고 있다. 지금은 서울에서 춘천으로 반려견 찾아주는 심부름을 하고 있는데 기회가 되면 꼭 젊었을 때의 꿈을 찾아 떠날 것이다. 당신은 아직 젊으니 부디 잘 생각하기 바란다, 고 당부하셨던 아저씨. 할아버지가 되어서도 젊었을 때 꿈을 간직하고 청춘으로 살아가고 계신 젊은 아저씨가 가시고 춘천에 계신 시인께 전화를 드렸습니다.

시인께서는 다행히 춘천에 계셨고 통화가 끝나자 문상을 오신 듯 바로 오셔서 걱정을 해주시고 한편으론 왜 이런 여행을 하나? 궁금하셨는지 물어보기도 하셨는데 저는 답하기를 '저는 물꼬를 트는 데 관심이 있습니다.'라고 했었습니다.

또 시인께서는 친구 시인을 불러내서서 흔하지 않는 버스 장례식을 보게 하시고 개인미술관을 운영한다는 사람도 오게 하셨는데 난로((난로가 내게 오기 전 주인이 따로 있었습니다. [시/허공의 딸국질의 가난한 시인이 중고로 사서 안방에서 사용하다가 저에게 준 것으로 화장실 창고에서 1년쯤 꺼졌다가 버스에 오르게 된 난로)는 미술관에서 경매 절차 없이 단독 3만 원에 남은 장작 몇 개와 함께 싣고 가셨습니다.

사람이 죽으면 흙으로...
차는 수명이 다 하면 폐차장으로 갑니다.
빨간버스는 춘천에서 아쉽지만 안녕을 해야 했습니다.
그 버스는 춘천에서 새로 태어났을 것이다, 라는 일방적인 기대 지금은 어느 자동차 바퀴, 어느 핸드백의 장식품, 강아지 줄의 고리, 꽃을 심는 호미, 또는 밤을 밝히는 가로등의 기둥이 되어있을 것이라는 희망.
저는 죽어서 흙으로 가면 무엇으로 태어날까?

★ 생각해 보건대 버스에 장작 난로를 설치하고 장작을 피우며 전국을 누볐던 것은 지혜가 부족했던 것입니다.

빨간버스 1 응원해 주셨던 메모 글

엔진이 깨진 날 응원을 생각하며...   임진각에서

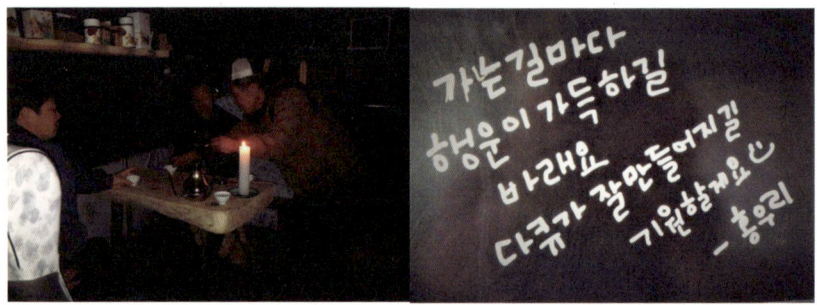

김화읍 주민 방문에 참국화차 대접   가는 길마다 행운이 가득하길 바래요.
                                                                         다큐가 잘 만들어지길 기원할게요. 홍우리

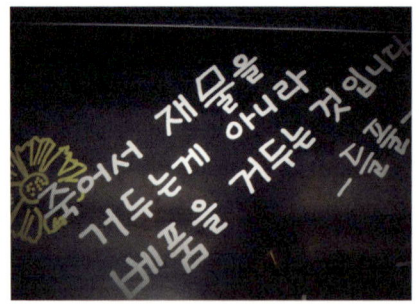 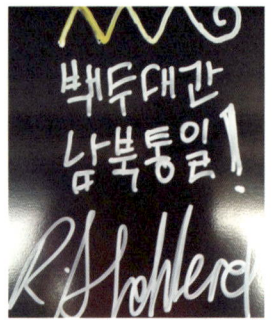

죽어서 재물을 거두는게 아니라   백두대간 남북통일
베품을 거두는 것입니다. -들풀-

평화, 서한영고 합천 가화면 나무실마을

국화가 온 세상에 퍼지는 그날까지
2014, 1, 18, 산청 신현영

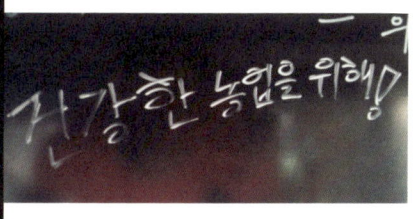

다가오는 크리스마스는 좋은 일들만 있게 해주세요. 2013, 12, 10.

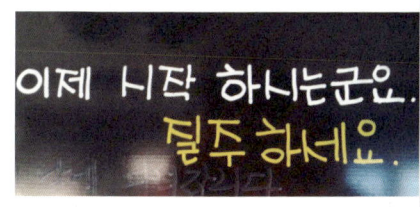
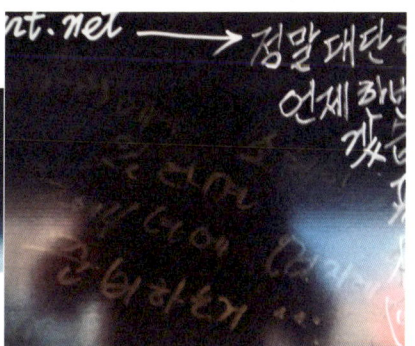

우리에게 소원이 있다면 멋지게...2014

빨간버스 1 내부사진

2013 화목 난로와 고구마

화목난로위에 주전자
뒤 의자에 걸린 빨간 배낭

난로위에 끓이고 있는

갤로퍼 농촌여행

철원을 여행하다   대전 청사 주차장

버스를 잃고 나서 한동안 공항상태에 빠져있었습니다. 곳곳에 풍경들이 아른거리고 누군가 자꾸 뭣해! 뭐 하냐니깐, 불러내는 것 같아 좀처럼 마음의 안정을 찾을 수가 없었습니다. 들에 봄꽃이 피고 그 꽃바람이 가슴을 휑 열고 지나간 것처럼 울렁거려 견딜 수가 없는 지경이었습니다.

그러다가 갤로퍼(1997년식 반은 승용차 반은 화물차로 쓰고 있었던)로 캠핑을 떠나면 어떨까? 느낌이 왔는데, 순식간에 '그래, 오케이' 결정을 하고 준비에 들어갔습니다.

갤로퍼 뒷 의자를 떼 내고 떼 낸 공간에 식탁 겸 나무판자를 놓는 것으로 간단하게 준비를 끝냈습니다. 그리고 생활에 필요한 도구 휴대용 가스레인지, 코펠, 이불 두 장, 모기장, 플라스틱 의자 3개, 노란 파라솔 1개, 20리터용 물통 2개, 전기 220v사용에 필요한 소형인버터와 중고배터리 한 개를 싣고 전국 일주를 또 가는데 이번 코스는 승용차와 버스가 다니기 어려운 곳들을 찾아가기로 했습니다.

예를 들자면, 산청 산 속에 있는 약초밭, 제천 감초밭, 봉평 메밀밭, 파주 장단콩밭, 순창 고추밭, 영광 모시밭 등등...

갤로퍼를 캠핑카 삼아 산길이나 농로를 다니는데 한마디로 끝내주게 좋습니다. 나름 불편한 점도 있지만 승용차와 버스가 다니기에는 좁고 바퀴가 빠지는 곳을 별문제 없이 갈 수 있다는 것에 특히, 찜통 같은 여름엔 논밭에 잠깐 있다는 것만으로도 견디기 힘든 일인데 차를 타고 가까이 볼 수 있으니 폐차된 버스에게 미안하지만, 고마운 마음도 들었습니다. 승용차와 버스 여행에서 보여주지 못한 곳을 보여주려고 갤로퍼가 기다리고 있었다는 듯, 사륜차로 다니며 보는 특별한 캠핑카 갤로퍼였습니다.

자작 캠핑카 빨간버스 2

2014. 12. 6. 제주항에서(목포행)　　　　2014. 보성도착

하얀 버스 인수하던 날

400만 원에 나온 공매버스를 입찰하기 전 현장에 가서 물건을 확인하는

것이 일반적일 탠데 운행했던 킬로수가 적고 관용차량이라 엔진상태는 좋을 거라는 예상을 하고 인터넷으로 2014. 12월 초 10%를 더 한 440만 원을 써서 낙찰 받았습니다.

버스를 인수 받은 날 오후가 넘어갈 때쯤에야 서류정리(이전하고 보험 들고)가 끝나고 버스 키 받는 시간은 깜깜한 저녁으로 이르고 말았습니다. 대형운전면허증이야 있었지만 막상 낯선 차를, 그것도 깜깜한 밤에, 운전석에 앉으니 조금 당황스럽기까지 했었습니다. 차가운 실내, 실내등은 어디서 켜는지 승용차와는 다른 구조였고 알 수 없는 스위치들이 즐비했습니다.(이 차는 전투경찰들이 타고 다녔던, 이 말을 안 쓰면 좋겠지만 일명 '닭장차'였다.)

그리고 후진을 해야 하는 데 감(느낌)으로밖에 할 수 없는 상황, 또 출발하는데 비바람이 시작을 했습니다. 아무튼 운전석에서 기름 계기판을 보니 간당간당했습니다. 그곳에서 가장 가까운 주유소가 있는 곳 표선(서귀포시 표선면)으로 갔습니다. 어찌어찌해서 주유를 하고 분식집에 들어가 자장면을 시켜 먹고 버스에 돌아와 보니 빗물이 뚝뚝 떨어집니다. 마치 고드름 길어나듯 으스스하게 빗물이 샜습니다. 오랫동안 빗물이 차 안으로 들어왔다는 케케한 내음 어쩌면 젊은 청춘들의 자유로울 영혼이 출동하기 전 검은 마스크를 끼고 방패와 진압봉을 들고 수평과 수직 사이에서 헉헉거리며 번뇌와 고뇌를 외다 튕겨져 나온 그런 침 냄새, 오랜 습기에 젖은 물때에서 나는 냄새가 났습니다.

그날 밤 가끔 소나기처럼 비가 가로등 옆으로 바람에 날리는데 휴대폰 내비를 켜고 찜질방을 찾아간 곳은 휴업 중이고 성산일출봉 주차장까지 갔습니다. 아침에 기회가 된다면 해를 볼 생각으로 그런데 시동을 컨지도 한참이고 어느 정도 주행을 했는데 모든 스위치를 다 올려도 온기는 안 나오고 찬

바람만 나왔습니다. 개구리처럼 새우처럼 웅크리고 새벽까지 버티다 도저히 참을 수가 없어 주차장 아래에 있는 여관으로 가서 두 시간 정도 몸을 녹였던, 캠핑카가 되기 전 마지막으로 단둘이 날을 샌 셈인데 그 후론 하얀 버스만 보면 여름에도 옷깃을 여미정도로 차가웠던 느낌이 되살아나곤 합니다.

집으로 와서

다음날 제주도에서 배를 타고 집(보성)까지 도착할 때는 또 깜깜한 밤이 되어서였습니다. 버스를 마당에 주차하고 또 다음날. 왜 비가 새는지 버스에 사다리를 놓고 지붕에 올라가 살펴보는데 바닷가에 있는 차가 육지에 있는 차보다 녹이 더 슨다고 하더니 그 이유를 알 것 같았습니다. 보기에는 멀쩡한데 빗물이 잘 내려가지 않는 곳은 쿠키 빵처럼 부풀어 올라서 손가락으로 누르면 푹 꺼집니다. 마치 스펀지처럼, 비가 오면 빗물을 빨아들이고 부푼 틈이 차 안에 빗물이 흐르도록 했던 것입니다.

며칠 후, 자작 캠핑카를 만들기 위해 인근도시(광주)를 중심으로 공방이나 공업사가 있는지 수소문해도 찾을 수가 없었습니다. 그래서 최종적으로 교통공단을 무작정 찾아갔습니다. 그리고 공방이나 자동차 구조변경을 하고있는 업체를 알려달라고 부탁을 했습니다. 그런데 공단에서는 알려줄 수가 없다고 했습니다. 아마도 어느 업체든 알려줄 수 없는 입장이었을 겁니다.

(구조변경관련 업체들의 정보를 공유하면 조금이라도 불법 차량이 적어질 것 같은데.) 교통공단까지 갔는데, 자동차 구조변경은 이곳에서 하는데...

정작 캠핑카 구조변경을 할 수 있는 업체를 알 수 없다는 게 이상한 나라에 와 있다는 생각도 들었습니다. 그리고 시청에 문의를 해도 알 수가 없었습니다. 자작으로 캠핑카를 만들어가는 첫 번째 난관인 셈이었습니다.

그러다가 114에 전화를 걸어 공단 근처의 자동차공업사 연락처들을 물어보고 몇 곳에 전화를 했습니다.

- 부탁드립니다, 자동차 구조변경하는 공업사나, 구조변경하시는 사람
  전화번호 좀 알려주십시오. 부탁드립니다.

"우리는 안 하고요, 그 사람 아직 하는가 모르겠네요."

그런 상황이었습니다. 그렇게 이름과 함께 알려준 전화번호로 교통공단 민원실 자판기 앞 원탁 테이블 의자에 앉아서 이어폰을 꽂고 전화를 하는데 옆에서 스피커폰 소리같이 울려왔습니다. 제 전화기에서 나는 소리인줄 착각됐습니다. 전화통화를 하다가 일어서서 손을 흔들며 "여보세요 안녕하세요. 전화가 접니다."

그렇게 만날 수 있었는데 찾는 사람을 가까운 곳에 두고, 돌아 돌아서 만나게 되니, 만약 그렇게라도 자동차 구조변경 하는 사람을 빨리 만나지 못했

다면 저의 자작 캠핑카는 많은 어려움이 있었을 겁니다.

어쩌면 약간의 불법으로 일정기간 다녔을 지도 모를 일입니다. 캠핑카 구조변경에 있어 일반인들이 좀 더 쉽게 접근할 수 있도록 관련법이 대폭 완화되고 교통공단의 안내가 있으면 좋겠습니다. 그래야 좀 더 나은 캠핑카 문화 시대로 갈 수 있고 불법이란 딱지가 붙은 캠핑카는 없을 테니… 혼자서 중얼거려도 보았습니다.

만난 그 사람은 화물차 등 자동자 구조변경업을 오랫동안 해오고 있다고 했습니다.

그렇게 즉석에서 만나 차 한 잔 나눌 시간도 없이 바쁘게 보인 그분께 직접 캠핑카를 만들고 싶다고 설명했더니, 땀 흘리고 난 후 아이스크림을 먹듯 편하게 말해주었습니다. 제 버스의 경우, 침실은 2인 이상, 규격이 되어야 하고 화장실(휴대용변기 가능)과 조리할 수 있는 전기포트와 싱크대가 있으면 된다고 했습니다. 그리고 버스 내 물품들은 고정돼있어야 하지만 허가사항은 아니었습니다. 제 말을 듣고 그분은 줄자를 가지고 버스에 올라와 도면을 그렸고 저는 집으로 돌아와 자작 캠핑카를 만들어갔습니다.

먼저 비가 샌 지붕으로 올라가서 녹을 벗기고 양철을 잘라 붙이고 방수페인트를 바르고 또 바르고 칠하는데도 해도 해도 끝이 없을 만큼 녹 쓸어 들뜬 지붕은 만질수록 일이 늘어났습니다. 버스를 만들 때 좀 더 두꺼운 재료를 사용했으면 이런 일은 없었으리란 괜한 불평이 들기도 하고, '그러니깐! 440만 원이지' 입장을 바꿔 생각하면 기분 수월해지고 그랬습니다.

버스 내부는 버스 실내 4분의 3 정도를 뒤쪽으로 침실을 나눈 다음 침실 옆에 화장실 칸막이를 했습니다. 그러니까 전체적으로 보면 작은 원룸 형태를 갖춘 구조로 버스에 오르게 되면 길 다란 원목 테이블이 중앙에 있고 오른쪽엔 소파를... 왼쪽은 플라스틱 의자를 겹겹이 꽂아놔 14~5명이 앉아서 담소를 나눌 수 있는 이야기 창고로 꾸미고 소화기 두 개를 비치해 놓은 것으로 전체적으로 마무리 짓고, 버스 밖 색깔은 역시 신호등의 빨간색으로 칠했습니다.

지붕 위에 태양광 패널을 설치하고 전기 충전에 필요한 콘트롤러는 버스 내에 설치, 주행 중 충전기는 태양광 패널 충전 배터리 가까이에 설치하고 전기밥솥과 컴퓨터 등을 사용하기 위해서 인버터를 실내에 설치한 것으로서 기본적인 캠핑카 시설을 갖추게 됐습니다.

그리고 교통공단에서 전화로 만난 그 분에게 가서 오케이 싸인을 받고 알려준 공업사를 찾아가 도장 찍어줄 수수료를 내고 교통공단에서 구조변경 허가를 받고, 캠핑카가 되었습니다.

빨간버스 캠핑 여행을 시작하며...

인터넷에 캠핑의 어원을 찾아보니 야외에서 천막치고 자는 것이다, 입니다. 우리 식으로 하자면 천렵 가서 하룻밤 또는 며칠을 야외에서 묶는 것입니다, 라고 할 수 있겠습니다. 본격적으로 캠핑카 여행을 떠나기 전 그동안 다녔던 곳에서의 특별한 음식들을 먹었다면 뭐가 있을까? 꼽아봤는데 도무지 손가락에 잡히지 않았습니다. 그래서 장기간 떠나는 이번 캠핑카 여행에는 저만의 먹고 싶은 것을 찾아 여행하기로 했습니다.

그런 이유를 들어 빨간버스는 흔한 냉장고도 없습니다. 아니 캠핑카를 설계할 때부터 냉장고를 생각하지 않았습니다. 혹시라도 냉장고를 설치해두면 게으른 제 몸이 집에서부터 마트에서 잔뜩 사서 집어넣고 전국 여행을 다니면 결국은 집이나 마트에서 구입한 음식만 먹게 되고 그 지역에 생산된 먹을거리는 맛도 못 보는 비참한 여행이 될까봐 저는 저의 게으른 천성에게 작은 변명의 이유라도 줄이기 위해 냉장고를 처음부터 뺐습니다.

이번 캠핑카 여행은 그곳에 가면 첫 끼는 그곳에 물과 그곳에서 자란 곡식으로 지은 식사를 하고 노을과 일출을 맞는 것입니다. 그렇게 되면 당연 지역주민들을 만나게 되고 제가 누군지 지역 주민들은 알게 되겠고, 저는 그 분들의 삶에 잠시나마 일부가 되며 그 지역에 누를 끼치지 않으려고 산나물을 뜯거나 바다에서 낚시하는 것을 조심스러워 해야 한다,입니다.

캠핑은 결론적으로 자연 속으로 더 들어가 숲속의 나무처럼 숲에 일부가 되어보는 여행인 건데, 여행지에서 쓰레기를 투기하다가, 해산물을 채취하다, 나물을 뜯다가, 경찰이 오고 또는 지역주민과 여행자 사이에 언쟁으로 충돌이 발생하고 아슬아슬한 경우를 가끔 보게 되었는데 여행자로서 민망한 일이었습니다.

저는 캠핑카는 관광과 여행 두 종류가 있다고 말합니다.

캠핑카 여행이란 그 지역에서 난 음식만을 먹으며 여행하는 것입니다.
캠핑카 관광이란 집이나 마트에서 가져간 음식을 먹으며 관광하는 것입니다.

요즘 캠핑 여행을 하다보면 "캠핑카 주차금지"현수막을 붙여놓은 곳이 늘고 있습니다. 하물며 자치단체에서도 붙여놓은 곳이 있는데 이는 캠핑카가 지역사회에 전혀 도움이 되지 않는다는 증거입니다. 어떻게 관광객인 캠핑카들을 오지 말라고 하겠습니까?
이제부터는 캠핑카 여행하시는 분들이 "캠핑카 주차환영"으로 곳곳에 현수막이 붙도록 모든 여행이 공정했으면 하는 바람입니다.

그림 그리며 떠나는 빨간버스 여행!

그림의 발동은 문학축제 때 수필을 쓰면서 더 깊게 걸렸는지 모르겠습니다. 어쩌면 처음 국화 농사 짓겠다고 할 때 이미 속마음에 물감이 묻어버렸는지도 모를 일입니다.
저는 세상 가치에 대하여 가끔 이야기할 때,
시 한편의 원재료(원고지, 지우개, 연필)값과
그림 한편의 원재료(붓, 물감, 화선지, 캠바스)값과
농부들이 키워 캐 낸 감자 한 개의 값이 얼마나 차이가 있을까요? 예를 들곤 하였는데 말하자면 모두가 비등비등 하거나 처음부터 특별한 건 없다는 것입니다.

그래서 저는 감히 말하는데 우월적 예술은 없고 모든 예술의 근원은 흙으로부터 싹튼다. 하여, 누구든 글을 쓰면 시인이 되고 누구든 물감을 칠하면 화가가 된다. 그러니 누구를 만나든 내가 쓰고 내가 칠한 그림은 이미 훌륭한 작품인 것이다.

그렇다, 나는 이렇듯 나에게 스스로 자존감을 세워주고 나서부터는 이미 시인이 되었고 화가가 되었다.

그러나 그로부터 그림을 그리다가 그림은 뭐고 도대체 왜 그림은 그릴까? 고민한 적이 있었는데, 그 대목에서 고려시대 정지상과 김부식이 떠올랐습니다. 그리고 사군자란 그림 밭에 화가들은 어떤 곡식을 심었을까? 저는 또 어떤 곡식으로 심을까?

사군자[四君子](검색: 국어사전)

"동양에서는 군자와 같다는 뜻으로, 매화, 난초, 국화, 대나무를 그린다."고 돼 있다. 저는 이 궁금증에 어떤 미협에 전화를 걸어 사군자의 의미를 물어본 일이 있고 국화 그림에 있어서는 어떤 품종을 그려야 맞는지 고민한 일이 있습니다.

저는 사군자그림에 있어서 국화 그림 중 절벽에 대국(大菊)을 그려 넣는 건 사군자에 포함된 절개와는 맞지 않는 그림이다, 라고 말합니다.

그건 전국을 다녀 봐도 대국이 절벽(설악산 암벽)에 꼿꼿이 선 채로 피어있는 것을 확인하지 못한 탓 이기도 하지만 제가 확인한 대국들은 아직 씨앗을 맺을 수 없어 산에서 들에서 자연적으로 씨앗으로 옮겨갈 수 없기에 암벽에서 자생하지 못한다. 그럼으로 암벽이 배경이 되는 사군자 국화(대국) 그림은 실체가 없는 허구의 그림일 뿐이다.

또 그림에 있어 제가 알고있는 우리나라 그림 중 가장 오래된 그림은 고구려 벽화입니다. 그리고 최근에 가장 안타까운 그림은 국보 1호 숭례문 단청입니다.(국가적으로 단청을 그릴만한 물감과 기술이 사라졌다는 말을 들었습니다.)

저는 또 그림을 그리면서 물감과 화선지와 캔버스를 종류별로 사서 그림에 대한 실험을 하며 그리는데 캔버스를 사서 물에 담가 놨다가 씻어냈더니 무명천만 남았습니다.

다시 말하면 유화물감으로 그리는 캔버스의 원재료는 무명천 위에 흰 물감을 입힌 것이고 가장 비싼 캔버스는 대마가 많이 들어간 것이었습니다.

그런데 아쉽게도 우리나라의 대마로(안동포, 보성포) 생산된 캔버스는 아직 없습니다. 그래서 저는 안동포와 보성포를 구입해 저만의 캔버스를 만들어 그려보곤 하는데 우리나라는 아직까지 대마가 산업으로 발전하지 못하고 전통으로만 정체돼있어 아쉬움이 큽니다.

대마는 매년 씨를 뿌려 재배하고 수확은 여름에 낫으로 뱁니다.

수확한 대마는 불을 피워 증기로 쪄내고 옷감이 되는 대마 껍질은 손으로 일일이 벗겨내서 입으로도 쨉니다. 짼 대마는 실로 만들기 위해 여인의 허벅지에 올려놓고 손바닥으로 맞대어 굴리고 굴려서 긴 실로 잇습니다. 그 실로 옷감을 짜는데 폭 33cm 정도입니다. 이 폭은 옛날 한국인들의 표준 허리 폭이 아니었을까? 추측을 해봤습니다.

폭 33cm 삼베로 넓고 큰 그림을 그리려면 잘라서 이어붙어야 합니다. 저는 이 작업을 할 때 삼베를 짜듯 비슷한 방법을 썼는데 삼베의 올을 풀어서 바늘로 꿰맸습니다. 그리고 그 위에 그림을 그리는데 캔버스의 작은 선들이 너무 아름답습니다. 어떤 실은 이어 붙여진 표시가 그대로 캔버스에 나타나서 제가 삼배위에 그림을 그린 것이 아니라 삼베를 완성하셨던 명장들의 작품에 제가먹칠을 하고 있다는 죄송함이 들어 붓을 놓기도 했습니다.

제가 삼베로 그림을 그려보고 싶었던 이유가 있는데 그것은 삼베가 수의로서만 소비되는 것이 안타까워 좀 더 젊게 갈 수 있는 길을 찾기 위한 것으로 대마 재배 생산지역과 미술대학들과 결연을 맺어 그림을 그리게 한다면 그 작품들은 천년을 지나도 작품의 깊이는 더 깊어지고 빛날 것이다, 라는 확신이 있었기 때문입니다.

삽화 : 참국문학축제

물 감

색칠하고 싶다
네 마 음
내 마 음

여행은 흐르는 세월 속에서 나를 건져내는 일이다.(여행을 하다 건져낸 말)

2부
풍요로운 농촌을 위하여

문화재 논..
풍요로운 농촌을 위하여...

철원을 여행하다

저는 전국의 논밭을 선별한 다음 흙을 채취하여 중금속 등을 확인하는 토양 분석을 해 보았습니다. 또 우물이나 바닷물을 길러 간단한 수질검사도 해 보았습니다.

그리고 생산자 입장에서, 소비자 입장에서, 또 대통령의 입장이 되어서 먹을거리가 생산된 지역과 그 지역의 흙에 대하여 깊은 고민을 해보았습니다.

저는 논밭에 제초제를 뿌리지 말자, 농약을 하지말자, 농산물을 수입하지 말자 주의는 결코 아닙니다. 그러나 세계가 하나인 지구촌 시장에서 자생력을 잃지 않고 경쟁력을 갖추려면 지역과 지형에 맞는 농업을 해야 한다, 그 정책만이 좀 더 행복한 세상으로 갈 수 있는 유일한 길이다, 라고 저는 절대적으로 믿고 있습니다.

저는 텃밭 농사꾼으로서 전국 농지여행을 10여 년째 다니고 있는 사람으로서 우리의 논밭들이 무척 깨끗하고 상상할 수 없을 만큼 아름답다, 라고, 글을 써야 하지만 때로는 정반대로 쓸 수밖에 없는 현실에 절망감도 들었습니다.

어쩌다가 농업을 천대하는 사회가 되었을까?
또 역사적으로 우리 농사꾼들이 잠시라도 행복한 시절이 있었을까?

기계화가 되기 전에 농사꾼들은 들에서 비 오면 비 맞고 바람 불면 바람에 맞서다 이슬로 발현된 농사꾼들... 농사꾼은 이윤을 창출하는 사람보다는 곡식을 잘 영글게 하는 흙의 심부름꾼입니다. 그래서 저는 '도시가 꽃이라면 시골은 뿌리, 뿌리가 건강해야 향기롭다. 는 소신으로 풍요로운 농촌을 위하여... 글을 쓰고 있습니다. 개인이나 단체, 특정 지역을 비방할 목적을 갖고 있지 않다는 것을 분명히 밝힙니다.

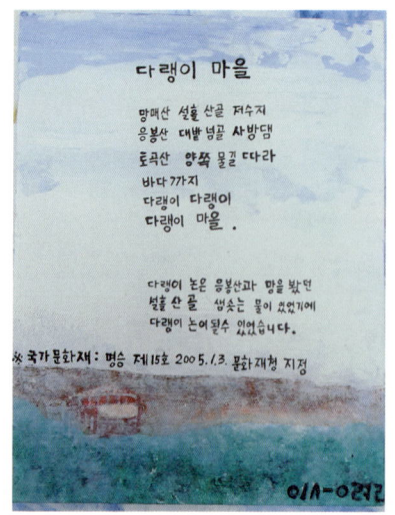

다랭이 마을

망매산 설흘 산골 저수지
응봉산 대밭 넘골 사방댐
토곡산 양쪽 물길 따라
바다까지
다랭이 다랭이
다랭이 마을.

다랭이 논은 응봉산과 망을 봤던 설흘산 골 샘솟는 물이 있었기에 다랭이 논이 될 수 있었습니다.

국가 문화재 (명승 제15호 2005. 1. 3.문화재청 지정. 남해군 남면 다랭이 마을 일원) 가 된 다랭이논. 다랭이논은 논에서 바다를 등지고 산을 올려다보면 우측 봉오리 망산(망매산, 460m)과 설흘산(481m)이 이어져 있고 좌측엔 응봉산(471m)이 있습니다. 이 산이 있었기에 논이 될 수 있었습니다. 지금이야 세상이 좋아져서 지하수를 끌어 올려 벼농사를 지을 수도 있지만, 생각건데 1970년 후반까지만 하더라도 대부분의 지역에서는 엄두를 못 낼 일이었을 것입니다.

그 옛날 다랭이 마을 선조들은 바다를 앞에 두고도 어부로 살아가지 않고 왜 고단한 농부를 자청했을까요? 산비탈에서 돌을 캐고, 깨서 굴리고 흙짐으로 쌓았을 논두렁 밭두렁들...

'사람의 이름보다 호랑이 가죽보다 더 귀한 것이 쌀이며 곡식이다' 그런 마음으로 후세대에게 전하고 싶은 농부가 그린 그림은 아니었을까요? 저는 우리가 아직 알아차리지 못한 그 무엇이 있으리라는 상상을 해봅니다.

제가 의도적으로 다랭이 논을 찾는 건 경관이 아름다워서가 아닙니다. 대한민국에서 한 곳뿐인 문화재 논이기 때문에 매년 찾고 또 찾습니다. 저는 다랭이 논에서 대한민국을 봅니다. 대한민국 문화재 논에서 문화재가 어떻게 발전해 가는지를 보고 있습니다. 다랭이 논에 가면 논두렁과 논 언덕에 여러 지역의 특산물들이 자생하고 있습니다. 의령군의 특산품인 망개떡의 망갯잎(청미래덩굴)이 있고 영광군의 특산품인 모시(잎)가 있고 한때 강화도 특산품이었던 쑥이 자라고 있습니다. 그리고 약간의 품종 차이가 있지만 복분자와 비슷한 땅딸기가 자생하고 있습니다. 이 식물들은 특산품으로 지정한 그 지역에서는 귀한 대접을 받는 몸입니다. 그러나 문화재 논과 주변에서 자란 이 식물들은 일 년에 한두 번, 아니면 두세 번은 죽느냐 사느냐를 걱정하며 살아가고 있습니다. 저는 이 글을 쓰기 몇 년 전 부터 다랭이논 농사를 짓는 농부들을 만나서 이야기를 나눴습니다.

- 다랭이 마을에 포토존이 있는데 사진 찍힌 대로, 눈으로 봤던 그대로 쓸 겁니다.

"그렇게 해 주십시오." 라는 답을 다랭이 마을 농부들에게 들었습니다.

다랭이 논에서 찍었던 사진들입니다.

제초제를 많이 하면 논두렁에 풀뿌리가 죽습니다. 죽은 뿔 뿌리는 흙을 잡고 있지 못해서 논둑이 무너집니다. 무너질 것이 어디 논둑 뿐이겠습니까? 특히, 천수답(하늘에서 물을 내려야 벼를 심을 수 있는 논)에서는 더 그렇습니다. 이 사실은 농사를 짓는 사람이면 모두가 알고 있을 것입니다.

또 다랭이 논을 찾았던 관광객들 중에는 변해가는 것을 안타까워 하는 글을 블로그에 남긴 이들도 있습니다. 세상은 변해 가는데 왜 이곳만은 변하지 말아야 한다고 생각하는 것일까요? 아마도 그 자리에 있었던 것을 없애고 새로운 것을 심고 싶어서 그런 건 아닐까요? 내 집, 내 직장에서 누군가 나의 자리에 새로운 물건을 들여다 놨다면 나의 환경은 어떨까요?

대한민국이 곳곳에 비슷한 시기에 비슷한 꽃들을 심어대고 뽑아내곤 합니다. 참 별일입니다. 서울 한복판에도 같은 꽃을 심고 부산 도심에도 같은 꽃들이 심어집니다. 참 별일입니다. 도시에서 머나먼 경남 남해군 남면 다랭이 마을에도 매년 비슷한 꽃들이 심어집니다. 참 이상한 일입니다. 다랭이 마을에는 들꽃이 없나 봅니다. 참 이상한 일입니다.

이 꽃은 무슨 꽃일까요? 일 년에 한두 번 남해군청에서 번갈아 심는 꽃.
들꽃밭에 1회용 같은 꽃을 심는 것보다 저는 다랭이 마을 주변에 자생한 나리도 좋고
도라지도 좋고 쑥꽃도 좋으니, 다랭이 마을 사람들이 심고 가꾸면 어떨까 합니다.

저는 국가마다 문화재 논이 있다면 "문화재 논농사 올림픽"이 열려야 한다고 주장합니다. 세계인의 건강을 위하여 세계평화를 위하여, 다랭이 논에서 우리가 먼저 "문화재 논농사 올림픽"을 개최해야 한다고 저는 강하게 주장하는 바입니다.

사람이나 짐승이나 먹는 음식에 따라서 성정이 달라지는데 육식의 동물 하이에나가 그렇고 초식의 동물 사슴이 그렇습니다. 인간은 육식과 초식 둘 다 먹는 동물로 곡식을 멀리한 식사를 할수록 사람의 이빨과 목소리는 하이에나처럼 변해갈 것입니다.

2015년 찍었던 사진입니다.

    문화재청에서 다랭이논을 정비하는 사업인데, 굴삭기가 인간의 감성을 어떻게 충족시킬 수 있을까요?
    기계로 다랭이 논을 축조했다면 문화재가 되었을까요? 매우 안타깝고 아쉬운 작업이었습니다. 다랭이 논은 2천 년 또는 3천 년, 그보다 더 깊은 5천 년을 이어왔는지 우리는 잘 모릅니다. 다랭이 논 굴삭기 공사는 기계의 힘으로 사람의 감성을 표현하고자 했고, 기계의 무력으로 문화를 비틀어서 현대판 다랭이논이 되어버린 셈입니다. 옛날 그 옛날에 다랭이논을 일구던 사람들은 얼마나 많은 땀과 눈물을 흘리셨을까요?

    이번에 굴삭기로 다랭이논을 만들면서 기계는 또 어디에서 땀방울을 흘렸을까요?

우리 사회에는 빠른 시간 안에 성과와 결과를 봐야 한다는 성과주의 문화가 있는 것이 확실합니다. 천년을 지켜내는 시간보다 몇 달간의 계산으로 급하면 아랫돌을 빼서 윗 둑을 쌓는 책상중심의 문화가 만연해 있는 것이 확실합니다. 그래서 실타래처럼 엉켜버린 경우를 여러 곳에서 목격하고 경험했는데 그중에 한곳이 다랭이 논입니다. 다랭이 논을 일궜을 소의 삶도 그랬을 겁니다.

다랭이마을 중심지에는 밥 무덤이 있습니다. 그 옆에 샘이 있고 그곳에서 바다를 향해서 조금 내려가다가 오른쪽을 보면 암수 바위가 있습니다. 이곳을 찾는 사람들 중에는 합장으로 기도하는 사람들이 있는데 어떤 기도를 드리는지 알 수 없지만 보고 있으면 숙연해집니다.

암수 바위를 찾는 사람들... 저는 암수바위가 남자, 여자가 아닌, 수컷인 숫소와 암컷인 암소의 형상이라고 믿습니다. 특히 숫 바위 앞에서 숫 바위가 무엇을 의미하는지 상상을 하게 되면 형상은 더욱 짙어집니다. 그런 만큼 다랭이 논농사에 있어서 숫소가 꼭 있어야 한다는 뜻의 절대적인 상징물이 암수 바위인 것입니다.

암수바위 사진 : 2015년

다랭이 논 농사에 있어서 물은 하늘이 뿌리고 소는 사람이 키웁니다. 하늘에서 물을 내려 주지 않으면 논농사는 결코 지을 수 없습니다. 현재의 다랭이 논 농사에 있어서는 이브만 있고 아담은 없습니다.

이런 다랭이 논 농사 방법은 남자 없는 지구에서 여자만 사는 것과 같은 이치입니다. 여자는 아이가 필요할 시기가 오면 개량하고 개량된 정자를 사다가 아이를 낳을 수 있습니다, 그러나 정자를 사다가 자궁 속에 집어넣어도 언제나 아이로 태어날 수 있는 것은 아닙니다.

사람이, 사람이... 암소의 입장이 한번 돼 보면 어떨까요?
사람이, 사람이... 사람이 수소의 입장이 한번 돼 보면 어떨까요?

다랭이 논 농사에 있어서 씨앗을 심는 농사꾼은 수소와 암소의 사랑을 절개해서는 안 됩니다. 그 사랑의 절개가 곧 인간의 삶을 절개할 수도 있으니, 다랭이 마을에서는 암소와 수소가 함께 번영할 수 있도록 해야 합니다.

최소한 다랭이 마을에서는 수소가 씨를 심어 송아지가 열리는 농사를 지어야 합니다. 가족과 함께할 수 있는 삶으로 말이죠!

"암수바위"

소가 얼마나 중요한지 그것도 소똥으로부터 소에 관한 이야기가 여기 있습니다. 환경부가(2017. 12. 12.) 소가 싼 똥을 굴리는 소똥구리를 한 마리에 1백만 원씩 사겠다고 오천만 원입니다. 안타깝게도 한국에는 이미 찾을 수 없다는 것입니다.을 걸고 입찰공고를 냈습니다. 소도 아닌 소 똥을 좋아하는 곤충을 국가에서 사겠다고 나선 일. 이와 관련《kbs뉴스: 공모로 모인 소똥구리는 5천억 원 이상의 가치가 있을지도 모른다는 게 환경부 입장인데요, 소똥구리는 염증 치료에 효과가 있다고 알려져 전통적으로 약재로 쓰였습니다. 동의보감에도 그 효능이 기록돼 있고 현대 의학도 이에 주목하고 있습니다.

국내에 서식하는 '애기뿔소똥구리'에서 발견된 '코프리신'이라는 물질이 염증 치료에 효능이 있는 것으로 확인되며 이물질로 재생연고제, 화장품 등 제품이 출시돼 연간 10억 원 이상의 매출이 발생하고 있습니다. '애기뿔소똥구리'가 멸종위기 2급 종이어서 만약 멸종해서 연구를 못 했다면 이런 가치를 찾아낼 수 없었을 겁니다. 만약 국내에서 소똥구리를 복원하지 못하면 해외에서 수입해 연구해야 하는데 이 경우엔 국제 협약에 따라 자원을 제공한 국가의 사전 승인을 받고 이익을 공유해야 합니다.

해외에서 소똥구리를 들여와 연구해 큰돈을 벌어도 그 이익은 온전히 우리 것이라 주장하기 어렵습니다. 전문가들은 소똥구리 멸종을 방치하면 수천억 원을 포기하는 셈이라고 경고 합니다.》

소똥구리사진
출처/환경부

　이렇듯 작게 보이는 것에 우리는 큰 가치를 있다는 것을 잊어버리고 살고 있습니다. 국가문화재 다랭이 논은 순환농사로 이어져야 합니다 사람은 논두렁에 풀을 베어 소를 먹이고 소가 싼 똥은 퇴비로 환원되고, 소와 사람이 일체가 되어 쟁기로 흙을 갈아 모를 심으면 논물에 헤엄치는 물방개, 소금쟁이가 나타나 춤을 출 것입니다. 또 물이 솟는 뒷 논에는 미꾸라지가 꿈틀거릴 테고 그걸 구경하겠다, 그걸 잡겠다, 사람들은 몰려 들것입니다. 그러나 소똥구리를 보려면 이보다 더 많이 자연과 친해져야 할 것입니다. 쟁기로 다랭이 농사를 지었을 때처럼 소 먹잇감을 자급자족해야 합니다. 지금 소에게 주는 사료에는 항생제와 소를 도축하고 얻은 소의 일부를 사료에 첨가, 소가 소고기를 먹는. 사람으로 치면 식사 때마다 밥에 인육이 섞여 나와서 인육을 먹을 수밖에 없는 슬픈 현실인 것입니다. 다랭이논에서는 이런 소의 삶이 아니

길 소망합니다. 그래야 그렇게 돼야 소똥구리가 나타날 것입니다.

제가 생각한 다랭이 논과 다랭이 마을입니다.
국가 문화재 논은 문화재 논에 맞는 농사를 지어야합니다.
그리고 조건은 100% 자연농법이어야 합니다. 최소한 1970년대처럼 말입니다. 쌀 생산량을 계산한 화학비료 제초제, 농약 사용은 문화재 논에는 맞지 않습니다. 그리고 다랭이마을 보존회와 문화재청은 입장권을 추진해야합니다. 그 다음 입장권 수익으로 보존회에서는 소를 키우고 논두렁에 풀을 베는 직업농사꾼(마을 어르신과 마을사람과 마을에 있는 소)들을 채용해야합니다.

그리고 또 한 가지 아쉬운 점이 있습니다.

다랭이 마을 주차장 도로변에는 대한민국에서 가장 작은 노천 농산물 장터(다랭이 장터)가 있습니다. 폭 1미터 흰색 실금을 그어놓은 곳으로 열두 개가 있는데요, 그곳에 앉으면 서로의 어깨가 닿을 만큼 협소한 아주 작은 장터입니다. 이 장터는 농산물이 수확될 때 잠깐씩 열리는 데 주로 시금치와 마늘, 호박, 고구마 등을 팝니다. 그런데 이 작고 작은 장터에서도 큰소리로 오페라를 부른 관광객을 본 적이 있습니다. 이유는 인도를 침범했다는 것입니다.

저는 여행을 가면 그 지역민을 만나 뵈는 것을 영광으로 삼고 다니는데, '참 꼴불견이고 이기적인 사람이다. 저분은 무엇을 보려고 이곳에 오셨을까 무엇을 잡수러 이곳에 오셨을까? 참 안타까운 인물이다.' 란 생각을 가졌습니다.
2020. 2월 원고 마무리하기 전에 다시 갔습니다. 그리고 다랭이 마을 생산

품도 판매하고는 주차장에서 다랭이 마을에서 만든 막걸리를 한잔씩 마시면 그동안 마을에 대하여 제가 본 것에 대한 그대로를 책에 실어도 좋다는 응원을 받으며 기념 촬영을 했습니다.

다랭이 마을 2020. 4. 11.

다랭이논 원고는 2년 전에 써놓았으나 원고 중에서 '나는 꼭 이런 글을 써야 하나' 스스로 질문하며 답을 찾기 위하여 저는 1월 1일 다랭이 마을 해맞이에 맞춰 왔었습니다. 그리고 4월 10일 해질녘에 도착하여 4월 13일 아침 마을을 출발 다랭이논을 가꾸고 지켜온 어르신들과 국가무형문화재(2005년 지할 때까지 머물며 다시 한 번 다랭이 마을을 둘러보았습니다. 정) 다랭이 논을 친환경으로 유기농으로 가꿔가려는 다랭이 논 보존회 관계자분들께 죄송스러운 마음에 '나는 왜 이런 불편한 글을 쓰려고 하는 것일까?' 또 되묻기도 했으나 기어이 쓰기로 했습니다.

11일 토요일 이번에도 날이 밝자 다랭이 논으로 갔습니다. 어젯밤부터 한 가닥씩 빗줄기가 내리더니 우산을 써도 되고 안 써도 될 정도의 비가 벚꽃 잎과 함께 날렸습니다. 유채꽃이 활짝 핀 다랭이 논 사이 길을 걸었습니다. 다랭이 논 절벽아래는 남해바다가 그림같이 펼쳐져 있었습니다. 문화재의 명성도 명성이지만, 그저 경치가 좋아서 년 중 관광객들이 끊이지 않는 곳이 바로 다랭이 논 입니다. 곳곳에는 사진을 찍으면 잘 나온다는 포토존이 있습니다.

2020.4.11

　포토존에서 사진을 찍을 때 마다 느끼는 것이지만 천상에 농부들의 논이 있다면 그곳은 바로 이 다랭이 논이 아닐까. 그림 같은 풍광속의 다랭이 논의 곡선은 사람이 누워 있는 곡선과도 흡사하다. 그런 생각도 들었습니다. 우리가 살아가는 동안 꼭 필요한 햇볕과 물과 산소와 식량 그 중에서 인간이 창조할 수 있는 것은 식량 뿐입니다. 우리가 우리에게 내가 나에게, 지렁이는 흙 속에서 흙과 함께 유기물을 먹고 살아가고, 우리는 흙에서 자라는 쌀과 밀과 보리와 마늘과 상추와 시금치와 고구마와 호박과 오이와 달래 등을 먹고 살아가고 있습니다. 다랭이논길을 따라서 다랭이 마을을 천천히 돌며 사진이 잘 나온다는 포토존에서 방향을 살짝 돌려서 찍은 사진들입니다.

　남해에서 유명한 시금치입니다.

논두렁과 논두렁 안에서

다랭이 논 이곳에서 자라고 있는 채소들은 식탁에 오를 수 있고 관광객들이 다랭이 마을에 가서 식사를 하게 되면 사진 속에서 자라는 곳에서 난 채소들을 먹을 수도 있을 것입니다. 저는 어쩌면 괜한 걱정을 하고 있는지도 모르겠습니다. 그러나 저는 이러한 사실들을 보면서 얼마나 가슴 한편이 시렸는지 모릅니다. 그동안 다랭이 마을을 다니면서 기껏 이 짓을 하려고 다녔단 말인가? 자책감도 들어 괴로웠습니다. 그러던 중 마을 한 분을 만나 답답하고 안타까운 저의 마음을 털어놓았습니다.

축제장의 풍경과 뒤에 문인들의 시화

축제장의 풍경과 뒤에 문인들의 시화

'말씀 드리길 저는 흙에 약을 하지말자 주의는 아닙니다. 그러나 재배하고 있는 농산물 옆에 풀들이 말라 죽어가는 것을 보면 인체에 유해하다 무해하다를 떠나서 시각에서 오는 생동감이 저하됩니다. 그렇기 때문에 관광지인 이곳에서 생산된 농산물로 지은 식사는 가슴으로 느끼는 포만감이 항상 부족할 수밖에 없게 됩니다. 모든 면에서 득보다는 실이 많습니다. 저도 아프면 병원 가서 치료도 받고 주사도 맞고 합니다. 그러나 의사 선생님들은 무조건 주사를 놓는다거나 아프지도 않는데 약을 처방해 주지도 않습니다.

제가 주장하는 농업은 지역과 지형에 맞는 농업을 하자는 것입니다. 넓은 평야지에서는 평야의 농사방법이 있고 이렇게 아기자기하고 아름다운 다랭이 논에서는 만물의 생명을 존중하며, 트랙터보다는 사람과 소가 쟁기로 농사짓는, 소먹이는 항생제가 들어가지 않는 논두렁의 풀과 곡식의 부산물을 주어 소똥에서는 소똥구리가 태어나게 해야 합니다. 차도 옆에는 자생지가 남해인 꽃을 찾아 철철이 심어 관광객들에게 더 친근하게 남해를 느낄 수 있도록 해야 합니다. 그래서 저는 이 아름다운 다랭이 논은 꼭 유기농으로 가야 된다" 그렇게 말했습니다.

　다랭이 논 농사는 김제평야와 철원평야의 농업방식과 경쟁해서는 답을 얻을 수 없고 소비자의 눈높이에도 맞출 수 없다고 말했습니다. 그리고 또 토요일 일요일 이틀 동안 마을을 찾는 관광객들의 동선을 관찰하니 길 위에서 경관만 구경하고 사진을 찍고 식사는 다른 곳으로 가자며 발길을 돌리는 사람들이 많았습니다. 결국 다랭이 마을은 다랭이 논밭에서 생산된 먹을거리와 연계되지 못하면 관광객은 많아도 마을은 빈곤하고 관광객이 버린 쓰레기만 줍게 됩니다. 그러니 다랭이 논농사는 친환경을 넘어 유기농으로 가면서 다랭이 마을 입장권을 추진하면 어떨까요? 입장권으로 얻은 수익의 일부는 소와 쟁기질 할 사람의 일자리를 창출하고 그렇게 농사지은 쌀이며 밀이며 보리는 떡을 만들고 빵을 굽고 국수를 만들어 마을기업형태로 판매하면서 완전히 자립하는 것입니다. 그렇게 되면 다랭이 마을에서 민박을 하며 버리고 갔던 쓰레기들이나 다랭이 논에서 생산되지 않는 모든 것은 되가져가는 아름다운 문화가 틀림없이 탄생될 것입니다. 대한민국에서 논문화재는 오직 다랭이 논 한 곳 뿐이니 다랭이 마을에서는 다랭이 논이 있는 한 세상에서 가장 아름다운 마을로 가꿔 나갈 수 있을 겁니다.

산청 여행!

　　2017년 9월 24일 산청 한방약초 축제장에 갔습니다. 축제장인 동의보감촌에는 글과 그림이 들어간 현수막들이 일부 행사장 길을 따라 전시되고 있었는데 산청 문인협회에서 걸어놓은 시화였습니다. 저는 그 시들을 읽어내려다가 〈칡덩굴/송귀준〉 시를 발견하고 현대의 김삿갓이 지은 산청지역의 약초 이야기 라고 생각했습니다. 그리고 칡덩굴 시화 옆에서 산청군청에 전화를 걸어 산청 문인협회의 전화번호를 묻고 송귀준(산청군 금서면 추상리) 시인님을 찾아뵈었습니다. 그리고 2019년 9월 30일 2년 만에 전화 통화를 하고 또 찾아뵈었습니다. 저는 시인님께 청했습니다. 칡덩굴 시 낭송을 부탁드렸죠. 여행을 하다가 만나고 싶었던 시를 만나고 시를 지었던 시인에게 시 낭송을 듣는 시간, 참으로 영광스러웠습니다. 시인께서는 첫해 당신이 직접 깎아 말리셨다는 곶감과 당신의 수필집〈삶과 생각의 뒤안길〉에 사인과 함께 주셨고 금년에는 호두를 한 되쯤 자루에 담아 주셨습니다.

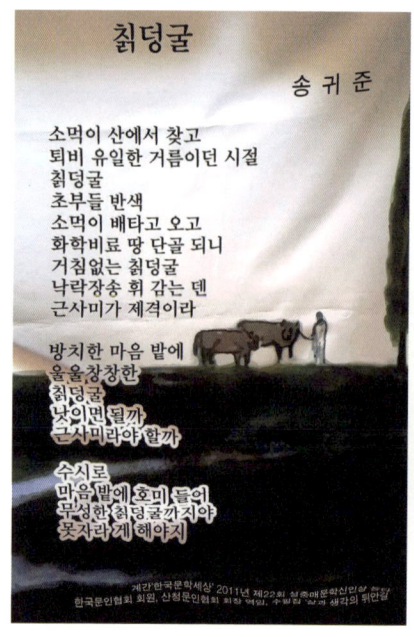 

아크릭 130*160 칡덩굴 소

2017.9.25.(월) 송귀준 선생님
어제 뵙게 되어 영광이었습니다.
선생님께서 따라 주신 차와
귀한 말씀들...
가난해도 궁핍한 삶을
살지 않아야겠다고
또 생각했습니다.
선생님께서 주신 수필집
〈삶과 생각의 뒤안길〉 잘 읽겠습니다.
저는 의도적으로 산청여행을
시작한 것이 7년쯤 된 것 같습니다.
그중에서 시 《칡덩굴》을 만난 것은
제게는 최고의
산청여행이 되었습니다.
선생님 파이팅입니다

2017. 9. 26(화)
반가웠습니다. 하시고자 하는 일이
꼭 이루어지길 기원합니다.

　　　　　　　　　　송귀준 배상.

2017. 송귀준 시인과 이승렬

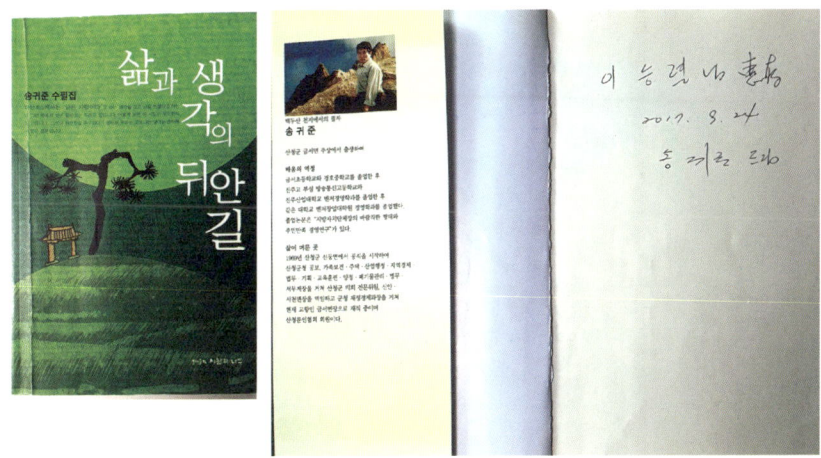

- 2019. 9. 30. 송귀준 시인께서 하셨던 말씀.

"마당가 텃밭에 3년간 화학비료를 주지 않고 퇴비로 상추를 키웠더니 단맛이 나기 시작했다."

- 시 낭송 후 하셨던 말씀.

"거침없는 칡덩굴 낙락장송 휘 감는 덴 근사미가 제격이라" 시어는 '내 안에 그 무엇이 휘감는 그런 마음이지', 라고 하셨습니다.

산청 약초여행! 2019~2008

2019 제 19회 산청 한방약초 축제 대한민국 대표축제

(2019. 9. 27(금)~10.10. 9(수)

축제장의 풍경과 뒤에 문인들의 시화

저는 이번 산청 한방약초 축제장을 9월 30일 10월 1일 이틀 동안 다녀왔습니다. 그동안 산청약초여행은 10여 년 가깝게 매년 2~3회 또는 3~4회 산청군청에서 운영하는 정광들과 약초밭들을 살펴보곤 했습니다. 그리고 간간히 군청 약초담당자 분을 만나서 한국 약초 재배의 현주소를 물으며 약초축제로 일궈낸 성과가 있었는지에 대해서도 질문해 보았습니다. 그러나 성과가 있었다는 답은 들을 수가 없었습니다. 하여 답답한 마음으로 그동안 제가 약초여행을 했던 이야기들을 해보려고 합니다.

먼저 대한민국 대표축제라고 하는 제 19회 산청 한방약초축제에 참가한 산청지역 약 48개 업체에서 전시 판매한 약초 품종들을 살펴보겠습니다. 약초의 품종은 10월 1일 아침 6시에 축제장 부스에 걸린 현수막들을 촬영하여 현수막에 적힌 약초의 품종을 중복되지 않는 정도에서 사실을 근거로 옮겨 적은 글임을 밝힙니다.

둥굴레. 참옻. 느릅나무(유근피). 감초. 도라지. 돼지감자. 우엉. 오미자. 마가목. 엄나무. 송이버섯. 벌나무(산청목). 꾸지뽕나무. 헛개나무. 헛개엑기스. 헛깨꿀. 칡. 민들레. 도토리가루. 오가피. 산양삼. 황기. 우슬. 대추. 홍화. 보리청국장. 상황버섯. 잔대. 하수오. 송라. 당뇨쌀. 수경인삼. 솔잎효소. 천년초. 야관문. 천마. 초석잠. 곶감. 삼채. 눈개승마. 곰취. 곤달비. 불루베리. 백수오. 삼백초. 꽃송이버섯. 울금. 천연한방비누. 충영(개다래). 천문동. 삼지구엽초. 골쇄보(돌고사리). 표고버섯. 생강. 열매마(하늘마). 노각나무. 산수유. 인진쑥. 양파즙. 겨우살이. 국화. 어성초. 골담초. 고사리 등 대략적으로 60여 품종이 약초 축제장에서 전시 판매되고 있었습니다.

다음은 우리나라에 어떤 품종의 한약재들이 사용되는지 알아보도록 하겠습니다. 2011년 9월 26일 식품의약품 안전처에서 받은 자료는 동물성:54 광물성:36 식물성:429 기타:28 총:547품목이었습니다. 그리고 다시 2018년 11월 15일 식품의약품 안전처에서 받은 한약재 품목명입니다.

공정서 수재품목(규격품대상)

연번	품목명	공정서	대분류
1	가자	KP	식물성
2	갈근	KP	식물성
3	갈화	KHP	식물성
4	감국	KHP	식물성
5	감송향	KHP	식물성
6	감수	KHP	식물성
7	감초	KP	식물성
8	감초가루	KHP	가루생약
9	감초밀자	KHP	포제품
10	감초초	KHP	포제품
11	강향	KHP	식물성
12	강활	KP	식물성
13	강황	KP	식물성
14	개자	KHP	식물성
15	개자가루	KHP	가루생약
16	갱미	KHP	식물성
17	건강	KP	식물성
18	건강가루	KHP	가루생약
19	건강초탄	KHP	포제품
20	건율	KHP	식물성
21	건조간장가루	KHP	가루생약
22	건칠	KHP	식물성
23	검인	KP	식물성
24	겐티아나	KP	식물성
25	겐티아나가루	KHP	가루생약

26	견우자	KP	식물성
27	결명자	KP	식물성
28	경납	KHP	동물성
29	경천	KHP	식물성
30	계관화	KHP	식물성
31	계내금	KHP	동물성
32	계심	KHP	식물성
33	계지	KHP	식물성
34	계혈등	KHP	식물성
35	고량강	KP	식물성
36	고련피	KHP	식물성
37	고목	KP	식물성
38	고목가루	KHP	가루생약
39	고본	KHP	식물성
40	고삼	KP	식물성
41	고삼가루	KHP	가루생약
42	고추	KP	식물성
43	고추가루	KHP	가루생약
44	곡기생	KHP	식물성
45	곡아	KHP	식물성
46	곡정초	KHP	식물성
47	곤포	KHP	식물성
48	골담초근	KHP	식물성
49	골쇄보	KP	식물성
50	과체	KHP	식물성
51	곽향	KHP	식물성
52	관동화	KP	식물성
53	관중	KHP	식물성
54	괄루근	KP	식물성
55	괄루인	KP	식물성
56	광곽향	KP	식물성
57	광금전초	KHP	식물성
58	괴각	KHP	식물성
59	괴화	KP	식물성
60	교이	KHP	식물성
61	구기자	KP	식물성

62	구맥	KHP	식물성
63	구자	KHP	식물성
64	구절초	KHP	식물성
65	구척	KP	식물성
66	국화	KHP	식물성
67	권백	KHP	식물성
68	권삼	KHP	식물성
69	귀전우	KHP	식물성
70	귀판	KHP	동물성
71	귤핵	KHP	식물성
72	금박	KHP	광물성
73	금앵자	KP	식물성
74	금은화	KP	식물성
75	금전초	KHP	식물성
76	급성자	KHP	식물성
77	길경	KP	식물성
78	길경가루	KHP	가루생약
79	길초근	KP	식물성
80	길초근가루	KHP	가루생약
81	나도근	KHP	식물성
82	낙석등	KHP	식물성
83	낭독	KHP	식물성
84	내복자	KP	식물성
85	노감석	KHP	광물성
86	노근	KHP	식물성
87	노로통	KHP	식물성
88	노봉방	KHP	동물성
89	노회	KHP	식물성
90	녹각	KHP	동물성
91	녹각교	KHP	식물성
92	녹두	KHP	식물성
93	녹반	KHP	광물성
94	녹용	KHP	동물성
95	녹용절편	KHP	동물성
96	녹제초	KHP	식물성
97	뇌환	KHP	식물성

98	누고	KHP	동물성
99	누로	KHP	식물성
100	능소화	KHP	식물성
101	다엽가루	KHP	가루생약
102	다투라	KHP	식물성
103	단삼	KP	식물성
104	담죽엽	KHP	식물성
105	당귀	KP	식물성
106	당삼	KP	식물성
107	당약	KP	식물성
108	대계	KHP	식물성
109	대극	KHP	식물성
110	대두황권	KHP	식물성
111	대복피	KP	식물성
112	대산	KHP	식물성
113	대자석	KHP	광물성
114	대청엽	KHP	식물성
115	대추	KP	식물성
116	대풍자	KHP	식물성
117	대황	KP	식물성
118	대황가루	KHP	가루생약
119	대황주증	KHP	포제품
120	대황초자	KHP	포제품
121	대황초탄	KHP	포제품
122	도인	KP	식물성
123	독활	KP	식물성
124	동과자	KHP	식물성
125	동과피	KHP	식물성
126	동규자	KHP	식물성
127	동물담가루	KHP	가루생약
128	동청	KHP	광물성
129	동충하초	KHP	동물성
130	두시	KHP	식물성
131	두충	KP	식물성
132	두충강자	KHP	포제품
133	두충염자	KHP	포제품

번호	이름	구분	분류
134	두충엽	KHP	식물성
135	두충초탄	KHP	포제품
136	등심초	KP	식물성
137	등피	KHP	식물성
138	등황	KHP	식물성
139	디기탈리스	KHP	식물성
140	디기탈리스가루	KHP	가루생약
141	로얄젤리	KHP	동물성
142	마발	KHP	식물성
143	마인	KHP	식물성
144	마전자	KP	식물성
145	마치현	KHP	식물성
146	마편초	KHP	식물성
147	마황	KP	식물성
148	마황근	KHP	식물성
149	만형자	KP	식물성
150	망초	KHP	광물성
151	매괴화	KHP	식물성
152	맥문동	KP	식물성
153	맥아	KHP	식물성
154	맹충	KHP	동물성
155	면실자	KHP	식물성
156	모과	KHP	식물성
157	모근	KP	식물성
158	모려	KP	동물성
159	모려가루	KHP	가루생약
160	목근피	KHP	식물성
161	목단피	KP	식물성
162	목단피가루	KHP	가루생약
163	목방기	KHP	식물성
164	목별자	KHP	식물성
165	목적	KHP	식물성
166	목천료	KHP	식물성
167	목통	KP	식물성
168	목향	KHP	식물성
169	몰약	KP	식물성

170	무이	KHP	식물성
171	문합	KHP	동물성
172	미사인	KHP	식물성
173	미삼	KHP	식물성
174	미삼가루	KHP	가루생약
175	밀몽화	KHP	식물성
176	밀타승	KHP	광물성
177	박하	KP	식물성
178	반대해	KHP	식물성
179	반묘	KHP	동물성
180	반변련	KHP	식물성
181	반지련	KHP	식물성
182	반하	KP	식물성
183	반하생강백반제	KHP	포제품
184	방기	KP	식물성
185	방풍	KP	식물성
186	백강잠	KHP	동물성
187	백과	KHP	식물성
188	백굴채	KHP	식물성
189	백급	KHP	식물성
190	백단향	KHP	식물성
191	백두구	KP	식물성
192	백두옹	KHP	식물성
193	백렴	KHP	식물성
194	백미	KHP	식물성
195	백반	KHP	광물성
196	백부근	KHP	식물성
197	백부자	KHP	식물성
198	백선피	KP	식물성
199	백수오	KHP	식물성
200	백자인	KP	식물성
201	백전	KHP	식물성
202	백지	KP	식물성
203	백초상	KHP	식물성
204	백출	KP	식물성
205	백출가루	KHP	가루생약

206	백편두	KP	식물성
207	백합	KHP	식물성
208	백화사	KHP	동물성
209	백화사설초	KHP	식물성
210	벨라돈나근	KP	식물성
211	별갑	KHP	동물성
212	보골지	KHP	식물성
213	보골지염자	KHP	포제품
214	보두	KHP	식물성
215	복령	KP	식물성
216	복령가루	KHP	가루생약
217	복분자	KP	식물성
218	복신	KHP	식물성
219	부소맥	KHP	식물성
220	부자	KP	식물성
221	부평	KHP	식물성
222	비자	KHP	식물성
223	비파엽	KP	식물성
224	비해	KHP	식물성
225	빈랑자	KP	식물성
226	빌베리열매건조가루	KHP	가루생약
227	사간	KHP	식물성
228	사과락	KHP	식물성
229	사군자	KHP	식물성
230	사담	KHP	동물성
231	사삼	KHP	식물성
232	사상자	KHP	식물성
233	사세	KHP	동물성
234	사원자	KHP	식물성
235	사인	KP	식물성
236	사인가루	KHP	가루생약
237	사프란	KP	식물성
238	사향	KHP	동물성
239	사향초	KHP	식물성
240	산내	KHP	식물성
241	산두근	KHP	식물성

242	산사	KP	식물성
243	산수유	KP	식물성
244	산약	KP	식물성
245	산자고	KHP	식물성
246	산조인	KP	식물성
247	산초	KP	식물성
248	산초가루	KHP	가루생약
249	삼릉	KP	식물성
250	삼백초	KHP	식물성
251	삼칠	KHP	식물성
252	상기생	KHP	식물성
253	상륙	KHP	식물성
254	상백피	KP	식물성
255	상산	KHP	식물성
256	상심자	KHP	식물성
257	상엽	KHP	식물성
258	상지	KHP	식물성
259	상표초	KHP	동물성
260	생강	KHP	식물성
261	생로얄젤리	KHP	동물성
262	생지황	KHP	식물성
263	서장경	KHP	식물성
264	석결명	KHP	동물성
265	석고	KHP	광물성
266	석고가루	KHP	가루생약
267	석곡	KHP	식물성
268	석롱자	KHP	동물성
269	석류	KHP	식물성
270	석류피	KHP	식물성
271	석송자	KHP	식물성
272	석연	KHP	광물성
273	석예초	KHP	식물성
274	석위	KHP	식물성
275	석유황	KHP	광물성
276	석종유	KHP	광물성
277	석창포	KHP	식물성

278	선모	KHP	식물성
279	선복화	KHP	식물성
280	선퇴	KHP	동물성
281	섬서	KHP	동물성
282	섬수	KP	동물성
283	세네가	KP	식물성
284	세네가가루	KHP	가루생약
285	세신	KP	식물성
286	센나엽	KP	식물성
287	센나엽가루	KHP	가루생약
288	소계	KHP	식물성
289	소두구	KP	식물성
290	소두구가루	KHP	가루생약
291	소목	KP	식물성
292	소합향	KHP	식물성
293	속단	KHP	식물성
294	속수자	KHP	식물성
295	송화분	KHP	식물성
296	쇄양	KP	식물성
297	수오등	KHP	식물성
298	수질	KHP	동물성
299	숙지황	KP	식물성
300	스코폴리아근	KP	식물성
301	승마	KP	식물성
302	시라자	KHP	식물성
303	시체	KHP	식물성
304	시호	KP	식물성
305	식방풍	KHP	식물성
306	신곡	KHP	식물성
307	신근초	KHP	식물성
308	신이	KHP	식물성
309	아교	KHP	동물성
310	아마인	KP	식물성
311	아선약	KP	식물성
312	아선약가루	KHP	가루생약
313	아위	KHP	식물성

314	아출	KP	식물성
315	안식향	KP	식물성
316	애엽	KHP	식물성
317	앵피	KHP	식물성
318	야명사	KHP	동물성
319	양제근	KHP	식물성
320	양파	KHP	식물성
321	어교	KHP	동물성
322	어성초	KHP	식물성
323	여로	KHP	식물성
324	여정실	KHP	식물성
325	여지핵	KHP	식물성
326	연교	KP	식물성
327	연자심	KHP	식물성
328	연자육	KP	식물성
329	연전초	KHP	식물성
330	열당	KHP	식물성
331	영릉향	KHP	식물성
332	영실	KHP	식물성
333	영양각	KHP	동물성
334	영와	KHP	동물성
335	영지	KHP	식물성
336	예지자	KHP	식물성
337	오가피	KP	식물성
338	오공	KHP	동물성
339	오령지	KHP	동물성
340	오르소시폰가루	KHP	가루생약
341	오매	KP	식물성
342	오미자	KP	식물성
343	오배자	KP	식물성
344	오수유	KP	식물성
345	오수유감초자	KHP	포제품
346	오수유염자	KHP	포제품
347	오약	KP	식물성
348	옥죽	KHP	식물성
349	옥촉서예	KHP	식물성

350	와릉자	KHP	동물성
351	와송	KHP	식물성
352	왕불류행	KHP	식물성
353	요사	KHP	광물성
354	용골	KP	동물성
355	용규	KHP	식물성
356	용뇌	KHP	식물성
357	용담	KP	식물성
358	용담가루	KHP	가루생약
359	용아초	KHP	식물성
360	용안육	KP	식물성
361	우담	KHP	동물성
362	우담남성	KHP	식물성
363	우방근	KHP	식물성
364	우방자	KP	식물성
365	우슬	KP	식물성
366	우절	KHP	식물성
367	우황	KP	동물성
368	욱리인	KHP	식물성
369	운대자	KHP	식물성
370	운모	KHP	광물성
371	울금	KP	식물성
372	울금가루	KHP	가루생약
373	웅담	KHP	동물성
374	원지	KP	식물성
375	원지가루	KHP	가루생약
376	원지감초자	KHP	포제품
377	원지밀자	KHP	포제품
378	원화	KHP	식물성
379	위령선	KHP	식물성
380	위릉채	KHP	식물성
381	유기노	KHP	식물성
382	유백피	KHP	식물성
383	유향	KHP	식물성
384	육계	KP	식물성
385	육계가루	KHP	가루생약

386	육두구	KP	식물성
387	육두구가루	KHP	가루생약
388	육종용	KHP	식물성
389	율초	KHP	식물성
390	은박	KHP	광물성
391	은시호	KHP	식물성
392	은행엽	KP	식물성
393	음양곽	KP	식물성
394	의이인	KP	식물성
395	의이인가루	KHP	가루생약
396	익모초	KP	식물성
397	익지	KP	식물성
398	인도사목	KHP	식물성
399	인동	KP	식물성
400	인삼	KP	식물성
401	인삼가루	KHP	가루생약
402	인진호	KHP	식물성
403	일당귀	KHP	식물성
404	임자	KHP	식물성
405	자근	KP	식물성
406	자단향	KHP	식물성
407	자석	KHP	광물성
408	자석단쉬	KHP	포제품
409	자석영	KHP	광물성
410	자석영단쉬	KHP	포제품
411	자소엽	KP	식물성
412	자소자	KHP	식물성
413	자실	KHP	식물성
414	자연동	KHP	광물성
415	자오가	KHP	식물성
416	자완	KP	식물성
417	자충	KHP	동물성
418	자화지정	KHP	식물성
419	작약	KP	식물성
420	작약가루	KHP	가루생약
421	잠사	KHP	동물성

422	장뇌	KHP	식물성
423	저담	KHP	동물성
424	저령	KP	식물성
425	저마근	KHP	식물성
426	저백피	KHP	식물성
427	저실자	KHP	식물성
428	적석지	KHP	광물성
429	적석지단쉬	KHP	포제품
430	적소두	KHP	식물성
431	적전	KHP	식물성
432	전갈	KHP	동물성
433	전호	KHP	식물성
434	절패모	KP	식물성
435	접골목	KHP	식물성
436	정공등	KHP	식물성
437	정력자	KHP	식물성
438	정류	KHP	식물성
439	정제모려가루	KHP	가루생약
440	정제부자	KHP	식물성
441	정향	KP	식물성
442	정향가루	KHP	가루생약
443	제니	KHP	식물성
444	제조	KHP	동물성
445	조각자	KP	식물성
446	조구등	KHP	식물성
447	조협	KHP	식물성
448	종대황	KHP	식물성
449	종려피	KHP	식물성
450	주사	KHP	광물성
451	주사수비	KHP	포제품
452	죽력	KHP	식물성
453	죽여	KHP	식물성
454	지각	KHP	식물성
455	지골피	KP	식물성
456	지구자	KHP	식물성
457	지룡	KHP	동물성

458	지모	KP	식물성
459	지부자	KP	식물성
460	지실	KP	식물성
461	지유	KHP	식물성
462	지유초탄	KHP	포제품
463	지황	KP	식물성
464	진교	KHP	식물성
465	진주	KHP	동물성
466	진피	KP	식물성
467	진피	KHP	식물성
468	질려자	KP	식물성
469	차전자	KP	식물성
470	차전초	KHP	식물성
471	창이자	KP	식물성
472	창출	KP	식물성
473	창출가루	KHP	가루생약
474	천골	KHP	식물성
475	천궁	KP	식물성
476	천궁가루	KHP	가루생약
477	천남성	KP	식물성
478	천년건	KHP	식물성
479	천련자	KHP	식물성
480	천마	KP	식물성
481	천문동	KP	식물성
482	천산갑	KHP	동물성
483	천오	KHP	식물성
484	천초근	KHP	식물성
485	천축황	KHP	식물성
486	천패모	KP	식물성
487	청대	KHP	식물성
488	청상자	KHP	식물성
489	청피	KP	식물성
490	청호	KHP	식물성
491	초과	KP	식물성
492	초두구	KP	식물성
493	초오	KHP	식물성

494	초오제	KHP	포제품
495	촉규화	KHP	식물성
496	총백	KHP	식물성
497	충위자	KHP	식물성
498	측백엽	KHP	식물성
499	치자	KP	식물성
500	치자가루	KHP	가루생약
501	칠피	KHP	식물성
502	침향	KHP	식물성
503	콘두란고	KP	식물성
504	택란	KP	식물성
505	택사	KP	식물성
506	택사가루	KHP	가루생약
507	토근	KP	식물성
508	토근가루	KHP	가루생약
509	토목향	KHP	식물성
510	토복령	KHP	식물성
511	토사자	KHP	식물성
512	통초	KHP	식물성
513	트라가칸타	KHP	식물성
514	트라가칸타가루	KHP	가루생약
515	파극천	KP	식물성
516	파극천감초자	KHP	포제품
517	파극천염자	KHP	포제품
518	파극천주자	KHP	포제품
519	파두	KP	식물성
520	판람근	KHP	식물성
521	팔각회향	KP	식물성
522	패란	KHP	식물성
523	패장	KHP	식물성
524	편축	KHP	식물성
525	포공영	KHP	식물성
526	포황	KHP	식물성
527	피마자	KHP	식물성
528	필발	KHP	식물성
529	필징가	KHP	식물성

530	하고초	KP	식물성
531	하르파고피툼근	KHP	식물성
532	하수오	KP	식물성
533	하엽	KHP	식물성
534	학슬	KHP	식물성
535	한련초	KHP	식물성
536	한속단	KHP	식물성
537	한수석	KHP	광물성
538	한인진	KHP	식물성
539	합개	KHP	동물성
540	합환피	KHP	식물성
541	해구신	KHP	동물성
542	해금사	KHP	식물성
543	해대	KHP	식물성
544	해동피	KP	식물성
545	해마	KHP	동물성
546	해방풍	KP	식물성
547	해백	KHP	식물성
548	해부석	KHP	광물성
549	해분	KHP	동물성
550	해삼	KHP	동물성
551	해송자	KHP	식물성
552	해인초	KHP	식물성
553	해조	KHP	식물성
554	해표초	KHP	동물성
555	해풍등	KHP	식물성
556	행인	KP	식물성
557	향부자	KP	식물성
558	향부자가루	KHP	가루생약
559	향유	KHP	식물성
560	현삼	KP	식물성
561	현정석	KHP	광물성
562	현초	KP	식물성
563	현초가루	KHP	가루생약
564	현호색	KP	식물성
565	혈갈	KHP	식물성

566	형개	KP	식물성
567	형개초탄	KHP	포제품
568	호도	KHP	식물성
569	호동루	KHP	식물성
570	호로파	KHP	식물성
571	호박	KHP	식물성
572	호이초	KHP	식물성
573	호장근	KHP	식물성
574	호황련	KHP	식물성
575	홉	KHP	식물성
576	홍삼	KP	식물성
577	홍화	KP	식물성
578	홍화자	KHP	식물성
579	화피	KHP	식물성
580	활석	KHP	광물성
581	황금	KP	식물성
582	황금가루	KHP	가루생약
583	황기	KP	식물성
584	황련	KP	식물성
585	황련가루	KHP	가루생약
586	황련주자	KHP	포제품
587	황매목	KHP	식물성
588	황백	KP	식물성
589	황백가루	KHP	가루생약
590	황백염자	KHP	포제품
591	황정	KP	식물성
592	회향	KP	식물성
593	후박	KP	식물성
594	후추	KHP	식물성
595	후추가루	KHP	가루생약
596	훤초근	KHP	식물성
597	흑두	KHP	식물성
598	흑사당	KHP	식물성
599	흑지마	KHP	식물성
600	희렴	KHP	식물성
601	희렴주증	KHP	포제품

위의 자료는 2019년 산청 한방약초 축제장에 나왔던 약초 60여 품종보다 9배 많은 한약재 품목들입니다. 전국의 한의원, 한방병원 등에서 사용되고 있는 국가에서 인정한 601개의 품목입니다. 저는 한약재의 품목들을 보면서 우리 곁에 자라고 있는 약초들에게 더 깊은 관심을 가져야 할 때라고 생각했습니다. 어떤 약초가 어느 곳에서 어떻게 재배되고 있는지 이제는 소비자가 약초 재배지역으로 여행을 다닐 수 있어야 할 시대라고 생각했습니다. 이런 연유로 약초밭 여행을 시작한다면 약초 재배농민과 소비자 사이에 신뢰가 더 깊어질 것이고 이로써 상호간에 '건강한 삶이란 씨앗'이 분명 맺히게 될 것입니다. 그러나 너는 너, 나는 나 이런 식으로 소비자의 관심이 약초밭에서 멀어진다면 약초와 건강과의 상관관계는 멀어져 갈 것입니다. 그렇다면 어떤 이유로 우리가 약초축제를 다녀야 할까요? 저는 그렇게 안타까운 생각을 하고 있습니다.

산청군은 2012년 동의보감 발간 400주년을 맞이하여 2013 세계전통의약 엑스포 유치를 확정하게 됩니다. 저는 그때 전국의 유명 약초 재배지역을 여행하고 있을 때였는데, 한국 약초로 국제적 행사를 갖는다는 것에 축하 할 일이었지만 내심 걱정이 먹구름같이 몰려왔습니다. 개인적인 이유는 약초시장에 종사하고 있는 상인들(한의원, 한방병원, 식품회사, 약초 재배농민)의 의견을 묻지 않고 또 약초재배 경험도 없는 자치단체장 중심의 축제는 향기로운 꽃향기를 쉽게 낼 수 없기 때문이었습니다. 논밭과 한약초 시장을 다녀본 결과 체험과 체감으로 느끼는 것은 앞이 훤히 보이는 하루 중에서 정오쯤 하늘을 보며 오후의 일기를 예측하는 것과 같다고 생각합니다.

그래서 저는 2012년 6월 7일 주무부처인 보건복지부에 2013 산청세계전통의약엑스포 계획에 관한 자료를 요청하여 산청전통의약엑스포 "추진배경 및 목적"관한 글을 자세히 읽어보았습니다. 그때 받은 자료 10페이지 중 3페이지 분량의 글을 옮겨보겠습니다.

개최계획 2012.4 보건복지부

[2013 산청세계전통의약엑스포]
1. 추진계획 및 목적
○ 인구고령화에 따라 만성난치성질환의 증가로 전통의약에 대한 세계적 관심과 수요증대
- 세계전통의약시장규모: 02년6백억$. 08년2천억$. 50년5조$(WHO 전망)
○ 한의약의 육성 필요성을 인식, 03년에 한의약 육성법을 제정하여 "제1차 한의약 육성발전 5개년 종합계획"을 수립하는 한편,
○ 동의보감 발간 400주년이 되는 2013년을 계기로 한의약의 글로벌 경쟁력 강화, 중의약 공정 대비 및 한의약의 산업화와 투자유치 촉진 등을 위해 "동의보감 발간 400주년 기념사업"의 일환으로 [세계전통의약엑스포] 개최를 추진

2. 추진경과
○ 2006. 5월 [동의보감 발간 400주년 기념사업] 추진계획 수립
- 10개년 사업(06~15년)으로 동의보감 UNESCO 세계기록유산 등재(09년)

영역, 국제학술 심포지엄 및 [세계전통의약엑스포] 개최 등 추진

○ 2010. 2월 [2013 세계전통의약엑스포] 기본구상 연구
○ 2010. 6월 [2013 세계전통의약엑스포] 개최 계획(경남 산청군)
○ 2010. 12월 [2013 세계전통의약엑스포] 계획 마련
○ 2011. 2월 엑스포 개최계획 타당성 조사(대외경제정책연구원)
○ 2011. 7월 기획재정부(국제행사심사위원회) 국제행사승인
○ 2011. 11월 엑스포 조직위원회 구성(47명: 1처 2본부 9부)
○ 2012. 2월 엑스포 조직위원회 출범식 개최

- '09. 7월 동의보감 유네스코 세계기록유산 등재 및 '11. 11월 [2013년 동의보감 발간 400주면] "유네스코 기념의 해" 선정

3. 개최개요
○ 개최 기간 : 2013. 9. 6.~10. 20(45일간)
○ 개 최 지 : 경남 산청군

구 분	선 정 사 유
한의약 문화•역사성	• 허준, 류의태 등 많은 명의 배출고장
한의약 산업	• 매년 한방약초축제 및 한방약초연구소 등 설치 • 동의보감촌 및 한의약 박물관 등 다양한 한의약 콘텐츠 보유
지자체 의지	• 국내최대 규모(1,050ha)의 약초산지, 한방특구 지정 • 한방산업을 산청의 미래성장동력으로 집중육성

○ 부지 : 161만㎡(약 48만 평)/ 주행사장 109만㎡, 부행사장 52만㎡

○ 주최 : 보건복지부·경상남도 산청군 공동

○ 참가 규모 : 30개국 170만 명 이상

○ 기본구성 : 전시관, 이벤트, 국제학술회의, 지원시설

○ 총 사업비 : 총 446억(국비 115억 지방비 269억, 자체수익 62)

- 전통의약분야의 전반(산업, 문화, 체험 및 학술 등)을 대상으로 세계 최초로 시도하는 엑스포

- [2013 산청세계전통의약엑스포]는 2013년 개최됨에 따라 총사업비 488억원 중 국고보조비 142억원(총사업비 29.1%)을 2012년과 2013년으로 나누어 지원요청(2012년 : 70억, 2031년 : 72억원)

4. 사후 활용계획

구 분	사 후 활 용 계 획
EXPO 주제관	한방웰니스센터로 활용(한방의료관광 거점)
동의보감역사관	국내 대표적 동의보감 홍보관으로 상시개관 관광시설화
주차장 및 편의시설	야영장으로 조성하여 팬션단지, 캠핑카, 텐트촌 등으로 전환
전시물	한의약 문화콘텐츠로 재활용(교육자료 등)
국제회의 성과	국제적인 공동연구자료 및 전통의약 관련 네트워크 형성기회로 활용
이벤트성과	문화공연·체험이벤트 콘텐츠를 지역관광 상품으로 활용

5. 기대효과

○ 국가적 측면

- 세계전통 의약 시장의 주도권 선점 및 한의약의 국제브랜드 위상 강화

○ 한의약 산업 측면

- 국가 신성장 동력산업으로 한의약 산업 육성을 위한 기반 마련

○ 경제적 측면 : 약 5천억 원 파급효과

- 생산유발(2,985억원), 소득유발(544억원), 부가가치(1,336억원)

- 고용유발(4,090명)

• 대외 경제정책연구원의 타당성 조사 결과

허준의 생각으로...

저는 허준이 약초농사를 짓는다면 어떤 농사를 지을까? 생각해 봤습니다. 그리고 가상으로 제가 허준이 되어 약초밭에 서서 생각을 해보았습니다. 한의사가 되어보기도 하고 한방병원에서 진료를 받고 한약재를 처방받은 환자가 되어보기도 했습니다. 과연 현재의 약초재배 방법이 맞는가 의문이 들었고 혼란스러웠습니다. 세상이 발전하면서 필요에 따라서 필요한 성분만을 추출하여 사용하는 시대에 와 있다지만, 과연 한약초를 주인공으로 엑스포를 개최하는 산청군청에서 관리하는 약초밭은 미래가 암담했습니다. 가깝게는 10년, 미래에는 어떻게 한약초 시장이 변할지 그 해답을 명쾌하게 말해주지 못하고 있다는 생각이 들었습니다.

그리고 더 무서운 생각은, 거대자본으로 무장한 다국적 농약 회사가 대한

민국의 약초밭들을 없애버리려고 한다, 라는 것이었습니다. 물론 그것은 시간이 흐르면 알게 될 일이겠지요,

그래서 2013 산청전통의약엑스포가 열리기 1년 전인 2012년 6월 18일 제 나름 허준이 되어 축제의 주인공은 살려야 한다는 의도로 인터넷신문에 약초밭 사진과 함께 글을 게재 했습니다. 이 문제는 산청군의 문제뿐만 아니라 대한민국 약초시장 전체의 현주소다, 라는 인식을 공유하기 위해 글을 썼습니다.

축제장의 풍경과 뒤에 문인들의 시화

'산청전통의약엑스포' 주인공은 살려야!!

산청군 한약초 농약, 제초제 체험장으로
이승열 기자 | 승인 2012. 06. 18 16:38

- 댓글0
- icon트위터
- icon페이스북

"농약을 많이 처도 수확물에는 농약 성분이 안 나옵니다" 또한 "뭘 그런 걸 가지고..., 현장 가서 확인했는데 이상 없습니다." 산청군청 관련 담당 공무원의 말이다. 아울러 산청군은 한약초 재배와 생산은, 농산물 안전관리제도인 GAP 인증을 받고 있기 때문에 전혀 문제가 될게 없다고 말한다.

축제장의 풍경과 뒤에 문인들의 시화

또한 '농산물 우수관리기준 GAP(농진청 고시)에서는 농약을 뿌리지 말라는 규정이 없다며, 농약을 사용해서 작물을 키우는 것이 GAP 인증이고, 농약을 뿌려도 특히, 제초제는 검출이 안돼 오히려 어느 정도 사용하는 것은 우수 농산물인증제도로 아무 문제가 없으며, 무조건 농약을 치지 말아야 한다는 인식은 인증에 대한 상식이 부족한 것'이라고 관련 공무원은 지적했다.

농산물 우수관리기준 농진청 고시와 농약관리법 시행령(대통령 제 23534호)

인증대상

농산물을 재배하는 농경지 토양에 대해서는 농산물품질관리법 제12조 1항 1의 규정에 따라 4년 이내의 중금속 분석성적을 제출하여야 하며, 토양환경보전법 시행규칙, 토양오염 우려의 중금속 기준을 초과하지 않도록 관리하여야 한다.

재배포장 주변에 환경오염 물질에 의한 오염이 우려될 경우에는 중금속 이외의 성분에 대해서도 분석을 실시하여 성적을 제출하여야 한다.

농약의 경우 농약관리법에 의하여 등록된 약제만 사용하여야 하며, 사용할 때는 약제명, 상표명, 사용일시, 처리량, 처리방법, 사용자 등을 기록해야

하며, 수출 농산물을 재배할 경우 해당 농산물의 수입국에서 잔류허용 기준이 설정되지 않는 농약은 사용하지 않아야 한다.

농약은 농약관리법 시행령 제19조, 영농일지확인, 식용으로 하지 아니하는 작물에 사용하는 품목, 농촌진흥청창이 정하여 고시하는 안전성 기준에 적합한 생물농약품목 농약 취급제한기준 준수 여부(농진청 고시) 고독성 농약 사용자 농업기술센터 농약안전사용 교육 이수 여부, 농약사용 실태를 해당농산물 수확 후 1년 이상 기록, 유지하고 있는지 여부, 기록, 관리사항, 사용자, 약제명, 살포량, 살포일자, 병해충명, 살포횟수 등, 사용일지가 있어야 함.

단, 농약 잔류검사의 경우 재배기간 중에 해당 작물에 사용 또는 주변 포장에서 비산 우려가 있는 농약성분만을 대상으로 할 수 있고, 생산자와 공급자는 소비자가 요구할 경우에는 잔류농약 등의 분석결과를 제시하여야 한다.

토양오염 우려기준 중금속 기준,(mg/kg) 카드뮴 1.5. 구리 50, 비소 6, 수은 4, 납 100, 가크롬 4, 아연 300, 니켈 40. 농약잔류허용기준 인증심사(다성분분석) 분석항목 177성분 등이다.

이와 관련하여 농촌진흥청(이하 농진청) 담당자 인터뷰(http://www.rda.go.kr/)

기자: [농산물우수관리기준 이란 무엇입니까 ?]
농진청: "유럽의 글로벌 (GAP)인증제를 참조해서 과학적인 근거로 2006년 농진청 고시로 운영되고 있습니다."
기자: [약용작물에 제초제를 뿌린 것 같은데...?]

농진청: "한약초 재배의 경우, 농약관리법에 등록된 약재만 사용하여야 합니다. 품목별로 농약을 칠 수 있는 종류와 횟수가 다르며, 율무, 도라지는 제초제를 사용할 수 있습니다."

기자: [삼백초, 곽향은 농약, 제초제 사용이 가능 한지요?]

농진청: "제초제도 종류가 여러가지가 있는데요, 삼백초 곽향은 아직 우리나라 여건상 소 면적이라서 사용에 관한 근거는 없습니다."

기자: [농약 등록은 어떻게 이루어 지나요?]

농진청: "농약회사가 농진청에 년, 월, 일 사용시기와 함께 신규는 독성 등, 사람과 함께 환경에 문제가 없다는 자료를 가지고 신청을 하며, 특히 작물에 관한 약해와 잔류성, 표준방제 등, 허용기준으로 등록됩니다."

기자: [국내산 한약초를 얼마나 믿고 있는지?]

농진청: "예, 저는 대부분 신뢰하고 있습니다. "한 두 농가 때문에 전체가 문제로 인식되는 일은 없었으면 합니다. 또한 문제의 재배지에 대해서는 일벌백계하여 시장의 불신을 막아야 합니다.""

농림수산식품부(이하 농식품부) 담당자 인터뷰(http://www.mifaff.go.kr/)

기자: [한약초 GAP와 농산물 이력추적제 관련, 활성화를 위해 교육 홍보를 한다는데...?]

농식품부: "예, 농림부에서는 선진 농산물, 우수농산물관리를 국립농산물품질관리원과 인증기관에서, 2009년, 생산자 교육 99,845건, 소비자 교육 29,176건, 2010년, 생산자 교육 105,115건, 소비자 교육 101,964건, 2011년, 생산자 교육 42,205건 소비자 교육 18,291건 등 교육을 실시하였습니다.

기자: [GAP 인증과 농가 관리는 어떻게 하나요?]

농식품부: "인증기관에서는 농가에 반기, 년 2회를 관리감독 하고 있으며, 농산물 품질관리원에서 반기, 년 2회를 인증기관을 관리하고 있고, 농관원은 농림수산식품부 산하기관으로서, 상시 업무 중에 있습니다," 라고 밝혔다.

상기 인터뷰에서 농식품부 관계자의 답변 내용과는 달리, 관련, 관리청에서는 현황파악을 전혀 못하고 있었고, GAP가 무엇인지 생소하다는 듯, 매년 수만 건의 생산자, 소비자교육이 오히려 생산자와 소비자의 불신만 키우는 관리제도로 국민의 건강권을 해치고 있으며, 친환경, 유기농을 실천하는 농가들에게 독이 되는 제도가 아닌지, 소비자와 함께 깊은 고민이 필요할 것 같다.

또한, 전국시민단체 A씨는 "한약초에 농약을 뿌려 재배한 것을 탕제로 섭취할 경우, 약으로써 효과를 볼 수 있겠나! 그리고 유기농과 자연 재배의 약초가 더 건강에 이롭지 않겠나!, 수입 한약재가 중금속, 농약 등의 검출로 인하여, 뉴스 매체에 보도될 때마다 국내시장 전체에 미치는 영향과 파장은 너무나 막대하다. 이로 인하여 소비자들이 한약에 발길을 돌리 등으로, 어려움이 가중되고 있는 가운데, 국내산 약초마저 농약으로 재배. 생산된다면, 수입산과 무슨 차이가 있겠는가? 미래시장을 위해서라도 약초만큼은 제초제를 뿌려 풀을 죽이는 정부의 제도는 당연히 폐지가 되어야 한다"고 주장했다.

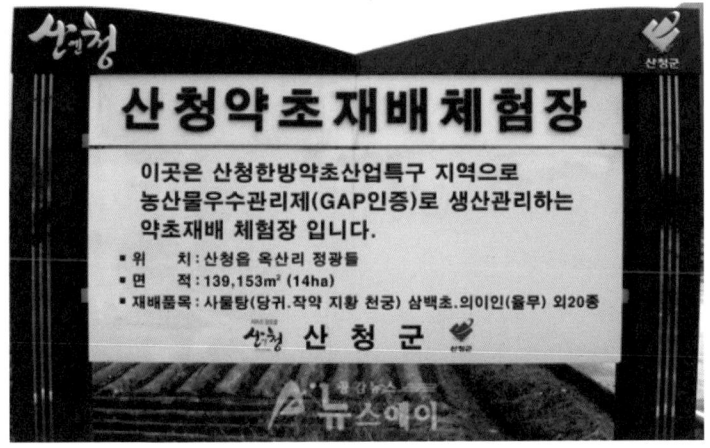

[보건복지부 한약초 엑스포 담당자 인터뷰(www.mw.go.kr)]

담당자: "인구 고령화에 따라 만성 난치성 질환의 증가로 전통의약에 대한

세계적 관심과 수요 증대로 세계전통의약 시장이 확대되고 있어, 동의보감 발간 400주년이 되는 2013년을 계기로 한의약의 글로벌 경쟁력 강화 한의약 산업화와 투자 촉진 등을 위해 엑스포를 개최를 추진하고 있습니다.",

그리고 "한의약 문화 역사성과 한의약 산업 발전 가능성, 지자체 의지로 총 사업비 446억을 가지고 EXPO 주제관, 동의보감 역사관, 한방체험관, 한방음식관, 세계전통의약관, 세계전통의약 가족생활관, 세계전통의약 산업관, 세계전통의약 병원, 연구소 공동관, 약초체험관, 지자체관, 산청홍보관, 지리산 녹색생명관, 국제동양의약 학술대회, 국제아시아 전통의약대회, 동의보감 국제컨퍼런스(제1회), 음악회 등으로 엑스포를 운영할 계획입니다."

그러나 주 기관인 보건복지부에서도 엑스포의 뿌리인 약초 단지의 소개나 재배과정, 또는 자연 재배지, 자연 약초를 보여줄 프로그램은 아무것도 없다. 대한민국의 약초 우수성과 미래가치를 위하여 세계 30개국을 초대, 170만 명 이상이 찾아오게 해서 '한방산업 특구 산청을 미래성장 동력으로 집중 육성한다'는 계획이지만, 아쉽게도 '2013 산청세계전통의약엑스포'는 상여 꽃을 닮아가고 있는 듯하다. 상여를 멘 국민들과 농민들, 약초는 죽고, 언론은 꽃을 피우고, 정치인은 그 향기를 맡고 있다.

엑스포 중에서 약초가 우선시 되지 않는다면, 약초산업은 세계화에 성공하지 못할 것이다. 더더욱 세계로 뻗어 나아갈 수 없을 것이다. 선진국의 경우, 경작지의 둘레에 잡초를 키워 연구를 하고, 잡초로 인한 농작물 소득 손실을 가져오는 것은 정부 차원에서 보존하여 주는 내용의 방송을 TV을 통해 보았다.

앞서도 언급했지만, 대한민국의 약초엑스포가 열리는 경남 산청군에서는, '우수농산물 관리기준'에 따라 '약초에 농약, 제초제를 뿌려 재배한 것은 아무런 문제가 없다'고 한다.

물론 법대로 보면, 문제가 없을 수 있다. 그러나 소비자 입장에서 생각한다면 문제는 다를 수 있다. 수입이나, 국내산 기준이 똑 같다면, 값이 싼 것을 선호하는 것은 당연한 것이다. 국내산 인증 중에서도 가혹하게 검사를 한다면, 2~5%까지 농약이나 중금속이 검출된다.

국내산 한약재 소비율 5% 대로 추산되는 실정에 보여 줄 것이라고는 결국 콘크리트 건물 몇 동과 수입 목재로 지은 한옥 몇 채에서 대한민국 약초의 우수성을 공허하게 외치고 있는 셈이다.

엑스포 목적이 무엇인지, 그 가치를 어디에 두고 있는 것인지?

생산유발(2,985억 원), 소득유발(544억 원), 부가가치(1336억 원), 고용·유발(4,090명)의 소득이 발생할 것이라고 주최 측은 예상하고 있다.

2013 산청세계전통의약엑스포 http://www.tramedi-expo.or.kr

산청 약초재배시험장 단지에 어쨌든 제초제를 뿌린 것은 사실이다. 그리고 삼백초는 농진청 확인결과 농약 사용기준이 없다, 곽향 또한 농약을 뿌리라는 기준이 없다.

누구를 위한 엑스포인가?

글로벌을 핑계로 관계자는 책상에 앉아, '청정한 곳의 약초가 제일'이라고 말한다. 그러나 그들은 한약초를 잘 믿지 않는다. 이유는 간단하다, 관리 상태를 알기 때문이다.

산청군에서 우수농산물관리기준으로 재배된 한약초를 관리 기준을 근거로 본다면, GAP를 받은 약초는 농약과 제초제를 사용한 한약초가 된다. 이러나저러나 법적으로는 아무런 문제가 없다. 이것이 대한민국 한약초 재배지의 안타까운 현주소이다.

이런 기막힌 사실들로 인하여, 친환경, 유기농과 자연농법으로 재배한 전국의 농가들이 얼마나 많은 피해를 볼 것이며, 여기에 따른 국내시장 브랜드 가치는 얼마나 하락할 것인가!

보건복지부와 경남도청, 산청군은 세계인들을 초대하기 전에 허울뿐인 '산청 한약초 재배체험장'을 없애야 한다. 그리고 친환경을 넘어 유기농업과 자연농업으로 자리매김한 '대한민국 한약초 1번지 산청'을 소개하는 진정한 엑스포로 거듭나길 간절히 바라는 마음이다.

단순히 동의보감과 허준을 기념하는 차원에서 개최되는 행사라도 인류의 건강을 위하고 미래의 더 큰 가치와 전통의약, 살아 숨 쉬는 자생약초의 고장으로 거듭나려 한다면 농약과 제초제로 얼룩진 곳은 더 엄격하게 관리해야 한다고 생각한다. 산청군만의 약초 재배 생산 시스템을 통해 더욱 철저해져야 한다는 게 나의 생각이다.

'산청한방약초축제'가 개최되기 시작하여 12년이 지났음에도 이렇게 부실하게 관리 유지된 것은 약초에 관한 자부심이 부족했기 때문이다. 약초에 대한 지식과 사랑 정성이 부족한 정치인과 공무원들이 탁상행정으로 일관하면서 농민들과 약초를 농약, 중금속 등을 허용기준치로 생산하는 '공산품' 다루듯 했기 때문이라고 생각한다. 풀 한 포기, 한약초 한 뿌리, 모든 것이 생명이다. 생명을 죽이고 생명을 살리는 길은 없다.

소비자는 원한다.
누가, 언제, 어디서, 무엇을, 어떻게, 왜
약초를 재배 생산하고 있는지?

소비자가 원한다면, 그 정보를 즉시 투명하게 공개할 수 있어야 한다.

이승열 기자

허준 선생 묘를 찾아서...

경기도 파주시 진동면 하포리 산 129번지

2014. 8. 26.
왼쪽: 허준 선생 오른쪽: 부인
뒤쪽: 어머니

2018. 11. 19.
허준 선생묘지 뒤에서 본 풍경
묘비와 상석 그리고 재실

구암교 앞
허준 선생 묘지를 가려면 구암교를
건너야 합니다.

구암교를 건너 뒤돌아본 풍경

구암교를 지나 왼쪽으로 200미터쯤 외길을 따라가면 철문이 나옵니다.

철문을 들어서면 왼쪽에 컨테이너 형태의 화장실이 있고 오른쪽 가장자리에는 허준의 일생, 동의보감, 다시 찾은 허준 묘 등의 이야기가 적힌 안내판이 숲속에서 허준 선생이 찾았을 약초처럼 우두커니 서 있습니다.

안내표시의 길을 약400M~500M 올라가면 허준 선생의 묘지

허준 선생 묘지로 가는 길
왼쪽에 설치된 지뢰표시

허준 선생 묘지로 오르는 길에는 송아지 엉덩이만 한 돌들을 바닥에 심어놓고 잔디도 심어놓았는데 마치 도시의 공원 같은 느낌이었습니다. 그러나 이 지역은 꼭 길을 따라 다녀야 합니다. DMZ(비무장지대)이기 때문에 일반야산을 오르듯 약초를 찾는다거나 지름길을 생각하고 산에 들어간다면 자칫 지뢰를 밟을 수도 있기 때문입니다.

허준의 일생. 동의보감. 다시 찾은 허준 묘

허준의 일생

허준의 일생

허준선생은 조선 중기의 의관으로 1537(중종32)~1615(광해군 7) 까지 살았다. 본관은 양천(陽川), 자는 청원(淸源), 호는 구암(龜巖) 이다. 무과출신으로 용천부사를 지낸 허론(許論)의 서자로 선생은 무과에 지원하지 않고 29세인 선조 7년(1574) 의과에 급제하여 내의원(內醫院)에 들어간 후 혜민서 봉사를 거쳐 전의(典醫)로 발탁되어 왕실의 진료에 많은 공적을 세웠다. 특히 1592년에 임진왜란이 일어나면서 허준은 선조의 피난지인 의주까지 호종 (扈從 : 왕의 가마를 수행함)하여 왕의 곁을 조금도 떠나지 않고 끝까지 모셔 호종공신(扈從功臣)이 되었으며, 그 뒤에도 어의로서 내의원에 계속 출사하여 의료의 모든 행정에 참여 하면서 왕의 건강을 돌보았다. 그러던 중 1596년에 선조의 명을 받들어 〈동의보감〉을 편집하기 시작하였으나 어지러운 나라사정 등으로 10여년 만인 1610년(광해군 2)에 완성하였다. 허준은 의인으로서 최고의 명예인 당상의 부원군과 보국의 지위를 누렸다. 그의 저서로는 〈동의보감〉, 〈언해구급방〉, 〈언해두창집요〉등이 전한다.

허준 선생님 묘지 참배 후

서울특별시 강서구 허준로 91에 있는 ㈜대한한의사협회를 찾아 갔습니다. 한의사분들이 계신 곳이니 궁궐에서 긴 명주실로 진맥을 짚어 병세의 깊이를 알아내던 그 엄숙한 곳일 것 같아 더 정중하고 예의 바르게 방문해야겠다는 마음이었습니다. 그런 마음으로 대한한의사협회를 찾아갔는데 한 순간 긴 충격을 받았습니다. 그것은 대한한의사협회 건물에 걸어놓은 현수막 때문이었습니다. 그 충격은 5년이 지난 지금도 전국을 여행할 때 한방병원이나 한의원의 상호를 보면 간이 철렁 내려앉는 듯합니다.

"한약 말살공작 식약청은 자폭하라!"
(2015년 (사)대한한의사협회)에 붙은 현수막)

동의보감

1610년(광해군 2) 허준(許浚)이 지은 의서(醫書)로 25권 25책으로 이루어졌다. 내용은 총 5개 강목으로 나뉘어 있는데 내경편(內景篇) 6권, 외형편(外形篇) 4권, 잡병편(雜病篇) 11권, 탕액편(湯液篇) 3권, 침구편(鍼灸篇) 1권이다. 편집의 특징은 내경·외형·잡병·탕액·침구 등 5대 강편 아래에 질병에 따라 항(項)·목(目)을 정하고 각 항목 아래에는 그 항목에 해당되는 병론과 약방들을 출전과 함께 자세히 열거하여 그 병증에 관한 고금의 처방을 일목요연하게 파악할 수 있도록 한데 있다. 특히, 주목할 것은 각 병증의 항과 목이 주로 증상을 중심으로 열거되어 있다는 점이다. 동의보감은 우리나라에서 출간된 뒤에 청나라와 일본에서 여러 번 번각되었으며, 최근까지도 민국상해석인본(民國上海石印本)·대만영인본 등이 계속 출간되고 있다. 이는 〈동의보감〉이란 책 제목처럼 동양의학의 보감이며 동양의학의 백과전서라 할 수 있을 것이다.

무엇이 이토록 폭력적으로 만들었는지? 결국 폭탄이라는 물체는 한의사가 한약재를 조제하듯 사람이 만들어내는 것이 아닌가? 폭탄을 투척하는 명령의 근원은 대체 누구인가?

역사드라마를 보면 옛날 궁중에서는 한의사가 실로 환자를 진맥하면서 솜털 같은 심장의 떨림과 미세함도 놓치지 않으려고 숨죽이고, 혼신의 힘을 다해 심신을 다스리는 약을 지어내는데 … 그때의 허준 같은 명의들이 잇고 잇고 또 이어져 지금의 한의사들이 됐을 텐데 어떻게 이렇게 폭력적인 글을 써 붙이는 집단이 됐는지 참으로 의문이 들었습니다. 솔직히 한의사한테 진찰받기조차 두렵다-는 생각까지도 들었습니다. 왜 이렇게까지 됐을까요?

다시 찾은 허준묘

의성 허준묘가 세상에 드러나기까지 많은 우여곡절이 있었다. 재미 고문서연구가 이양재씨는 한 통의 간찰(편지)을 입수했다. "7월17일 허준 배(許浚拜). 비가 와서 길을 떠나지 못하였습니다…" 라는 내용이었다. 그는 허씨대종회를 찾아가 종친회 족보를 뒤적여 준(浚)자를 썼던 사람을 찾던중 한국전쟁 이후 실전(失傳)된 허준의 묘가 '장단 하포 광암동 선좌 쌍분(雙墳)'이라는 사실을 알아냈다. 이에 그는 허준 선생의 묘소를 찾기 위해 일제시대 토지대장을 확인하던 중 하포리에서 허준의 종손인 허형욱(1924~?)의 이름을 찾았고 군부대의 협조를 얻어 허씨들이 모여 살았을 것으로 추정되는 옛 땅을 찾았다. 하지만 이미 무덤이란 무덤은 모두 도굴돼 있었는데 그중 한 무덤이 유독 눈길을 끌었고 무덤 주변을 파던 중 두 쪽으로 동강난 비석이 나왔다. 비석에 명문이 새겨져 있었고 내용은 '陽平○ ○聖功臣 ○浚'이었는데 바로 '양평군 호성공신 허준'이었다. 이렇게 허준묘가 세상에 나올 수 있게 한 명문 6자는 허준이 후손들에게 자신의 존재를 알리고자 한 바램이 아니었을까.

"한약 말살공작 식약청은 자폭하라!"
(2015년 (사)대한한의사협회)에 붙은 현수막)

(2015년 (사)대한한의협회)에 붙은 현수막)

["한의사들이 20년 만에 거리로 나선 이유!"
제약회사와 결탁한 식약청의 말도 안 되는
의약품 분류가 한의사들을 죽이고 있습니다.
우리나라 의약품은 세 종류로 나눠집니다.
전문의약품(양의나 치과의사가 처방하는 의약품)
일반의약품(약사가 처방전 없이 판매하는 의약품)
한약제재(한의사가 처방하는 의약품)

2012년 3월 식약청에서는 [레일라 정] 약품을 전문의약품으로 분류했습니다. 그런데 이 약은 원래 한의사 故 배원식 선생이 개발한 활맥모과주 라는 처방으로, 당귀, 천궁, 우슬, 천마, 오가피 등 12가지 한약재를 원래 처방 그대로 추출한 의약품입니다. 한의사가 연구하고 개발한 한약 처방을 제약회사에서 가져가 허술한 임상데이터로 분류한 뒤, 양의사에게 처방하고 있습니다.(이는 천연물 신약의 진실입니다.)

한약을 모르는 양의사들에 의해 한약이 무분별하게 처방됨으로써 국민건강을 위협하고 있습니다. 한의사들은 정말 황당합니다. 그래서 분노합니다. 바로잡고 싶습니다. 국민여러분 도와주십시오.]

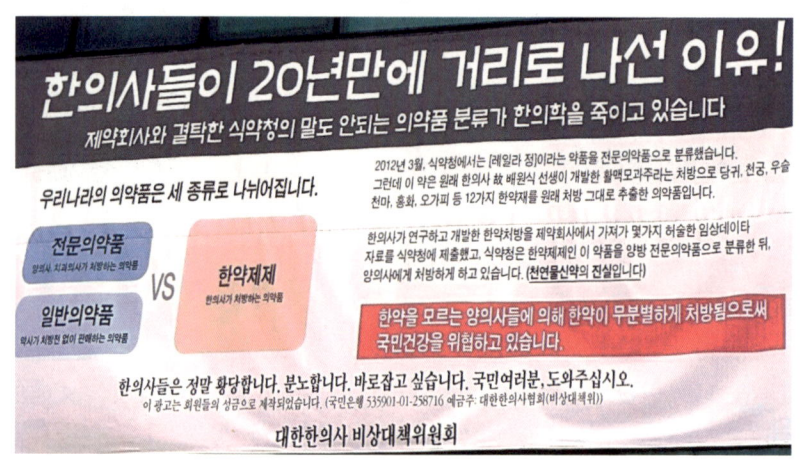

(2015년 (사)대한한의사협회)에 붙은 현수막)

대한한의사 비상대책위원회

저는 위 현수막에 적힌 글을 보고 대한의사협회에 궁금한 점을 메일로 보냈습니다.

2016. 4.25(월)
수신 : (사)대한한의사협회 http://www.akom.org/

담당자 : 홍보실/ ooo님께 손 전화 : 010-000-0000. e-mail : akompr@hanmail.net
주소 : 서울특별시 강서구 허준로 91   02-2657-5025
==
발신 : 이승렬 농부. 손 전화 : 010-000-0000. e-mail : lsy0575@hanmail.net
주소 :
==

귀 대한한의사협회의 무궁한 발전을 기원 드립니다.(ooo 선생님 꼭 회장님께 드리세요)

저는 감국(甘菊) 농사꾼 이승렬입니다. 감국 농사를 시작한지는 10여 년이 지났습니다. 하여 약용작물에 관심이 많으며 한의원, 한방병원에서 사용한 우리 한약재 유통 흐름에도 관심이 많습니다. 대한한의사협회는 작년 4월 10일 홍보실 방문 이후 이번이 두 번째인데요. 대한민국 한의사분들이 다 모여계신 (사)대한한의사협회에 소비자의 한 사람으로서 정중히 여쭙겠습니다. 바쁘셔도 아래 : 1 ~ 5까지 답해주시면 감사하겠습니다.

① 제18대 국회(2011) 한약이력추적제 법제화가 "법제사법위원회 제2법안심사소위원회"에서 사실상 심의를 통과 하지 못하고 폐기 됐는데요. 이로 인하여 약용작물을 재배하는 농민과 한의원들의 어려움이 가중되고 있습니다. 한약이력추적법 부활 가능성은 없는지 말씀해 주시면 감사하겠습니다. (답 :

② (사) 대한한의사협회에서 사용한 한약재의 품종은 총 몇 종인지요. (답 :

③ 사용된 한약재중 국산의 자급 품종은 몇 종인지요. (답 :

④ 전국의 한의원. 한방병원 개수는 몇 개인지요. (답 :

⑤ (사)대한한의사협회 건물 내, 외부 2015년에도 걸려있던 현수막 "한약 말살 공작 식약청은 자폭하라" 는 맥을 짚어야할 한의사 선생님들께서 하는 말씀으로는 듣기에 너무 무서운 말씀 아닐까요. (답 :

꼭! 답주시면 감사 하겠습니다. 그리고 위 내용은 제가 쓰고 있는 책에 실릴 겁니다.

2016. 4. 25. 대한한의사협회에 보낸 메일

한의사협회에 메일을 보내고 식약처로 갔습니다.

2016. 4.26(화)
수신 : 식품의약품안전처 http://www.mfds.go.kr/index.do
담당자 : 대변인실. ooo주무관님께 e-mail : oscar96@korea.kr 010-6247-1583
주소 : 충청북도 청주시 흥덕구 오송읍 오송생명 2로 187 식품의약품안전처
종합상담신고센터 1577-1255
==
발신 : 이승렬 농부. 손 전화 : 010-000-0000. e-mail : lsy0575@hanmail.net
주소 :
==

귀 식품의약품안전처의 무궁한 발전을 기원 드립니다. 저는 감국(甘菊) 농사꾼 이승렬 입니다. 식품의약품안전처에 국민의 한 사람으로써 여쭤볼게 있어 왔는데요, 개인의 소견보다는 식약처의 입장으로 아래의 내용에 말씀해 주시면 감사하겠습니다.

① 2015년 4월 10일과 2016년 25일에 대한한의사협회를 방문했더니,
"한약 말살 공작 식약청은 자폭하라!" "2만 한의사는 식약청에 폭탄을 던지고 싶다"라는 현수막에 섬뜩한 글귀가 새겨져있습니다. 대한한의사협회의 말대로 식약청은 자폭할 것인지 말씀해 주시면 감사하겠습니다.
(답 :
② 식품의약안전처에서 관리한 한약재 품종은 총 몇인지요. 그 자료도 주셨으면 감사하겠습니다. (답 : 식물성 :   동물성 :   기타 :

- 16시에 안내데스크 로비에서 뵌 한약 정책과 ooo님들께.......
말씀드린 대로 솔직히 현수막의 글귀는 의사분들이 해서는 안 될 폭언이라고 생각합니다. 그런데 식약처 직원께서 "농민이 수입쌀 막으려고 정부에 욕하는 거와 뭐가 달라요" 하시면 한의사분들이 농민이라는 건데요. 그래도 의사 선생님들 이잖아요. 국민들이 불안해서 한의사들께 진맥과 처방을 받을 수 있을까요. 개인적 의견보다는 식약처의 공식적인 입장을 밝혀주십시오. 꼭! 답주시면 감사 하겠습니다. 그리고 위 내용은 제가 쓰고 있는 책에 실릴 겁니다.

2016. 4. 26(화) 식약처에 보낸 메일

그동안 저는 한약재인 감국농사를 지으면서 감국은 어디에서 어떻게 소비되는지 수입 현황과 함께, 우리나라 대형 한방병원은 혹시나 진품을 사용하지는 않을까 하는 궁금증과 기대를 많이 했었습니다. 그러나 오히려 그 벽은 비밀스럽고 도저히 다가설 수 없을 만큼 높았습니다. 그래서 경희대 한방병원에 예약진료를 받으면서 이곳에서 사용하고 있다는 한약재 품목의 생산지 이력을 알아보았습니다.

경희의료원 수입 한약재 82.4%사용?

경희대한방병원, 한약재 일부 가품 이용

이승열 기자 | 승인 2011.03.14 15:12

지난 3월 13일 경희의료원 경희패밀리사이트 '경희한약'에 따르면 한약재 127품목 가운데 수입품종 75종. 국산품종 52종으로 국내산 한약재 이용률이 현저히 낮은 것으로 나타났다.

식약청에 신고했다고 제시한 295개 품목 중 168개 품목은 원산지를 확인

할 수조차 없다. 이를 수입약재로 분류하면, 국내산 한약재 사용률은 겨우 17.6%에 그친다. 이것이 대한민국 한약재시장의 현 주소인 것 같다.

경희한약에 따르면, 한약은 한국, 중국, 일본을 중심으로 동아시아 지역에서 오랫동안 사용되어온 약품이다. 하지만 한약이 가지는 특성상 재배 지역과 기후, 약용식물의 기원(起源)차이에 따라 효능의 차이가 발생하기 쉽고, 농산물과 마찬가지로 환경오염에 의한 중금속문제, 재배 시 사용된 잔류농약에 의한 문제, 채취 후 저장보관을 위해 사용되고 있는 아황산염의 잔류에 의한 문제가 존재한다.

그러므로 한약은 엄격한 품질관리를 통하여 유효성과 안전성, 그리고 '경희한약'에서는 입고 시 매뉴얼에 의한 관능검사, 입고 후 '대한약전' 외 '한약규격집' 및 식약청고시에 명기되어 있는 이화학적 품질관리실험을 실시하여 기준에 적합한 한약재만을 가공하여 생산하고 있다고 한다.

경희의료원의 오픈된 127개 품목의 한약재 중 수입약재 품목을 살펴보면, 강황, 질려자, 산사, 오수유, 조각자, 백두구, 견우자, 만형자, 회향, 등심초, 유향, 패장, 오가피, 용담, 괴화, 해백, 자근, 영양각, 망초, 화피, 전갈, 모근, 감초초, 오매, 지유, 사인, 소목, 노근, 백자인, 방기, 천남성탕포, 아출, 보골지염자, 초두구, 반하, 오약, 부자, 차전자, 백강잠, 천문동, 백선피, 대황주초, 절패모, 용안육, 대황, 황백, 황금, 형개, 행인, 초과, 천마, 창이자, 지모, 지각, 작약(적), 복령(적), 저령, 원지, 오령지, 승마, 석창포, 삼릉, 산조인, 산사, 빈랑자, 백편두(초), 복신(백), 복령(백), 방풍, 목단피, 마황, 도인, 괄루인, 관동화, 금은화. 이상 75품종.

국산약재로는, 맥문동, 황기, 애엽, 대두황권, 갈근, 익모초, 인동, 결명자, 감국, 연교, 왕불류행, 모려가루, 두충염자, 형개초탄, 창출, 강활, 죽여, 전호, 현호색, 치자초, 택란, 독활, 고본, 자소엽, 건강, 건강초탄, 곤포, 청피, 시호, 산약, 향부자, 흑지마, 치자, 측백엽, 천궁, 진피, 담죽엽, 인진호, 인삼, 우슬, 상백피, 산약, 백출(초), 백출, 작약(백), 목통, 목과, 맥아, 대추, 당귀, 길경, 택사. 이상 52품종.

이에 대해 한 '한약재 생산단체' 회원 송채봉(53)씨는 "경희의료원에서 수입 한약재를 이렇게 많이 사용 할 줄 몰랐다."라며 실망감을 나타냈다. "수입 한약재를 가지고 예비 한의사들이 한의학을 공부하고 한의사로 배출된다면, 과연 우리 한약재는 누가 연구하고 지켜나갈 것이냐!"라며 답답한 심정을 밝혔다.

또한 "한방에서 진품은 구하기도 어렵고 약재 값이 비싸다는 이유로 비슷한 것을 진품인 것처럼 조제를 하고 처방을 하는데 이러한 약재가 과연 약효가 있을지 의문이 생긴다."라고 말했다. 한국인을 치료하는데 있어서 기본적으로 국내산 한약재를 이용, 연구하는 것이 국민들에 대한 보답이고, 신뢰를 받을 수 있는 길이 아닌가 하는 안타까운 마음이 크다.

"모두가 꿈꾸는 건강한 세상을 만들어 갑니다."라는 경희의료원의 이중적 표현과 함께, "경희한약은 좋은 원료, 한약재를 구입하는데 망설임이 없습니다. 이는 좋은 명약의 근본이 되기 때문입니다."라는 설명은 "국민들과 고품질 한약재를 생산하는 농민들을 기만하고 속이는 행위"가 아닐까. 하루빨리 정직한 한방의료 품질을 위해 사용하고 있는 한약재를 일반인에게 모두 공개하고 한약재 매입 가격 또한 공개되어야 한다.

최근 정부는 2015년까지 한의약 분야에 1조원을 투입하고 향후 10조원 규모로 한의약을 과학화, 산업화, 세계화로 발전시킨다는 '한의약 육성 발전계획'을 발표한바 있다. 그러나 한의약이 발전하려면 우선적으로 선행되어야 될 과제가 있다.

국민의 신뢰를 바탕으로 해야 발전이 가능할 것으로 보이는데, 과연 불투명한 현 한약재 시장에 어떤 노력을 할 것인가? 과연 그것을 통해 성장하고 발전 할 수 있을 것인가? 하는 것이다.

현재 한방을 주제로, 제천 국제한방바이오엑스포(http://www.hanbang-expo.org), 산청 한방약초축제(http://www.scherb.or.kr), 장흥 통합의학박람회(http://www.kimx2010.co.kr)가 개최되고 있다. 이와 함께 우리 자원 개발과 지역경제 활성화, 주민소득증대를 목표로 국산한약재 생산에 박차를 가하고 있다. 하지만 일부 한의업계의 관행적인 국내산 한약재 사용기피로, GAP인증을 획득한 우수 한약재들이 수입 한약재 소비에 밀려 창고에서 소비자들을 기다리고 있는 안타까운 실정이다.

세계는 지금 식물 전쟁 중에 있다. 나고야 의정서 '생물 다양성 협약 당사국 총회'에서는 "생물유전자원의 접근 및 이익 공유(ABS)에 관한 의정서 채택과 생물 유전자원 이용으로 발생한 이익은 국가 간 상호 계약에 따라 공유 한다."라고 표방한 것. 이는 생물 주권을 인정한다는 내용이다. 이날 세계 193개국 1만 6000여 명이 참가한 대규모 국제회의에 우리나라도 환경부 장관을 수석대표로 국회와 관련 연구기관이 참석했다.

"우리 것이 최고여!"라는 말이 공허해지지 않도록, 이제라도 소비자인 우리는 식물을 주원료로 취급하는 한방업계의 자원식물 이용도 현황을 꼼꼼하게 점검해 볼 필요가 있을 것 같다.

한의학의 대표 격인 경희의료원에서도 약재를 어디서, 어떤 방법으로 생산하고 어떤 약재가 진품인지, 가품인지 구별할 수 있는 시스템이 반드시 필요할 것 같다.

그러나 경희의료원 설명에 따르면 "진품은 약재값이 비싸서 소비자 값이 상승되므로 고품질의 약재사용은 어렵다."라고 말했다. 그러나 어떤 것이 진정으로 환자를 위하는 길일까?

국민의 건강권을 뒤로한 채 경제적 논리를 앞세워 유통에만 전념하는 자세는 소탐대실의 결과를 낳을 것이 분명하다. 이러한 문제점들이 해결되지 않은 채 지속된다면 여기에 종사하는 한의사들, 최종 소비자인 국민들 모두 건강을 소망하고 갈망하는 것이 공염불이 되지 않을까.

이승열 기자

2008 제1회 산청감국축제

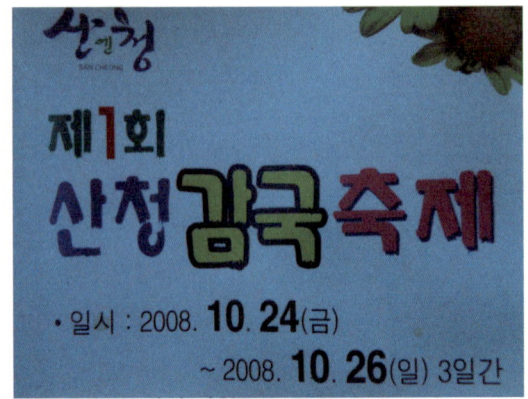

산청감국축제 : 포스터

삽화 oil: 00* 000

    2008년 10월 24일~10월 26일 3일간 정광들녘 2만여 평 감국밭에서 열린 제 1회 산청감국축제. 팝오케스트라 연주와 마당극 허준으로 시작한 축제는 '지역의 자원 식물을 이용해 새로운 부가가치를 창출해 낼 것' 이라는 모두의 기대감으로 성대히 개최됐습니다. 산청 군수님께서도 같은 마음이셨을 겁니다. 아마도 산청지역에서 재배하고 생산된 약초들을 제약회사, 한의원, 한방병원, 식품회사 등에 납품하기 위해 많은 애를 쓰셨으리라 짐작이 갑니다.

그러나 장사꾼의 상술은 군수님보다 국회의원님 보다 대통령님 보다 한 수 위에 있는 것 같습니다. 일부 품종이긴 하지만 제가 한약재 유통경로를 확인한 바로는 그랬습니다. 한약재를 취급하는 어떤 장사꾼들은 약초가 지닌 약리성 보다 더 경제성을 중요하게 생각했습니다. 그래서 품종을 속이기까지 합니다. 그러니 아무리 좋은 취지로 축제를 개최한들 축제가 갖는 본래의 의미를 꽃 피우지 못하고 엉뚱한 '꽃상여축제'가 되는 것입니다. 가공의 화학향으로 결국 지역의 자원식물을 고사시키는 것이지요.

산청약초여행을 마치며...

이승렬의 소신

산에서 자란 산삼
산에서 키운 장뇌삼
산에서 자생한 약초
산에서 재배한 약초

이 약초들을 GAP(우수농산물관리기준) 농법으로 재배하고 생산하여 산청 한방약초 축제장에서 판매할 계획이라면 그 답은 이미 소비자가 잘 알고 있습니다.

약초를 산삼처럼 장뇌삼처럼 귀하게 여기고 재배 생산해야 합니다. 그러므로 산청군청에서 관리하는 GAP 농법의 약초 재배 체험장은 없어져야 합니다.

산청감국 : 2019

그리고 산청 한방약초축제의 주최자는 실질적인 약초 농가들이어야 합니다. 이들이 협의하고 개최해야 성공할 수 있을 것입니다. 2019년 현재 축제예산은 3억 원입니다. 최소 500억 원 확보로 약초 농가를 지원한다면 모든 약초 재배를 유기농으로 전환할 수 있어 서로간의 신뢰가 생길 것입니다.

한약초 소비시장은 넓습니다.

2016년 보건복지부의 자료요청에 따르면 한방병원 260(전국) 한의원 13,613(전국)입니다. 산청 한방약초축제는 산청군 축제 만은 아닙니다. 대한민국의 약초 축제인 것 입니다. 산청의 약초축제가 발전하지 못하면 전국의 한의원, 한방병원, 한약초를 원료로 사용하는 식품회사들이 내리막을 걷게 되고, 한의대도 같은 운명을 맞이할 겁니다. 국민들은 양질의 한방 치료를 받지 못할 것입니다. 이런 중요한 연결고리가 있음을 약초축제는 잊지 말아야 합니다.

풍요로운 농촌을 위하여...

순창고추장 여행!

(캠바스 위에 삼베/ 아크릴 16cm*33cm)

순창장류축제가 13회째 2018년10월19일 금요일부터 21일 일요일까지 3일간 순창전통고추장민속마을에서 열렸습니다. 주최,주관은 순창군/순창장류축제위원에서, 후원은 문화체육관광부, 전라북도, 한국관광공사, 한국지역진흥재단에서 "천년의 장맛! 백년의 미소!" 라는, 슬로건으로 순창고추장 축제가 열렸습니다.

〈순창고추장의 유래〉 조선왕조실록에 고려 말 이성계는 북쪽여진족을 물리치고 남쪽 왜구를 격퇴한 혁혁한 전공을 세운 장군으로 가까운 남원 운봉지역에서 경상도를 거쳐 올라오는 왜구를 물리치기도 하였다. 이후 이성계는 만일사에서 기거하고 있는 무학대사를 만나기 위해 순창을 들렀을 때 한 농가에서 순창고추장의 전신으로 여기지는 "초시"를 먹어보고 이 맛을 잊지 못해 조선왕조 태조 임금에 오른 후 순창군수에게 진상토록 했다는 이야기가 전해 내려오고 있다.

〈지리적 특성〉 다른 지방 고추장은 음력 11월에 메주를 띄워서 이듬해 봄에 고추장을 담지만 순창전통의 고추장은 음력8월 하순 처서 전후 콩과 멥쌀을 6:4로 혼합한 고추장용 메주를 만들어 4주 정도 띄운 후 그해 겨울에 고추장을 담근다.

〈순창고추장이 특별한 이유〉

01. 고추장 담그는 시기가 다른 지방과 다릅니다.
    고추장을 담그는 시기가 추운겨울이어서 당화 속도가 느리고, 유산균 번식이 느려 신맛이 생기지 않습니다.
02. 고추장 메주가 다릅니다.
    고추장 메주는 다른 지방과 달리 멥쌀과 콩을 혼합하여 도너츠 형태의 메주를 사용합니다.
03. 원료가 다릅니다.
    섬진강 맑은 물과 토양에서 생산된 고추, 콩, 찹쌀 등의 재료를 사용합니다.
04. 물과 기후가 좋습니다.
    청정한 자연환경과 섬진강상류의 깨끗한 암반수, 효모균번식에 최적의 기후조건으로 최고의 장맛을 지켜왔습니다.
05. 발효균이 풍부합니다.
    다양한 미생물에 의해 자연발효, 숙성과정을 거칩니다

이렇게 설명하고 있는 순창장류축제 포스터들을 보고 길 건너편에 있는 순창장류박물관(촬영무료)으로 가서 임금님 옷을 입고 사진을 찍어봤습니다.
잠시 임금님이 되어 전국여행 중에 마트에서 사먹었던 순창고추장, 된장의 궁금증을 찾아가 보기로 하였습니다.

순창장류박물관 : 촬영무료

먼저 고추장 특산단지 안에 있는 순창군 장류사업소를 찾아 평소 갖고 있던 의아함을 묻고 간단한 답을 들을 수 있었습니다. 이곳 순창 전통장류 특산단지는 20여 년 전, 순창군내 장류 기능인(제조)들을 한곳에 모셔 단지를 지었다고 합니다. 현재는 몇 분이 돌아가셔서 36~37명인이 된장 고추장제조와 함께 판매장을 운영하고 있습니다. 명인이 돌아가신 곳은 다른 분들이 1호점 2호점으로 판매장을 확대하고 있습니다.

10년 후, 20년 후 30년 후, 순창고추장은 어떤 모습으로 있을까요? 이분들게 질문을 드려봤습니다. 안타깝게도 명쾌한 대답은 들을 수 없었습니다. 왜 그랬을까요?

음식점에 가면 음식물에 대한 원산지 표시를 해 놓습니다. 쌀:(국내산) 김

치:(국내산) 등등 표시 말입니다. 제가 사먹었던 순창고추장 된장 표시를 보니 저는 너무도 믿을 수가 없었습니다. 그래서 저는 따지듯 여쭸습니다. 주식회사 대상 청정원에서 만든 '청정원 순창 태양초고추장'과 '양념듬뿍 쌈장'의 재료 표시를 두고 저는 공무원들에게 다그치듯 물었습니다.

〈포스터〉 순창군 고추장포스터 2018,11,5

- "일반인이 볼 때는 순창 꺼 아니겠어요, 지금 순창군은 거짓으로 순창을 팔고 있는 것에 대하여 방관하고 있습니다. 이런 식이면 월급 받아서는 안 됩니다." 이렇게 모진소릴 현장에 계신 관계자 분들께 했습니다. 그런데 세상 보는 눈은 다 같은 것인가 봅니다. 그 분들께서도 저와 같은 문제로 농산물 품질관리원에 질문을 했다고 합니다. 돌아오는 답은 "청정원 로고에 순창이 들어 있고, 직접적인 상표명에는 순창이 빠져 있음으로 법률상 문제될게 없다"고 했답니다. 제가 볼 땐 그게 그건데 말입니다.

저는 제가 가진 문제의 답을 순창 장류조례에서 찾아보려고 "순창 전통장

류 육성과 특산단지 운영 조례" 프린트 물 한 장을 받아보았는데요,

<순창 전통장류 육성과 특산단지 운영 조례>

[시행 2015.12.15.]
제정[1997.10.01 조례 제1463호]
개정 1998.03.11 조례 제1476호
2000.01.15 조례 제 1562호
(일부개정)2006.02.28 조례 제1787호
(일부개정)2015.12.15 조례 제2312호 조례 제 2312호 순창군 자치법규 일괄정비 조례
관리책임부서 : 장류경영, 연구검사
연 락 처 : 650-5412, 650-5413

제1조(목적) 이 조례는 순창지역에서 생산된 전통장류식품의 보존 및 품질향상과 특산단지 운영에 필요한 사항을 규정하여 전통장류산업 발전과 지역경제 활성화에 이바지함을 목적으로 한다. <개정 2006.02.28 조례 1787>

제2조(정의) 이 조례에서 사용하는 용어의 정의는 다음과 같다.
1. 순창 전통장류(이하 "전통장류"라 한다)라 함은 순창군수(이하 "군수"라 한다)가 인정한 제조기능인이 순창지역의 농산물(또는 국내산원료)을 사

용하여 생산한 장류제품을 말한다. 〈개정 2006.02.28〉

2. 전통장류 특산단지(이하 "특산단지"라 한다)라 함은 전통장류의 품질 보존과 육성을 위하여 군수가 고시. 조성한 단지를 말한다.〈개정 2006.02.28 조례1778〉

3. "제조기능인"이라 함은 전통방법으로 장류를 제조할 수 있는 기술을 보유한 자로 군수가 인정한 자를 말한다. 〈개정 2006.02.28 조례1778〉

4. "장류제품"이라 함은 군수가 인정한 제조기능인이 생산한 고추장, 된장, 간장, 청국장, 혼합장 등을 말한다. [신설 2006.02.28 조례1787]

5. "원재료"라 함은 식품공전에 분류되어 있는 재료로서 우리농산물을 말한다. [신설 2006.02.28 조례1787]

6. "부재료"라 함은 원재료를 제외하고 식품공전에 분류와 사용기준에 등록되어 있는 재료를 말 한다.[신설 2006.02.28. 조례1778]

7. "행정용시설"이라 함은 특산단지내 군수가 관리하는 시설로 연구소, 홍보관, 향토음식점, 저온저장고 등을 말한다. [신설 2006.02.28 조례1778]

제3조(적용범위)

①전라북도고시 제69호(89.5.18) 제110호(92.5.25) 및 순창군 고시 제94-12호(94.10.29)를 적용한다. 〈개정 2006.02.28 조례1778〉

②이 조례는 전통장류 제조영업을 하기 위하여 특산단지내에 입주한 자에게 적용한다. 〈개정 2006.02.28 조례1778〉

제4조(심의위원회)

① 전통장류를 비롯한 전통식품의 보존 및 육성을 위하여 군에 순창전통식품의위원회(이하 "위원회"라 한다)를 둔다. 〈개정 2006.02.28 조례1778〉

② 위원회의 구성. 운영 등에 필요한 사항은 규칙으로 정한다.

제5조(제조기능인 인정)

① 군수는 전통장류의 명성을 유지 발전시키기 위하여 전통의 방법으로 성실하게 제조할 수 있는 자를 위원의 심의를 거쳐 제조기능인으로 인정한다. 〈개정 2006.02.28 조례1778〉 ②제조기능인의 자격요건. 신청. 자격취소 등의 관한 사항은 규칙으로 정한다.

제6조(제조업 신고요건) 전통장류의 제조업을 할 수 있는 자는 법에 의거 신고한 자중 제조기능이거나 제조기능인을 고용용 자에 한한다. 〈개정 2006.02.28 조례1778〉

조례에서도 그렇고 순창전통고추장에 의문점이 생겼습니다.

"다른 지방 고추장은 음력 11월에 메주를 띄워서 이듬해 봄에 고추장을 담지만, 순창 전통 고추장 제조방법은 음력 8월 하순 처서를 전후 콩과 멥쌀을 6:4로 혼합한 고추장용 메주를 만들어 4주정도 띄운 후 그해 겨울에 고추장을 담근다."

순창군 복흥면 2018.11.5

처서

<다음 사전: 처서 [處暑] 일 년 중 늦여름 더위가 물러가는 때. 이십사절기(二十四節氣)의 하나로 입추(立秋)와 백로(白露) 사이에 있다. 춘분점을 기준으로 하여 태양이 황도(黃道)의 150도(度)에 이르는 때로 양력으로 8월 23일경이다. 더위가 물러가고 아침저녁으로 쌀쌀한 기운이 느껴지며 벼가 익는 시기이다.>

'처서...
콩밭에서는 콩들이 영글어가고 논에서는 벼가 고개를 숙이는 때...
이때 전통고추장을 담근다, 순창 전통고추장은 이렇게 담근다?'
농부라고 스스로 생각하고 있는 저는 지금 당황스럽습니다. 곡식을 1년 묵혔단 말보다는 곡식을 일 년 동안 숙성시켰다, 가 맞겠지만...

순창군에서는 순창전통고추장의 기원을 '조선왕조 태조 이성계의 초시'로 하고 있습니다. 저는 초시의 전통을 근간으로 삼으려면 아니, 제

풍요로운 농촌을 위하여... 273

가 초시(그때의 고추장)라면 현재의 냉, 저장고에 들어가지 않겠습니다. 그때의 초시처럼 항아리 속에서 발효를 기다리며 발효가 되어 나를 찾는 세상이 올 때 까지 기다리겠습니다. 전통은 강제로 가둬두는 순간 썩고 죽게 되는 것입니다.

저의 짧은 생각일지 모르지만, 순창고추장을 축제와 함께 햇고추와 곡식으로 담그면 고추장 축제가 지금보다 더 활성화되고 장수할 수 있지 않을까 합니다.

순창 전통장류 육성조례에 대한 제 나름의 생각입니다. 현재의 조례는, 큰 나라 안에서 힘없는 임금이 작은 성을 만들어 놓고 '이것이 나라입니다. 나랏법이 여기 있으니 그렇게들 아시오,' 하는 정도의 '쇠귀에 경 읽는 소리' 라고 생각됩니다.

대한민국 지차체에서 유일하게 고추장축제를 하는 순창군인 만큼 조례가 대한민국고추장 발전에 기여 할 수 있도록, 최소한 순창군내에서 제조된 모든 고추장을 관리할 수 있는 조례가 돼야 합니다. 분명 상품에는 "순창태양초고추장"이라 표기 돼있는데, 플라스틱 그릇에 담긴 고추장의 내용물 표기에는 90%이상이 외국산인데 어떻게 순창고추장이라고 버젓이 부를 수 있겠습니까? 저를 포함한 소비자들을 혼란스럽게 한 그 무한한 책임은 순창군에 있다, 라고 저는 강력히 말씀드립니다.

순창이란 이름의 순창고추창에 대한 의문점?

순창읍 마트에서 2017년에 구입한 순창 태양초고추장과 순창 양념듬뿍 쌈장을 제조한 회사로 찾아간 날은 2018.11.2 오후, "오늘은 회사 창립일이라 회사에 아무도 없으니 전화를 먼저 하고 다음에 오라"는 회사 경비 분의 말을 듣고 며칠 후 다시 청정원에 전화를 했습니다. 먼저 숨 가쁘게, 높은 목소리로 그만 이성을 잃고 말았습니다.

- 저는 일단 소비자입니다. 수년 동안 전국여행을 다니면서 순창고추장을 사먹었는데 재료표시를 보니까 대부분 순창 것이 아니던데, 더군다나 국내산 재료를 사용한 것이 아닌데도 어떻게 순창이란 이름을 붙여 판매하고 있는지... 저는 사기당한 것 같습니다. 이거 청정원이 국민을 상대로 사기 친 거 아닙니까? 일반인이 그냥 보면 순창 것으로 알고 사지 않겠어요. 이거 사기지 뭐에요? 일단 제가 가진 제품사진을 찍어 보내 드릴 테니 이메일로 답변주세요. 그러면 가능한 제 책에다 싣겠습니다". 그런 정도의 통화였습니다.

그리고 바로 메일이 왔습니다.

안녕하십니까?
대상(주) ooo입니다.
소비자로서 청정원 순창고추장을 애용해주시고 관심을 가져주셔서 감사합니다.
유선상으로 말씀주신 내용에 대해 답변 드리겠습니다.

대상(주)은 1989년 순창에 장류 공장을 설립해 예로부터 임금님 진상품이었던 순창고추장의 전통발효방식을 계승하고, 순창의 지역 연구발전과 장류산업 발전에 기여하고 있습니다. 이를 통해, 전국의 소비자들이 순창 전통발효방식으로 만든 고품질의 고추장을 맛보고 이용함으로써 소비자 편익이 증대될 수 있도록 힘써왔습니다.
또한, 지속적인 해외 수출확대와 해외 식품 박람회 참가를 통해 전 세계적으로 순창의 인지도를 확대하고, 장류 우수성을 홍보하고 있습니다.
특히, 대상(주) 청정원의 '순창' 브랜드는 특허청 상표법 제2조에 따라 '지리적 표시 단체표장'에 등록됐고, 농수산물 품질 관리법 제3장에 따르더라도 단 한 건의 위법사항 없이 매우 적법하게 활용하고 있음을 말씀드립니다.
작가님께서 자유롭게 의견을 개진하고 출간활동을 하실 수 있습니다만,
'순창' 브랜드 활용이 법적, 사회적으로 문제가 전혀 없음에도, 출판 시 사실과 다른 내용 또는 '사기' 등의 표현으로 브랜드와 기업 이미지가 피해를 입거나 훼손될 여지가 있을 경우, 저희는 명예훼손 또는 출판금지가처분 소송 등의 조치를 취할 수 있음을 헤아

려주시기 바랍니다.
감사합니다.

대상주식회사 홍보실

서울특별시 동대문구 천호대로 26 (대상빌딩)
Tel : 02-2220-9253
Fax : 02-2220-9666
Mobile : 010-6306-

재료 사용에 있어서 순창이라 부를 만한 내용을 보내달고 했는데 그에 대한 답변은 없고 엉뚱한 협박만 왔습니다. 재차 메일로 답을 요청 했는데요 끝내 답은 오지 않았습니다.

청정원에 휴대폰문자로 보낸 고추장과 쌈장의 사진입니다.

사진을 찍어 확대해 보아도 잘 보이지 않는 글씨였는데요, 여러 번 읽어봐도 명쾌하게 이해되는 표시는 아니었습니다.

제품명 : 청정원 태양초 고추장

태양초함량 : 11.3% 고추양념(고춧가루8,3% 원재료 명 및 함량: 물엿, 고추양념(고춧가루8,3%,정제소금, 마늘, 양파/중국산),정제수, 소맥분(밀: 미국, 호주산), 밀쌀(미국산),정제소금, 고춧가루3%(국산),주정, 고추장용콩메주, 호화찹쌀가루(찹쌀:국산),혼합미분, 효모분말, 중국(발효균) 내용량:400g+100g 포장재질(내면):용기/뚜껑-폴리프로필렌(pp)

"이하 영양성분 및 회사주소와 보관방법 등은 생략했습니다."

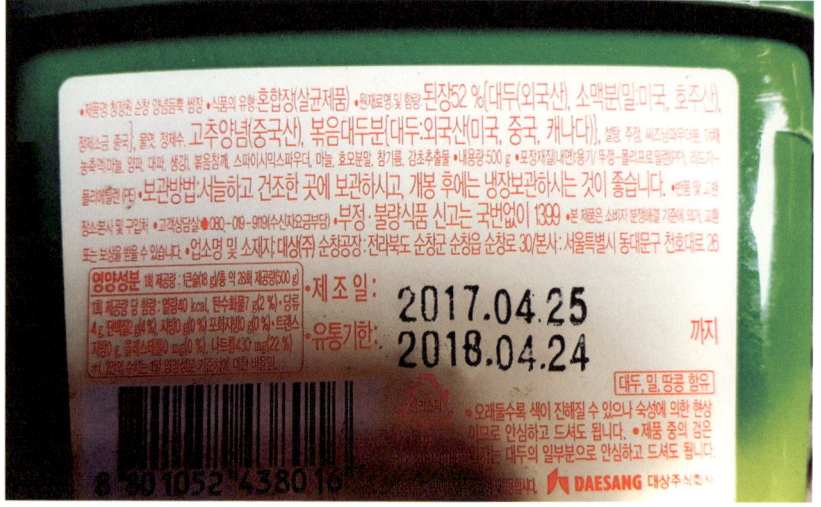

제품명: 청정원 순창 양념듬뿍 쌈장

식품의 유형: 혼합장(살균제품) 원재료 명 및 함량: 된장52%(대두(외

국산), 소맥분(밀: 미국, 호주산), 정제소금), 물엿, 정제수, 고추양념(중국산), 볶음대두분{대두: 외국산(미국, 중국, 캐나다),설탕, 주정, 씨즈닝 파우더분, 야채농축액(마늘, 양파,대파, 생강) 볶음참깨, 스파이시믹스 파우더, 마늘, 효모분말, 참기름, 감초추출물, 내용량:500g. 포장재질 (내면):-용기/뚜껑-폴리프로필렌(pp)...

"이하 영양성분 및 회사주소와 보관방법 등은 생략했습니다."

저는 청정원과 전화통화를 하면서도 '수입농산물이 맛이 없다, 나쁘다 이것이 아닙니다.' 라고 말했습니다. 우리나라에서도 수출을 하니까요, '다만 사람이나 기업이나 가치관이 중요한데 왜 자기 이름 부르기를 두려워하느냐는 겁니다. 무엇 때문에?

내가 누구인지 나는 어디서 왔는지 당당하게 말 할 수 있는 떳떳한 사회가 되었으면 하는 바람입니다. 기업에서는 기업의 빛나는 이름을 달고 제대로 상품을 팔았으면 좋겠습니다.

저는 이런 말도 했습니다, '청정원은 순창이란 지역 명을 거지처럼 빌어 상품을 팔아서는 안 된다'고요. 그동안 미원으로 많은 성장을 하지 않았습니까. 저도 '미원세대' 입니다. 엄마가 아궁이 옆에 두고 국에 반찬에 뿌리셨던 마법가루 그 미원. 그런 기업이 왜 순창 고추장에는 근처도 가지 않았으면서 순창 고추장, 쌈장이라고 이름을 붙이고 양심의 가책도 느끼지 않는 것인지...'만약에 어떤 기업에서 국가별로 쌀을 수입하여 밥을 지어 국내산으로 판매한다면 전국 농민회에서 녹두장군처럼 일어날 겁니다' 라고도 했습니다.

식당에 가면 쌀과 반찬 원산지 표시가 돼 있습니다. 우리 모두가 더 신뢰하는 사회로 나아가기 위해 꼭 필요합니다. 순창고추장 유명세는 국민들이 다 알고 있는 만큼 유명해졌습니다. 그러나 한편으로는 순창군이 한국 고추장 된장을 망치고 있다고 생각합니다.

순창군(자료 순창군청2018.11.) 장류 업체 62개소(민속전통고추장35~37개소 포함, 기능인들께서 돌아가신 점포, 합병이 일어나고 있음 1호점 2호점 같은 형태)

장류는 국민의 밑반찬입니다. 저는 이점에 대하여 좀 더 겸허해야 한다, 라고 주장하고 싶습니다. 주춧돌이 잘못 놓였다면 바로 잡고 집을 지어야 합니다. 그렇지 못하게 된다면 대나무 중간에 앉게 된 꿩처럼(매에게 쫓겨 대나무 밭 대나무에 앉게 된 꿩) 우리들 삶의 건강은 보장할 수 없습니다. 순창고추장 여행을 하며 순창전통장류 특산단지 앞 농산물판매장에서 구매한 찹쌀, 현미, 콩으로 밥을 지었습니다.

저는 어떤 고추장으로 비벼야 할까요?

영광 모시떡 여행
(※ 모싯떡은 모두 모시떡으로 변경)

이제는 지역에서 생산한 농산물만을 사용한 것을 지역특산품이다라고 자신 있게 말할 수 있어야 합니다. 저는 수년에 걸쳐서 영광 모시 재배지역 중 한 곳인 백수읍 일대를 관찰해 왔습니다. 그리고 옥당 동부 밭과 영광 떡집들에 들러 모시떡을 먹으며 '유기농 모시마을이 있었으면 좋겠다. 그 마을에서는 모시 재배와 함께 떡을 빚을 벼를 심는 마을로 영화촬영까지도 할 수 있는 그런 마을이면 좋겠다…'고 말했습니다.

그런저런 생각으로 2019년 10월 8일 백수해안도를 따라 여행을 이어갔습니다. 구불구불한 해안도로 옆에는 모시밭들이 이따금씩 보이고 도로에서 내려다보이는 잿빛 바다 그 풍경에 빠져 가던 길을 붙잡혔습니다. 잿빛 밤하늘 아래 길옆 도롯가에서 차박을 하고 다음날 해안도로 윗길로 이어지는 모시밭과 동부 밭을 찾았습니다. 밭들에는 여름 들깨밭처럼 무성하게 자란 모싯잎들이 마냥 푸르게 나풀거리고 있었습니다. 그 곁으로 속살을 드러낸 밭골들이 파란하늘 지붕 삼아 하얗게 펼쳐져 있습니다. 그곳에 정차를 하고 밭에서 일을 하고 계신 할머니께 다가가서 여쭈었습니다.

- 안녕하세요. 혹시 이곳에 동부 심어놓은 곳이 있을까요? 하고 여쭈니

"아이고 이 양반 아무것도 모르는 양반이네"

- 네, 제가 그렇습니다, ㅎㅎ.

"동부가 올해 40킬로 한 가마니를 해놓긴 해 놓았는디 거시기 동부를 계약하고 해 놨거든, 저 집도 두어 개 따 놨는디 몇 마지기 해갖고 두 가마니나 땄어. 근디 여기 열 마지기 한 사람도 다 갈아엎어 부렀어"

몇 마지기 동부를 심었다며 비닐하우스에서 동부 콩 꼬투리를 말리고 있는 할머니를 따라갔습니다.

"올해 비가 많이 와서 색깔이 변해부렀어. 올해 동부 농사 천 평 지었던 사람도 한 자루도 못 땄어요. 비가 많이 온 데다가 태풍까지 있어서 곰팡이가 나 버렸어요. 동부는 익은 콩 꼬투리를 자주 따 줘야 되는데 자주 안 따주면 비가 많은 시절은 못 쓰게 되요. 이 색깔은 정상이어요."

동부를 손바닥에 몇 알 올려놓고 보여주셨습니다.

- 네, 아휴

"이것도 어렵사리 주워 났거든요"

오옥자 할머니: 2019. 10. 9.

- 어머님 연세가 어떻게 되세요.

"칠십이에요"

- 함자는요

"오옥자 예요."

- 이름도 고우시네요. 이름이 정말 고우세요.

사진 촬영하고 싶은데 콩 꼬투리좀 들어주세요, 하고 말씀 드리니

"이거 모시송편에 들어가는 동부에요," 하시며 비닐하우스 안에서 말리고 있는 동부 콩꼬타리를 두 손으로 한 움큼 들어주셨습니다. 까시락 까시락 말라가고 있는 콩꼬타리 소리가 나는 비닐하우스 가장자리에는 가을 내 비를 맞았던 빨간 고추가 일광욕을 하고 있었습니다.

- 제가 모싯잎 때문에 여기 드나든지 몇 년 됐습니다.

"아 그러셨어요, 영광서 모싯잎 작목반 헌디는 여그여. 여기가 해안가라 색깔도 좋고 맛도 좋고 향도 더 있다 그래... 나도 열 두마지기 했는디 오늘 뜯

어요. 근디 바람맞아 분당께 모싯잎이 얼마나 좋았는디 그랑께 못 뜯고 있었어, 그래도 열 마지기 뜯으면 4천 킬로 는 뜯었는디."

- 4천 킬로요

"그러면 4백만 원을 줘"

- 1킬로에 얼마인데요.

"1킬로에 2천 원인디 뜯는 사람이 천원을 먹어 그리고 천원을 나를 주면 나는 그놈 갖고 낫으로 모싯대 베고, 거름사고 놉(品)얻어서 밭매고 뭐하고 나면 오백 원도 다 못 먹는당께. 자기 식구 있는 사람들은 식구들이 풀매고 거름도 사다가 뿌리기도 한디 나는 허리가 안 좋아서 아그들이 농사를 못 짓게 한다"

전화임 할머니 : 2019.10.9.

- 어머님 연세가 어떻게 되세요?

"나 44년생 이라 77살이여, 근디 두 살 줄여서 실어졌어"

- 어머님 함자는요?

"저요, 전화임(소녀같이 조용하게) 꽃 화(花), 그 전에는 림이라고 했는디 지금은 임林으로 됐어"

- 이름도 이쁘시네요

" 다 이쁘다 그래(웃으시며) 전에 부모님이 이름을 지었는데 안 촌스럽게 이쁘게 지었다고들 그래"

- 네 정말 그러세요...

휴대폰으로 촬영을 하고 있으니

"워 매 막 나오면 어째"

- 좋죠 뭐 어째요

어머니처럼 대화를 이어가는데

"옷이랑 좋게 입고 나와야제(웃음)"

- 어머님 모싯잎 소개 좀 해주세요. 언제부터 하시게 되었는지요.

"모싯잎 헌제는 여기가 최초여 내가 거시기 허깨라! 사장님 쪽께 오시라 그러깨라"

전화임 어르신께선 호동마을에서 모시를 처음 재배할 수 있게 모시 뿌리를 1천 포기씩 무료로 나눠 주셨다는 분께 전화를 하셨습니다. 그리고 이어서

"처음에는 1킬로에 3500원씩 했어, 나는 심은 지 4년 정도 돼야"

- 어머니 동부 심으면 어때요?

"동부는 작년에 한 가마니에 얼만가 줬는디 거시기 올해는 만원인가 더 올려준다 그래"

- 옥당 동부요

"예 옥당 동부요 수입 것은 기피를 타갖고 싼 게 그놈을 써. 근디 이것이 친환경 모싯잎이냐 그래 갖고 헌깨 동부를 심으라고 했어 군수님이"

- 친환경 모싯잎이냐 그런 말이 나왔다는 그런 말씀이지요?

"국산 떡 속에가 수입것이 들어가는데 그것이 국산 떡이냐?"

- 아 군수님이 노력을 하셨군요.

"노력 했제. 그래갖고 보조해주고 군수님이 동부를 심으라고 해서 심었어, 근디 우리 옥당 동부가 비싸, 3배나 비싸 그런게 떡 하는 사람들은 잘 안 맞제. 그래도 서울 같은데 가보면 여기동부가 맛있다고 그래. 그래서 나도 갈았제. 근디 한 마지기나 갈면(심으면) 잘 따면 몇 가마니 딸 텐데 올해 비가 많이 와서 다 썩어부러 갖고 한 가마니나 될란가 모르것써"

- 아 네...

"그래 갖고 열 마지기 동부 심은 사람도 다 갈아엎었어."

- 그러니까요 제가 이 근처를 작년에도 왔어요.

"올해 콩이 없어 그렇지 않으면 동부 갖고 천만 원도 했네, 얼마도 했네 했어. 그럴 것 인디..."

이날 전화임 어르신을 따라 모싯잎 뜯는 모시밭을 갔습니다. 점심때가 되니 호동마을 경로당에서 어르신들이 돼지머리를 삶아 맛있는 점심도 지어주셨습니다. 책이 나오면 당연히 찾아가서 뵙겠지만 찾아뵐 때는 간단한 음식이라도 제가 직접 만들어 드리고 싶습니다.

영광 모시떡을 주문하면서...

- 군청에 전화를 걸어, 영광에서 영광 모시떡을 판매하고 있는 업체가 몇 곳인지요?

"군청 : 2021, 12, 16일 현재 130개 입니다"

그리고 영광농업기술센터에 문의 했습니다.

- 옥당 동부 재배 면적 2021년 현재 재배 면적이 얼마쯤 되는지요?

"농업기술센터 : 48 헥타르입니다"

- 옥당 동부 특허출원 년도는 요?

"2014, 4, 18. 입니다"

- 그리고 옥당 동부 재배 48 헥타르 중에서 기계 수확은 몇 헥타르를 정도를 하셨을까요?

"3 헥타르요"

- 그리고 동부 수확량도 궁금합니다.

"26톤입니다"

- 옥당 동부를 공급한 업체가 몇 곳이나 되는지요?

"38개소입니다.

- 그리고 또 영광모싯잎 재배 총면적은 몇 헥타르나 되는지요?

"옥당 모시와 재래종을 포함 105 헥타르입니다"

영광 모시떡을 먹으며

2015. 10. 5. 옥당 동부 수확/ 장소 : 영광군   2015. 10. 5. 옥당 동부 수확/ 장소 : 영광군

2017. 10. 14. 옥당 동부 시험재배 /
장소 : 해운대(빨간버스에서 재배한 화분)

2019. 7. 옥당 동부 시험재배/
장소 : 빨간버스 텃밭

영광 모시떡 여행

영광 모시떡 재료는 모싯잎과 멥쌀, 동부 그리고 약간의 소금과 설탕이 들어가는데 설탕을 빼고 나면 국내산 자급자족이 충분한 경쟁력 있는 영광군 특산품 모시떡입니다.

그러나 떡을 먹으면서 늘 생각되는 일이 영광군에 감사하면서도 섭섭한 부분이 있습니다. 쌀농사는 기계화 덕분에 떡을 만드는데 수급이 충분하고 모싯잎 채취는 아직 수작업이긴 하나 3~4년에 한 번꼴 모시 모종을 심으면 년 중 3~5회 정도는 모싯잎을 수확할 수 있어서 떡집에서는 어느 정도 사용량을 예상하고 준비할 수 있습니다. 그렇지만 옥당 동부수확은 현재까지는 사실상 기계보다는 손으로 채취하고 있어서 업체마다 원하는 물량을 확보하기가 어려운 상태입니다. 그래서 영광 모시떡 업체 수는 늘어나지만 영광 모시떡을 판매하는 130개업체중 38개 업체만이 옥당 동부를 사용하고 나머지는 수입 동부를 사용하고 있는 것이 현실입니다. 그래서 옥당 동부가 들어가지 않는 "영광특산품 모시떡"을 먹으면 어쩐지 영광군에 속은, 그래서 서운한 마음이 생깁니다. 섭섭한 것은 섭섭한 것이고, 감사한 일은 감사한 일입니다.

영광군 농업기술센터에서는 전국에 자생하고 있는 모시 품종들을 채집해 새로운 [옥당 모시]를 개발했고 넝쿨성인 동부를 계절에 따라서 6월 하순 또는 7월 중순에 파종했습니다. 일반 콩처럼 자라게 하여 콤바인으로 수확할 수 있게 [옥당 동부]를 개발, 농민들은 기계화로 안정적인 농사를 지을 수 있도록 애쓰고 계심에 감사한 일입니다.

그리고 또 감사할 일이 있습니다. 농촌 여행을 하면서 농촌 환경이 속수무책으로 왜소해지고 농촌에 대한 대안이 안 보일 때 이미 그 대안을 찾아 실현하고 계신 분들을 보면 숙연해지고 감사합니다. 영광 모시떡이 가야 할 길을 스스로 내고 있는 사람들... 제가 기억하기론 2015년 동부 수확이 끝난 동부밭에서 한 분을 만나 인터뷰를 했던 기억이 있습니다.

그들은 최소 2021년 12월 오늘까지 변함없이 영광에서 재배하고 수확한 쌀과 모시, 동부만을 사용하면서 외부로부터 흔들림 없이 떡을 빚고 있습니다. 그들이 빚은 떡을 먹으면

> 영광의 쌀 향기와
> 영광의 모시 향기와
> 영광의 동부 향기가 납니다.
> 사람의 손맛으로
> 인간 냄새가 나며
> 인간 사회의 맛을 느낄 수 있습니다.

그들은 '우리의 농촌은, 우리의 세상은 이렇게 돼야 합니다' 라며, 인간이 살아가야 할 지도를 펼치고 있습니다.

※ 옥당동부는 옥당 동부로, 영광모시떡은 영광 모시떡으로 모두 수정

의령 망개떡 여행

망개(청미래덩굴) : 가을

망개(청미래덩굴) : 여름

2015, 9,12. 의령 망개 군락지를 찾아다니며, 91cm 72cm 유화

처음 의령망개떡을 만났을 때가 10년 전, 2011년 연말이었습니다. 서울 인사동에서 차(茶)모임 송년회가 있었는데 그 찻자리에 다식으로 차려진 망개떡이 나왔는데 어찌나 귀엽던지! 연둣빛 갈색 옷을 입은 하얀 속살의 망개떡이 접시에 일곱 여덟 개씩 올라와 있었습니다. 그 모습이 단아하고 고결하게 느껴져서 망개떡을 손에 들고 한입까지 가기가 한참이 걸렸던 것으로 기억합니다. 그 생김이 아름답다, 디자인적으로 끝내준다, 그렇게 감탄했던 게 망개떡입니다.

그 후 2014년부터 2021년까지 수차례 망개떡 여행을 이어갔습니다.

2014.1.17 의령군청 앞 : 할머니와 강아지

2014.1. 17

의령경찰서와 의령시장 사이에 지인이 운영하는 찻집을 찾아갔습니다. 그때는 빨간버스 1호를 타고 다녔는데, 버스 안에는 장작이 가득한 장작난로가 있었습니다. 그 버스도 400만원 거금(?)을 주고 샀는데 의자들을 대충 뜯어내고 만들어 고단한 여행을 할 때였습니다. 찻집을 나올 때 지인께서 여비에 보태 쓰라며 봉투를 주셨는데 봉투를 주머니에 넣고 세워 두었던 버스로 가는 길에 할머니가 길옆 화단에 앉아 마치 나를 기다리듯 강아지와 함께 계셨습니다. 봉투 받는 걸 보셨는지 할머니 앞에 다다르자

"빵 사먹게 돈 좀 주고 가시오."

- 예 할머니, 저 돈 많이 없어요. 할머니 이름이 뭐 세요?

"하동 정가요"

- 강아지는요?

"내 딸... 고맙소..."

- 할머니 감사합니다...

2015. 9. 7

퇴근시간이 다가오는 군청 앞에서 홍의장군 생가를 찾아가는 거리가 약 19킬로미터 구불구불 한 길입니다. 중간에 공사 중 이라는 팻말이 보이고 터널을 뚫고 있는 공사현장도 보입니다. 아침 진주 진양호에서 만난 70세의 할아버지께선 "내 내면속의 형상이 어떻게 생겼는지 한 번도 본적이 없다." 시며 곽재우 의병장 생가로 데려가 주셨습니다. (유곡면 세간 2동길33) 의령에 가면 꼭 한 번쯤은 장군의 생가 근처에서라도 별을 보며 노숙을 하고 싶었습니다. 의령은 몇 번을 다녔지만 이제야 나의 소망이 실현 되는 구나! 했습니다. 장군의 생가에 도착해 주차장에 버스를 세워두고 별을 마중했습니다. 시나 소설에 나오는 장면처럼, 마치 의병을 기다리며 잠시 마을을 바라봤습니다. 423년 전, 이곳은 어떠했을까? 곰곰이 생각하다가 고개를 들었더니 하늘에 꽃이 피기 시작합니다. 의병 꽃들과 장군 꽃들이 선명하고 촘촘하게 피어납니다. 하늘은 분명 하나일 텐데 그동안 집에서 별을 봤던 느낌과는 다르게 의병들이 영롱한 별 밭의 별이 되어 떠오르고 있었습니다. 그리고 아침이 되어서 뒷산에 올라가 망개나무가 얼마나 자생하고 있는지 망개잎 따기 체험도 했습니다.

2015,9,8 망개떡 만들기 : 의병탑 앞 강가에서

2015,9,8 망개떡 만들기

차안에 망개떡 냄새가 솔솔 납니다. 망개떡은 멥쌀로만 빚는데 뜨거운 떡 쌀을 손으로 치대니 양손바닥에 절반쯤 달라붙습니다. 미리 불려두었던 팥도 삶아 앙금으로 만들어놓고 한옥 집에서 귀한 손님에게 앉을 것을 안내할 때처럼 조심스럽고 설레는 마음으로 씻은 망개 잎을 나무로 된 미니 떡판위에 올려놓습니다. 하얀 방석을 깔 듯 평평하게 편 떡 위에 팥 앙금을 올려놓으니 모양은 비슷한 망개떡이 됩니다. 의령에서 처음 망개떡을 만들었을 당시 이런 모습이었다고 스스로 위로를 하면서 망개떡 만들기에 도전해 봤습니다.

차 안에는 망개떡 2박스가 실려 있습니다. 제가 만든 떡하고 비교하기 위해서 미리 준비해둔 것이지요. 제가 만든 떡을 보고 의령망개떡 박스를 열어

보니, 참! 곱다. 예쁘다! 예술적이다! 이런 감탄사가 자동으로 나옵니다. 자연에서 얻은 재료의 형상을 손상시키지 않고 의령브랜드로 성장 시킨 분들의 지혜가 느껴졌습니다.

그러나 약간의 아쉬움도 있습니다. 떡을 감싼 망개 잎에 대한 규격이 제각각이고 망개떡 중에서 망개 잎 한 개로 감싼 떡보다는 8-10센치 규격의 잎을 맞댄 2장으로 덮은 떡이 벗겨먹는 재미도 있고 보기도 좋습니다. 망개 잎을 1개만 사용한 떡은 덮을 때 주는 압력 감 때문인지 잎에 흰 떡살이 달라붙어 떡이 떨어지는 경우가 종종 발생하기도 했습니다.

그리고 망개떡의 재료구성을 보게 되면 망개잎, 쌀, 팥 그렇게 돼있습니다. 벼는 논에서 재배하고 팥은 밭에서 심고 망개는 논과 밭보다 산에서 자생합니다. 저는 특별히 망개떡에 제가 끌리고 있는 것은 무엇일까 생각을 해보았는데, 그것은 산이 키우고 자연이 디자인 한 망개 잎을 훼손시키지 않고 있는 그대로를 사용해서 라는 생각을 하게 되었습니다. 그런데 저의 의령망개떡 여행은 의령에서 팥을 얼마나 재재하고 있는지 팥 밭을 찾아다니기도 하였고 또 망개 잎을 채취할 시기에(7월초~ 8월말) 아르바이트로 망개 잎을 따서 떡집에 판매를 해보고 싶었으나 그렇지는 못했습니다.

저는 이렇듯 각 지역에 가서 체험 여행을 종종 하곤 하는데, 사실 그 이유는 지역에서 재배하고 생산된 먹을거리들이 우리사회에 얼마나 큰 건강함을 제공해주고 있는지 잘 알고 있기 때문입니다. .

이번에도 저는 망개떡집에 전화를 했습니다.

"저는 이승렬이라는 농부작가입니다. 의령에 와 있고요. 망개떡 박스 제품명에 쌀(국산) 팥(국산) 그런데 망개잎 표기가 알듯 모를 듯해서요. 망개떡의 주인공인 망개잎에 대해서 사장님하고 통화를 하고 싶습니다." 이렇게 메모를 남겼습니다. 그런데 결국 시원한 통화는 하지 못했습니다. 떡집사장님은 어떤 사정으로 저와 깊이 있는 통화를 하길 꺼리셨을까요? 그러나 궁금한 일이 있으면 더 궁금해지는 법, 그것이 바로 제가 하는 여행입니다.

2015년 그때 저는 의령군청에 특별한 보호수종이 지정돼 있는지 알아보기 위하여 산림자원현황자료를 부탁드렸습니다. 생각보다 간단한 정보를 볼 수 있었습니다.

[산림유전자원 보호림관리대장 지정 년 월 일 82,9 소제지: 의령읍 중동리 261-1(남산) 수종: 참나무, 소나 외 8종. 임령13~50 본수: 40,000본. 수고 3~13M 경급6~40 임상의 특징 활엽수림]

그리고 또 산림사업 중 하나인 숲가꾸기사업(간벌 수종갱신, 가지치기 등) 자료를 부탁을 드렸는데, [2014년도1,000헥타르 2015년600헥타르] 숲가꾸기사업을 했다는 자료를 보았습니다.

사실 저는 산림자원자원현황에 혹시나 하는 기대를 갖고 있었습니다. 그것은 숲가꾸기사업에서 망개나무를 보호한다든지 또는 군청에서 망개나무를 보호수로 지정을 했다든지 하는 망개나무 관련 정보가 있기를 기대하고 있었습니다.

여행이란 즐겁게 다녀야 하지만 굳이 행정에까지 전화를 해가며 의령망개떡 여행을 이어간 것은 지방자치단체이기 때문에 더 그럴 것입니다. 저는 망개떡을 만나고 부터 의령여행을 다니면서 느끼지는 것 중에 하나가 군수님도 참 어려우시겠다...하는 것입니다.

이유인즉, 의령망개떡 역사가 60여년이나 되는데, 그리고 망개떡 매출이 년간 30~40억이라는데 아직까지 산림자원으로 지정한 망개산 하나 없고 망개 재배 체험장 하나 없습니다. 그러니군수님한테 망개 밭에서 망개떡과 망개 잎 소개를 부탁한다면 참으로 난감하시겠다. 그런 생각이 들었습니다.

그리고 같은 맥락이지만 의령망개떡 여행 중에서 떡집사장님과 꼭 통화를 하고 싶었던 것도 망개 잎을 채취할 때 함께 가서 촬영도 하고 망개잎에 대한 정보를 대중에게 알려주고 싶었기 때문입니다.

2021년 12월 현재 의령망개떡 업체는 총 9개 업체라고 합니다. 이에 비해 영광모싯떡 업체는 130개. 의령에서 의령망개떡을 성장시키려면 무엇보다 망개떡의 주인공인 망개(청미래덩굴)를 보호해야 하고 망개떡 업체들은 망개 잎에 충실해야 할 것으로 생각됩니다.

- 의령군에서 그동안 의령망개떡을 성장시키려고 여러 노력을 하셨습니다.

"의령문화원에서 발행한 2015. 3. 2 [의령소바와 의령망개떡] ① 32쪽 2011년에는 떡분야에서 최초로 지리적표시제 등록을 성공하였다. ② 또한 의령군 농업기술센터에도 망개떡 명품화 사업을 통해 망개나무재배단지와 팥 생산단지, 기능성 영안벼 재배단지 등 친환경원료 생산단지를 조성하여 망개떡 생산업체에 직접공급하고 있다."

그러나 사실상 망개나무재배단지를 소개 받지 못했고, 망개나무 뿌리(토봉령)를 한약재로 사용하기 위해 무분별하게 채취하는 등 망개 자원이 고갈되고 있습니다. 2015년 망개잎 평균 규격 지름 8CM 1개당 14원~15원정도가 2021년 8월 기준 19원~20원 정도다, 라는 말을 들었습니다.

반복되는 말이지만 자연을 재배한다는 것이 어디 그리 쉬운 일입니까? 재배가 더디거나 어려우면 보호하면 되는 것입니다. 그것이 결국 지역의 힘이 되는 것임을 더 늦기 전에 알았으면 좋겠습니다.

문학이 농사짓는 봉평

아크릴 : 50cm*50cm

문학이 농사짓는 봉평

아크릴 : 50cm*50cm

소설 [메밀꽃 필 무렵]을 읽고
내 맘대로 생각하는 메밀꽃여행

이효석(1907.~1942)

소설 [메밀꽃 필 무렵]이 발표될 때는 1936년 효석의 나이 30세였습니다.

<이효석작가연보>

이효석은 1907년 평창군 봉평면 창동리 273번지에서 출생하여 4세 때 (1910년) 부친이 교편을 잡고 있어 모친과 함께 서울로 이주. 6세에(1912년) 가족과 함께 봉평으로 하향 서당을 다녔으며, 8세에(1914년) 평창공립보통학교 입학. 14세(1920년) 평창공립보통학교 3월 졸업후, 서울의 경성제일고보에 입학. 이때 학적부 주소가 평창군 진부면 하진리 196번지 되어 있음. 장남 이우현의 중언으로는 11세(1917년)에 평창군 진부면으로 이사했다고 함.

효석이 봉평에 살았던 시간은 봉평에서 태어나 4세 때 어머니와 함께 서울계신 아버지께로 가기 전 4년과 6세 때 가족과 함께 봉평으로 하향하여 8세에 평창공립보통학교에 입학할 때 까지 2년을 합쳐 총6년 정도인 것으로 보입니다.

그것은 2020.4.6.일 현재 효석의 생가에서 평창군청까지 (평창공립보통학교가 있는 곳) 네비게이션으로 검색을 하면 약,36킬로미터가 나옵니다. 1914년 8세에 평창공립보통학교에 입학을 했으니 그 시절 봉평 생가에서는 약 100리가 넘었을 것입니다. 8세에 하루 200리길을 걸어서 학교를 다닌다는 것은 만만치 않는 일 이었을 것입니다. 효석이 나귀를 타고 등교를 했다면 나귀는 날마다 200리길 이상을 걸어야 했음으로 나귀의 철 신을 한 달에 두세 번 갈아 신겨야 했을 겁니다. 그리고 한 마리의 나귀로는 매일같이 평창을 오가는 효석의 등굣길을 감당할 수도 없었을 겁니다.

그래서 효석은 학교 가까이에서 유학생활을 시작했을 겁니다.(그때 효석의 아버지는 진부면장 이었다고 함)

효석은 8세 때 초등학교 입학 때부터 부모와 떨어져 외로운 생활이 시작되었고 주말이나 방학이면 봉평 집에 갈 수 있었을 것입니다. 효석의 생가에서 봉평면사무소가 있는 봉평장까지는 약 5리. 작은 개천을 건너고 큰 하천을 하나 건너야 합니다. 지금은 남안교가(효석의 생가마을 남안동과 봉평장을 잇는 시멘트다리) 놓여있고 그 위에 축제 또는 관광용으로 섶다리가 놓여있습니다.

아크릴 : 50cm*50cm

효석은 어떤 봉평장날에는 부모와 또는 서당 동무들과 함께 장터에 나와 장 풍경에 빠져들곤 하였을 것입니다. 막걸리 집에서 벌어지는 고함소리들... 어떤 집이든 꼭 필요한 땔감장작이며 풀나무와 숯, 밤이면 불 밝혀할 석유병, 장꾼들의 나귀숫자는 흔한 풍경이었을 겁니다.

서당을 다녔던 효석의 흰 화선지 같은 뇌리엔 모든 잡스러운 풍경까지도 저장되었을 것입니다. 봉평장에서 평창공립보통학교까지는 약 100리 (2020.4.1.현재34km) 효석은 봉평에서 진부와 대화장 까지를 육칠십 리 밤길이라고 했습니다. 2020.4.1.일 현재 대화면까지 네비게이션 검색의 거리는 17km 진부면까지는 22km.

사진 2020.3.30. 이효석 동상 평창초등학교 교정

　　효석이 평창공립보통학교를 졸업하고 경성제일고보에 입학 때 14살. 이때 학적부 주소가 1917년 평창군 진부면으로 돼 있었다는 기록을 유추해 보면 효석이 실제로 봉평에 주소를 두고 살았던 시간은 11살까지 정도로 추정됩니다. 효석은 8세에 평창으로 입학을 가면서 처음에는 부모와 함께 봉평 집을 찾았을 테고 그 다음 부터는 혼자서 오가는 일들이 늘어났을 것입니다. 그리고 부터는 어떤 때에는 늦어서 깜깜한 밤길을 뚫고 동네에 다다르면 반갑게도 깜박이는 불빛을 만나게 됐을 터이고, 어떤 때에는 산기슭에서 낮보다 밝

은 달빛에 기억나는 동심들을 떠 올리며 부모가 기다리는 집으로 발걸음을 재촉하였을 것입니다. 그러면서 장에서 보고 들었던 이야기들을 되새기며 걸었을 것입니다.

메밀꽃 필 무렵 중에서 "빚을 지기 시작하니 재산을 모을 염은 당초에 틀리고 간신히 입에 풀칠하러 장에서 장으로 돌아다니게 되었다."는 장돌뱅이의 애환, 한 번 빚을 지면 아무리 발버둥 처도 밑바닥 인생이 쉽게 끝나지 않을 것 같다는 고단한 장돌뱅이의 애잔하고 애틋한 언어들이 어린 효석에겐 얼마나 와 닿았을까요.

효석은 8세 때 평창으로 가서 14세 평창초등학교를 졸업할 때 까지 6년을 봉평면과 대화면 진부면을 수도 없이 걸어 다녔을 것입니다. 그래서 지리적으로 세밀한 체험이 있었고 심지어는 어느 고개 어느 개울가에 어떤 돌뿌리가 어느 정도로 올라와 있는지 눈을 감고 걸어도 훤하게 보일 정도였을 것입니다.

"장마에 흘러버린 널다리가 아직도 걸리지 않은 채로 있는 까닭에… 물은 깊어 허리까지 찼다. 속 물살도 어지간히 센데다가 발에 차이는 돌멩이도 미끄러워 금시에 훌칠 듯하였다. 나귀와 조선달은 재빨리 거의 건넜으나 동이는 허생원을 붙드느라고 두 사람은 훨씬 떨어졌다… 허생원은 경망하게도 발을 빗디뎠다. 앞으로 고꾸라지기가 바쁘게 몸째 풍덩 빠져버렸다 허우적거릴수록 몸을 건잡을 수 없어 동이가 소리를 치며 가까이 왔을 때에는 벌써 퍽이나 흘렀었다."

"발을 빗디뎠다."는 체험이나 체득이 있지 않고서는 도저히 서술 할 수 없는 이야기입니다. 효석은 초등학교시절 큰물이 지고 널다리가 쓸려가고 없는 개울을 무던히도 건넜을 것입니다. 널다리는 주로 강에서도 여울목에 해당하는 쪽에 많이 놓여 졌는데 여울목은 수심이 깊은 곳 보다는 얕고 강폭이 좁아서 거리가 짧기 때문이기도 합니다. 그렇기 때문에 비에 자주 쓸려 없어지고 하였습니다. 그런 물살이센 물길을 건널 때에는 조금만 잘못 디뎌도 몸은 쉽게 균형을 잃어 물살에 섞여 쉽게 떠내려갈 수 있습니다. 효석도 그런 물길을 건널 때 발을 빗디뎌서 퍽이나 흘렀던 경험들이 여러 번 있었을 것입니다. 그리고 그 광경들을 목격했을 것입니다.

그리고 아직 아동기와 청소년기 길목에 있는 효석은 벌써 흐르는 인생의 강을 진부장과 대화장 봉평장을 통해서 볼 수 있었던 것입니다. 장판에 무수히 나왔을 인생이야기들... 잠시잠깐 길을 빗 걸으면 나의 의지와 관계없는 길로 떠내려갈 수 있다는 것을 일찍이 알아 차린 것이었습니다.

효석이 봉평에서 평창까지 평창에서 봉평까지 걸었던 100리길은 효석에게는 소설을 쓰게 만든 또 하나의 자연속의 학교였습니다. "짐승 같은 달의 숨소리"는 달빛아래 길을 걸을 때 어머니의 따뜻한 언어로 달빛은 숨소리로 들려 왔을 것이며 "콩 포기와 옥수수 잎새가 한층 달에 푸르게 젖었다."는 100리 길을 아침부터 밤늦도록 무릎과 소매가 이슬과 소나기로 얼마나 자주 흠뻑 젖었으면 그렇게 생생한 이야기로 쓸 수 있었을까요.

오일 마다 열리는 봉평장날은 2일7일 대화장날은 4일9일 진부장날은 3일8

일 평창장날은 5일 10일입니다.

　봉평장에서 1936년 허생원과 조선달은 무명필과 주단과 천 조각을 파는 장돌뱅이친구로서 장사를 마치고 주막인 충주집으로 갑니다. 그곳에 가니 먼저술상을 받아놓고 있는 젊은 남자 동이와 마주치게 되고 충주집 주모에게 마음이 약간 있는 허생원은 동이에게 질투를 느낀 나머지 괜한 트집으로 훈계를 하며 동이의 뺨을 한 대 때리고 동이를 쫓아냅니다. 뺨을 얻어맞은 동이는 성질을 내는 듯 표정으로 박으로 나가버리고 뺨을 때린 허생원은 장돌뱅이로 서로 알고 지낸지가 얼마 안됐는데 혹시나 보복을 해오지 않을까 두려운 마음이 생겼습니다. 그런 중에 동이가 헐레벌떡거리며 황급히 허생원을 부르며 옵니다. 동이가 허생을 부른 것은 허생원의 나귀가 옆에 매어져 있던 나귀에게 암샘을 해 저 혼자 침을 흘리고 고삐가 풀린 채 발로 흙을 차며 몸이 젖도록 흥분한 상태로 땀을 흘리고 있는 것이 우스워 장판의 아이들이 장난을 치고 있었던 것이었습니다. 그래서 그것을 알려주려고 동이는 허생원을 데리러 온 것이었습니다. 그렇게 나귀의 소동은 진정되고 허생원과 조선달과 동이는 나귀와 함께 다음 장을 보기위해 좁을 길에 한 줄로 늘어서 걸으며 이야기를 하고 가는데 그 야기는 허생원이 조선달에게 들려주는 허생원 젊었을 적 꼭 한 번 경험했던 첫날밤 이야기로 시작되는 것이었습니다.

　봉평 객줏집토방에서 잠을 자려고 하는데 모기는 물어대고 너무나 무더워서 잠에 들 수가 없어 일어나 개울가로 목욕하러 나갔는데 주변밭들이 모두가 메밀밭이어서 소금밭처럼 하얗습니다. 장돌뱅이로 장에서 장으로 건너다니면서 햇볕에 까맣게 탄 허생원은 옷을 벗으면 거울 앞에서 목욕하는 거와 같은 심정이 들었을 것입니다. 그렇게 환한 메밀밭께서 밤에 세상에서 가장 밝은 조명(달)이 하늘에서 비추고 있으니 허생원은 민망한 마음도 들어 얼른 물레방앗간을 찾아들어갔습니다. 은근히 어두컴컴한 물레방앗간 안에는 물레방아가 돌아가는 음향 속에 봉평서 제일가는 미인이라고 소문난 성서방네 처녀가 물레방아 물 떨어지는 모습을 보며 처량하게 앉아서 울고 있었습니다. 얼떨결에 두 사람은 마주보게 되었고 어떻게 그렇게 되었는지 모르지만 시간은 깊은 밤으로 이어져 두 사람은 이럭저럭 이야기가 되어 첫 경험이 있었다는...

그리고 그날 밤 그 사람을 평생 가슴에 두고 장돌뱅이로 혹시나 만나지 않을까 찾아다니는 허생원... 장에서 장으로 가는 길은 산을 둘이나 넘어야 하고 개울을 건너야 함으로 허생원과 조선달과 동이의 이야기는 끊어졌다 이어지곤 합니다.

개울을 건널 때 허생원은 발을 빗디뎌 흐르는 세월 속에 풍덩 빠져 쓸려 내려가면서 밤물의 차가움을 뼈에 사무치게 느꼈을 때 계절은 어느덧 여름을 지나서 가을에 와 있는 것 이였습니다.

하얗게 핀 메밀꽃이 갈색별을 닮은 씨앗으로 영글어가는 길에서 조선달은 앞서가고 허생원은 총각인 동이와 대화를 나눕니다. 어머니는 제천에서 달도 차지 않는 아이를 낳고 집에서 쫓겨나 의부를 얻어 술장사를 시작했는데 그 의부가 날마다 칼 들고 때리는 가정폭력에 못 이겨 살기위해 18살에 도망 나와 장사를 하고 다닌다는 동이. 이어서 허생원은 동이 어머니 고향을 묻게 되고 동이는 봉평이라고, 들었다고 합니다. 이어 허생원은 달도차지 않아서 낳은 아이의 아빠를 어머니가 보고 싶어 하는지 확인하고 동이를 따라서 제천으로 가는데 이때 동이의 나귀 채찍은 왼손에 있었다는....

이효석의 [메밀꽃 필 무렵]은 봉평에 살고 있는 성서방네 처녀가 집안의 가산이 기울어져서 내일이면 어떻게 될지 모르는 급박한 상황인데도 들녘은 온통 메밀꽃이 만발한 계절의 밤. 달은 시집갈 처녀가 분칠한 것처럼 밝아서 처녀는 물레방앗으로 들어가 물 떨어지는 소리로 울고 있는데 때마침 장돌뱅이 허생원이 개울가에 목욕하러왔다가 주변이 너무 밝은 나머지 물레방앗으로 들어오게 되고 총각 처녀는 그곳 물레방앗간에서 첫 일을 치르게 되었는데, 다음날 성서방네 처녀는 온데간데 없이 사라지고... 세월은 20여년이 흘러서 물레방앗간에서 첫 경험이 있었던 그날 밤 일로 동이가 태어났다는 것. 동이는 지금 허생원과 함께 아니, 동이는 지금 아버지와 함께 어머니께로 향하고 있습니다. 동이의 소망은 어머니를 모시고 봉평으로 가서 살고 싶다는 것으로 해피엔딩 됩니다.

이효석선생은(묘지는) 1998년 영동고속도로 확장공사로 봉평면인근 장평리에서 이장되어 경기도 파주시 동화경모공원묘지에서 쉬고 있습니다.

파주 동화경모공원 2018

문학이 농사짓는 봉평 여행~

저는 마흔 살이 두세 살 모자랄 때 2000년도쯤 메밀을 사러 봉평에 왔었습니다. 그때쯤에는 고기 굽는 숯이 생활용품 숯으로도 유행을 하고 있을 때였습니다. 그 무렵 저는 고향에서 참나무와 대나무 숯을 구워 숯 사업을 잠깐 할 때로 베개에 숯과 메밀을 넣어서 만들면 좋겠다는 생각이 들어 강원도 봉평농협으로 메밀을 사러 왔었습니다. 그게 벌써 20여 년 전에 일입니다. 그렇게 저는 봉평메밀과 인연이 되었습니다.

그리고 10여년 뒤 지역농업자원에 대한 여행을 하면서 여러 번 봉평을 찾게 되고 우리나라 메밀 총생산량이 어느 정도 되는지 메밀전문가공공장인 봉평농협을 찾아서 여쭤보니, 우리나라 메밀 총 생산량은 400톤 정도라고 했습니다. 강원과 육지에서 약 100톤 제주 지역에서 300톤 그게 벌써 6~7년 전 일이 되었고 그때 봉평농협 메밀가공장에서는 1년에 80톤 정도를 메밀제품들로 가공한다고 했습니다.

봉평에 메밀가공장이 여러 개 있는 것을 감안하면 메밀의 고장이 틀림없다는 생각을 하게 되었습니다. 메밀의 전체통계는 농림축산식품에 가면 있을 수도 있지만 사실과 다를 수 있기 때문에 저는 때로는 현장의 통계를 우선적으로 믿기도 합니다. 그 이유는 농민들이 씨앗을 파종함과 동시에 면적단위로 계산되어 생산물량으로 잡히는 경우가 있기 때문이기도 하지만, 씨앗을 뿌리고 결실을 거두지 않는 축제용지와 관광용지도 생산물량으로 잡히는 경우가 있기 때에 오차가 크게 나올 수 있는 것입니다.

몇 년 전 봉평면사무에 갔습니다. 면사무소에 가서 봉평지역에 메밀이 얼마나 재배되고 되는지 문의하는데 직원 분은 메밀에 대한 현황이 없다고 했습니다. 도시의 동사무에서 동의 주민들이 몇 명인지 동장이 누구인지 반장이 누구인지 동네에 어떤 건물들이 있는지 알 수 있는 것처럼 일반적인 농산물 재배현황도 그 지역 행정에서 관리를 하고 있는 것인데 봉평면에서는 벌써 수년 전부터 메밀 업무를 보고 있지 않았습니다. 이 일은 우리농업에 있어서 대단한 사건이 되었습니다. 농업국가에서 이제는 문학이 농사를 짓는시대로 진입한 것입니다. 소가 쟁기질하고 나귀를 타고 다녔던 시절의 농업에서 경운기 트랙터로 논 갈고 밭을 갈아 퇴비주고 농작물에게는 헬기 비행기로 영양제 공급까지… "번갯불에 콩 구워먹는다." 속담도 있듯이 세계의 생산된 농산물들이 비행기타고 각국으로 배달되는 이미 그런 농사를 짓는 세상을 우리는 살고 있는 것입니다.

먹으면 배 부르는 식사...배만 채우기 위한 식사는 "호랑이 담배피던 시절"과 같은 과거가 되었습니다. 21세기의 식사는 위에서 느끼는 포만감에 앞서 가슴으로 음식재료들의 향기를 맡고 머리에서 느껴지는 식감이 오면 이때 음식을 먹기 시작합니다.

봉평의 메밀농사는 1999년 (사)이효석선양회에서 제1회 봉평메밀꽃축제를 개최하면서 농가와 계약재배 3여만 여 평을 시작으로 매년 재배면적이 늘어나고 있습니다.

2019년도에는 25만여 평에 메밀을 심어 메밀제품인 메밀쌀 메밀가루 메밀부침가루 메밀묵 메밀국수 메밀차 등 먹을거리와 문화예술행사가 어울려져 축제기간동안 관광객 40만이 찾았다고 합니다. 봉평면인구는 2020년3월말 기준 5,697명으로 메밀음식점이 21곳 인구270여명마다 메밀음식 전문점이 있는 셈입니다.

봉평은 이효석이 지면위에 메밀 씨를 심어 문학의 꽃을 피웠고 이효석 선양회에서는 흙에 메밀 씨를 심어 꽃을 피게 했습니다. 벌들이 날아와 꿀을 먹고 나비는 날아와 춤을 추는 봉평은 문학이 농사를 짓는 곳입니다.

- 3월12일 강원도 봉평에 왔다가, 코로나바이러스감염증-19(COVID-19)로 사회적 거리두기가 계속되어 남안교 밑 하천주차장에 주차한 후 4월5일까지 사회적 거리두기(코로나-19)가 풀리기를 기다렸습니다. 그러나 오히려 세계적으로 극성을 부린 탓에 사회적 거리두기가 더 연장되어서 강원도 일정을 모두

접고 4월 6일 함양 논개 묘지로 조심스레 내려갔습니다.

봉평 메밀묵 　　　　　봉평 메밀밥(메밀밥은 미끌미끌 합니다)

봉평 메밀전병

제주여행~
음수사원 飮水思原

아크릴 : 41cm31cm

이호태우해변 쌍원담

제주 이호태우해변 쌍원담 2018 :

제주 이호태우해변 쌍원담 2018

이호태우해변 쌍원담 샘물2018

삽화 : 한라산과 산방산

모슬포항에서 본 산방산과 한라산2017 : 사진

모슬포항에서 본 산방산과 한라산2017 : 유화53cm33cm

한라산은 해발1947미터

제주개발공사는

한라산의 허벅지인 해발 440미터에

1995년 삼다수 공장을 착공하고

한라산의 발목인 420미터까지

지하로 뚫고 내려가 물을 끌어올려

1998년 삼다수 시판

제주삼다수는 황제펭귄의 알처럼

한라산이 품고 있는

해발 20미터에 떠있는 공중의 샘으로

약 6500개의 관정이 꽂혀있다.

2017년 제주여행 때 제주 A라디오와 전화인터뷰를 한 일이 있었습니다. 그때 저는 "제주특별자치도 제주개발공사에서 운영하고 있는 삼다수는 제주 농업에 사활을 걸고 투자를 해야 됩니다, 그렇지 않고 이대로 10여년이 흐르면 제주도민들 중에서 삼다수가 아닌, 육지의 물을 주문하여 마셔야 할 것이다"라고 말 한 적이 있습니다. 그때 제 말끝에 기억나는 아나운서 말씀이 있었는데 충격적이다, 라고 하셨습니다.

삼다수는 바다로부터 해발(지상) 20미터 높이에 있는 공중의 샘입니다.
그렇기 때문에 육지의 수자원관리 보다 제주특별자치도청은 물에 대한 세심한 배려가 개발보다 더 필요하다고 생각 합니다.

바닷물이 나가면 이호테우해변의 용천수는 솟아 바다로 합류되는데...

제주도를 가서

이호테우해변의
용천수를
제주옹기로 담아
한라산의 혈액 같은 제주의
생명수를 마셔보게 되었습니다.

또 용천수를 길어와
제주 오일시장에서
준비한 먹을거리로
제주옹기에 담아
꿈같은 식사를
하게 되었습니다.

김 진 작가가 빚은 제주옹기 2018

제주옹기는

유약을 바르지 않고 굽는다, 저는 그렇게만 듣고 알고 있었는데요. 왜 그런지 그 궁금증에 2020.1월29일 제주도청에 전화문의를 했고, 연결해주셔서 (익 명)님과 통화를 하게 되었습니다.
그리고
- 2020.2.3.(월)

안녕하세요. 익명님이 보내주신 옹기에 대한 글 잘 읽었습니다. 그런데도 여전히 궁금증이 남아서 또 전화를 드렸어요.

첫 번째는 제주옹기를 빚을 때 어떤 흙을 사용하는지 하구요, 두 번째는 그릇을 구울 때 보통은 유약이라는 것을 발라서 구워낸다, 전통도자기 같은 경우, 그렇게들 알고 있거든요. 세 번째는 옹기의 재료 점토라든지 찰흙이라든지 채취할 흙 밭의 환경은 어떤지, 예를 들어 제주옹기를 빚는 흙 밭이 없어져서 육지의 흙을 배로 싣고 들어가는 일이 생기지는 않을까 자료를 보니, 그런 염려도 생기더라고요.

"제주에서 그릇을 빚을 수 있는 흙이라고 하면 '고냉이촌 흙' 고냉이가 고양이 인데요"
- 고냉이가 제주말로 고양이...
"네 네, 고양이를 일컫는데, 고양이 등가죽처럼 띠가 형성돼 있다 해서 고양이촌 흙이라 이야기를 합니다. 점력이 있는 흙밭에서 출토를 한 흙의 단면을 잘라보면 노란색하고 회색이 섞여있어요"

- 일종에 화산재 같은 건가요

"화산재는 아니고요 보통은 화산토라 얘기들을 하는데, 점력이 있는 그릇을 만들 수 있는 흙은 화산토가 아닌 비화산토라고 얘기를 합니다."

- 비화산토요...

"네 네 보통은 비화산토라고 하면 점성이 없고 가볍고 바람에 흩날리는, 잘 부스러진다는 얘기죠"

- 네 네

"근데 저희가 쓰는 흙들은 일단은 물이 형성 돼 있는, 가둬진 흙 이죠"

- 아

"보통은 찰흙이 물과 같이 있는 곳이 많잖아요, 점력이 형성되려고 하면 그렇게 형성된 흙이고 이게 전문적으로 더 올라가게 되면 우리가 쓰는 흙들은 기존의 화산섬이 되기 전에"

- 아...

"예 예 화산섬이 되기 전의 원토로 되어 있는 거죠"

- 그러니까 화산섬이 되기 전 태초부터 있었던 흙

"예 예 그렇습니다"

- 아 그런 흙들이 제주옹기의 재료가 되는 거군요

"그렇죠"

- 그러면 화산재하고 별로 관계가 없는 건가요

"예 예, 근데 아마도 전혀 영향이 없진 않을 거구요"

- 네 네

"왜냐면 여러 가지 자연의 풍화작용으로 오랜 세월을 지나다보면 충분히 영향을 끼칠 수 있다고 생각해요 그래서 철 성분이 많다고 말씀을 드렸잖아요."

- 네 네

"그런 부분도 오랜 시간이 지나면서 흙의 원성분에 그런 것들이 침투되고 같이 유기물이 화합되고 이런 과정에서 분명히 영향을 끼쳤다고 생각합니다."

- 그러나 옹기 흙의 주재료는 화산재와 관계가 없는 비화산토다...

"네 네 그렇죠."

- 두 번째는 전통도자기 같은 경우 유약을 발라서 굽는다 이렇게들 알고 있잖아요.

"네 네"

- 제주옹기는 유약을

"유약을 바르지 않죠."

- 저는 이 부분이 궁금해요 재미있기도 하구요, 왜 그렇죠?

"저 역시도 제주옹기를 처음 접할 때 이 부분에 대한 기록이 나와 있는 것이 없었어요. 그 다음에 실질적으로 가마를... 보통은... 제주옹기 복원이 2000년대 들어오면서 본격적으로 시작 했거든요"

- 아 네

"그전에는 60년대 말까지 옹기를 생산하고 사용 하다가 완전히 맥이 끊긴 상태였습니다. 저희가 복원 작업을 하면서 20년이 지났으니까 그 사이에서 되게 궁금했던 게 저 역시도 그 부분이었어요."

- 예 예

"근데 그때 당시만 해도 많은 분들이 돌아가셨고 해서... 이걸 제주 전 지역을 통해서 불을 땠거나 이 작업을 하면서 느낀 것은 왜 유약을 칠하지 않고 적정온도가 올라갔을 때 보통은 저희가 백자나 청자를 유약을 칠하지 않고 구워 냈을 때에는 물이 투습이 되는 경우가 있더라구요."

- 유약을 바르지 않았을 때

"예 예 그냥 그릇의 형태를 만들고 고온에서 구웠을 때 물이 그릇 안으로 스며드는 경우가 많더라구요."

- 제주옹기가요

"제주옹기는 유약을 칠하지 않았을 때 그렇지 않았는데 왜 이렇게 될까 저 역시도 풀어 가는데 되게 궁금해요."

- 아 네

"어느 누구도 안 알려줘요, 그래서 다양한 방법으로 예를 들면 어떤 거냐 하면 전통 가마 불을 때다보면 온도가 일청치가 않아요."

- 그렇지요

"어떤 때는 보면 저희가 생각했던 것보다 온도가 안 올라 갈 수도 있고 또 과하게 올라가서 더 많이 구워지는 경우도 있고 이런 과정들을 여러 차례 반복하다보니까 가마도 덜 구워졌을 때에는 마찬가지로 물이 투습하는 현상이 생기구요."

- 제주옹기가요

"예 예"

- 그렇지요 흙이 완전히 익지 않는 상태가 되니까요

"예 예 근데 어느 정도 정적 부분까지 올라가니까 유약을 안 바르고 구운 상태에는 일단은 원토의 성질이 고스란히 그릇 안으로 재가 들어가지 않기 때문에 구워질 때 일부러 그릇을 쌓는 방법을요 윗 뚜껑 부분이 막히게끔 재임을 합니다. 재임을 할 때"

- 아 제주옹기는요,

"네 네, 그래서 그릇 안에는 완벽하게 작은 미량의 재도 안 들어 가게끔..."

- 그러면 옹기 안은 검정색이 아니라 황토색일수도 있겠네요.

"붉은색으로 됩니다. 완전히 붉은 색으로"

- 모든 제주옹기는…

"예 예 그렇죠. 제주의 모든 옹기의 속살은 붉은 색을 띱니다."

- 예전부터 그랬나요.

"예 예 그렇죠."

- 제가 본 작은 그릇들은 까맣더라구요

"작은 그릇은… 가만 것은 그게 아마 검은 그릇을 보신 거 같아요. 제주도 옹기 중에 두 가지가 있는데 검은 그릇 노랑그릇으로 나뉘어지는데"

-노랑그릇도 유약처리 한 것처럼 철 성분이 다 녹아내린 건가요.

"그렇죠. 노랑그릇이 높은 온도에서 구워져 가지고 붉은색을 띠는 거구요"

- 네 네

"검은 그릇은 온도가 낮은 상태에서 보통1,000도에서 연기가 스며들어가 지고"

- 기와…

"예, 예 맞습니다. 지세 그릇 이라고도 합니다. 옛날에 기와를 '지세'라고 했었습니다. 그래서 지세 그릇이라고 얘기를 하는데 그 두 가지가 있어요. 제주옹기는 대표적으로"

- 그래서 저는 안 익은 옹기가 붉은색인줄 알았어요.

"아, 아주 잘 익은 옹기도 검붉은 색을 띠죠, 잘 익으면"

- 그러니까 검은 옹기는 옛날지세처럼 검다 그거죠

"예 예 그렇죠. 아예 까맣습니다."

- 그래서 어쨌든 그릇 안에는 붉은색이 나는데 철성분이 녹아내리나요.

"아니요 그러지는 않습니다."

- 겉에만...

"예 예 저도 이런 부분을 공부를 계속해야 되는 부분이기도 한데 똑 같은 그릇인데도 불이 통과하지 않는, 그러니까 온도에 의해서 완벽하게 그 흙으로 구워진 원토의 색상인 붉은 띠를 띠구요. 그 담에 겉에 불길이 돌아가면서 나무의 재나 이런 것 들이 날려서 그릇표면에 앉았을 경우는 다양한 색으로 변화되죠."

- 네 네

"색의 변화는 주로 저희가 오랫동안 작업을 해보면 땔감, 어떤 땔감을 썼느냐에 따라서 색이 차이가 나는 것을 볼 수가 있습니다."

- 그렇죠. 나무에 따라서 온도가 달라지고 재도 달라지니까

"네, 그렇게 되는 거 같아요."

- 아무튼 철성분이 많아서 철성분이 녹아내린다,

"그게 유약역할을 한다는 거죠 저는, 제가 내린 결론은 그겁니다. 왜냐면 이 부분에 대한 것은 제가 도자전문가라 하시는 분들한테도 이런 상황이 벌어지는 것에 대해서 여쭤워보고 저도 모르는 건 공부를 해야 되니까 직접적으로 이걸 경험해보지 못하신 분들은... 조금...제가... 대답을 들을 수가 없었어요."

- 아마도 우리나라에서 얘기 해주실만한 분이 안 계셨을 거예요

"(웃---음)그래서 그냥 저는 제 나름대로 공부하고 실패하는 과정을 통해서 토양부분에 대한 것도 주로 알아야 하니까 제주의 원토 자체가 어떻게 형성되고 이런 것을 전부 공부하면서 결론내린 것은 그거였어요, 아 이게 일반적으로 재가 묻어서 되는 것만이 아니고 흙성분이 자연스럽게 재와 그다음에 온도와 불과 이렇게 만나서 적정온도가 되어 녹아내리면서 유리질화 되는 게 아닌가."

- 네 그렇군요. 그럴 것 같습니다.

"네 네"

- 육지 흙하고 달리 녹는점이 다르다고 하던데요

"예 예, 녹는점은 보통일반 작가 분들이 얘기하실 때는 온도. 녹는점이 낮을 거라는 얘기를 하세요, 얘기를 하다보면. 그런데 제가 경험한 제주원토의 녹는점은 생각보다는 높습니다."

- 그래서 그 역할은 철분이다 이렇게 생각하시는 군요

"예 예 그렇게 생각합니다."

- 세 번 째 이야기는 제주 옹기토 즉, 환경문제 같아요, 옹기의 재료 점토라든지 찰흙이라든지 채취할 흙 밭의 환경이 어떠한지요.

"예 예"

- 그러니까 예를 들어 흙 밭이 없어져서 육지의 흙을 배로싣고 들어가는 일이 생기지는 않을까 자료를 보니까 이런 걱정이 되더라구요.

"지금 이미 도내 작가들이 도자작업을 하는데 제주 흙을 쓰고 싶어도 못 쓰는 상황이구요."

- 그럴 것 같더라구요.

"그래서 80~90%, 거의 95%이상이 육지에서 도자토를 불러서 작업하는 게 보편적으로 되어 있구요, 저희같이 전통작업을 어쩔 수없이 해야만 되는 부분들은 기꺼이 그 힘들 걸 감수하고라도 제주 흙을 구입해서 쓰는 환경인데 지금, 원래도 제주 흙이 점력 있는 흙이 많이 나지는 않아요."

- 그럴 것 같아요.

"그래서 제주도 지역에서 서부지역 일부분만"

- 그 지역에 해당되는 곳이 어디지요

"네, 서부 쪽에 대정읍, 무릉, 신평, 그담에 서쪽 끝이 고산인데 고산일부지역, 그러니까 제주도의 동서남북으로 갈랐을 때 서남쪽 일부분에서만 이 흙이 나거든요"

- 서남쪽...

"예 예 그 지역에서만 흙이 나기 때문에 옛날도 제주옹기 모든 생산은 이 지역에서 생산이 됐어요."

- 아, 네...

"이 지역에서 생산된 옹기들이 제주 전지역으로 전부 퍼진 거죠."

- 그 다음에 제가 제주도청에 전화를 했었어요, 옹기 자료를 얻고 싶어서요.

"네 네"

- 그런데 제주옹기에 대하여 말씀해 주실 전문가가 안 계신 것 같더라구요.

"도청에 계신 전문가를 말씀하신 건가요"

- 아, 그러니까 행정에서 문화를 주관하는 부서가 있게 마련이잖아요

"예 예"

- 그런데 옹기에 대하여 답해줄 분이 안 계시더라구요.

"그런가요."

- 보편적으로 지자체마다 있거든요 분야마다 문화를 담당하는 주무부서가 있어서 정확한 자료를 가지고 있는데 제주도청은 없더라구요, 그래서 앞으로 제주옹기의 문화를 이어가는데 많은 애를 먹겠다, 문화하시는 분들이... 그 담에 도시자 뭐 이런 분들이 신경을 써야 될 곳에 신경을 쓰지 않고 있구나, 이런 생각을 갖게 되었어요.

"그 부분은 잘 보신 것 같아요 도청 어느 부서에 전화를 하셨습니까."

- 저는 콜센터 전화로 연결을 했는데요.

"아 그러셨구나."

- 저는 전국의 이런 저런 곳을 다니는 편이라서요.

"예 예"

- 그래서 조금은 행정 돌아가는 것을 아는 편이라고 생각하고 있는데요.

"예 예"

- 제주도는 개발 쪽만 너무 앞서가고 전통문화 쪽은 뭐랄까 단계가 하나도 없이 현대화화만 되고 있고 너무 어설퍼요

"제주도청에 문화재 부서가 있긴 해요, 세계유산본부로 통합이 되면서 그런 것 같아요"

- 제주옹기의 흙 밭 자체가 없다, 사실은 이정도 인거죠

"흙 밭이 없다고 봐도 되죠, 왜냐면 제가 쓴 글에도 보면 잠깐 언급을 하기는 했는데 기존의 흙 밭 들이 거의 사유지화 되다 보니까"

- 네...

"흙 밭이 있는 곳을 짧은 시간에 개발한다고 하다보니까 외지에 자본들이 들어오면서 한꺼번에 어느 날 갑자기 다 없어버린 상황이 된 거예요 그리고 저희 같은 사람들이... 사실은 농사에도 불필요한 흙이거든요, 이 흙이"

- 농사에도요

"네 왜냐면 이 흙은 물 빠짐도 안 좋고 농사를 망치는 흙이기 때문에 농사짓는 입장에서 이 흙을 없애야 좋거든요. 그래서 이제 저희가 거기에 접근해서 흙을 구하려고 해도 이게 갑자기 개발붐이 불면서 제주도가 흙이, 흙이 많이 고갈된 상태래요. 예를 들어 건축을 하기 위해서도 잡토죠, 잡토. 대지를 높이려고 해도 항상 흙이 모자라니까, 저희한테는 황금 같은 흙이지만 뭐 일반인들 눈에는 그저 뭐 잡토일 뿐인 거예요."

- 약간은 진흙 같아서…

"예 흙 값도 너무 비싸서 저희가 감히 접근을 못해요

- 아무튼 제주도청에서 관리하는 옹기토 지구는 아예 없는 거예요

"전혀 없습니다, 그래서 저희가 그런 부분은 10년도 더 된 거 같아요. 이걸 개인의 힘으로 할 수 있는 상황이 아니기 때문에 이거는 도에서 전통자원보존이라든가 그런 측면에서 접근을 해서 관리를 하고 일정부분은, 정 안되면 도에서 옹기토 지구를 매입해서라도 보호를 해줘야 되는 부분이 아닌가… 근데 전혀 뭐 전혀요…"

- 네… 저는, 제가 할 일은 익명님께서 말씀하신 그대로를 옮겨 책으로 쓸게요.

"예 예 고맙습니다. 그래주시면 저희가 열 번 얘기한 것 보다 선생님 같으신 분들이 한번 얘기해주시는 것이 효과는 더 크지요"

- 전국 어딜 가나 전통하는 분들은 늘 배가고파 있더라구요.

"(웃음---)

2020.2.3. 14시

우도 땅콩여행~

2018년 5월 우도 천진항에 내려 천진항에 세워진 아치를 배경으로 기념사진을 찍으니 아치에 새겨진 글이 "섬속의 섬" 그리고 아치 벽에 우도의 농산물 우도땅콩아이스크림을 홍보하는 심벌이 새겨져 있었습니다.

우도는 2004년부터 여행을 다니고 있지만 최근 몇 년 전 부터는 관광지라기보다는 의도적인 여행지이기기도 합니다.

우도땅콩/ 우도땅콩아이스크림   2018.5.19

〈우도면사무소, 섬의 유래 : 우도면은 조선조 숙종 23년(1697년) 국유목장이 설치되면서부터 국마를 관리하기 위해 사람들의 왕래가 있었고 헌종8년(1842년) 입경허가, 헌종10년(1844년)에 김석린 진사일행이 정착하였으며, 1900년 경자년에 향교 오유학 선생이 연평으로 망명하였다.〉

"물소가 머리를 내민 모양"이라는 우도는 2019년 현재 1007세대에 주민은1862명. 우도를 찾는 관광객이 1년에 200만 명이라는 신문 방송 뉴스가 있습니다.

우도는 해안도로를 따라서 한 바퀴 돌면 17km. 우도를 찾는 관광객 200만 명은 우도에서 무엇을 찾고 무엇이 보고 싶어 방문하는 것일까. 또 우도주민들은 어떤 이야기들로 세상 사람들을 초대하고 있는 것일까? 저는 제 나름 우도여행을 하면서 곰곰이 쌍방의 입장이 되어보았습니다.

먼저 우도를 가면 무엇이 유명할까? 우도의 대표 먹을거리는 무엇일까? 1천여 가구에 1800여명이 사는 곳에 매년 200만 명이 방문한다는 이 현상이 주민들에게는 또는 관광객에게는 과연 축복일까 재앙일까? 지금 우도에서는 서로를 진단할 필요가 있다... 제가 저에게 묻고 답한 내용의 요지입니다.

전국을 여행하다 보면 다양한 여행친구들을 만나게 됩니다. 우도 이야기도 그렇게 시작이 되었습니다. 2016년 늦여름 해운대 미포에서 만난 한 무리의 사람들이 있었는데 그중 한 사람은 다큐사진작가입니다, 또 한사람은 우도가 좋아서 농사지으러 우도에서 살고 있다고 했습니다.

그리고 이어진 우도농사이야기...

"밭 테두리에 들풀들을 두고 철철이 피는 풀꽃들이 바람과 펼치는 향연을 보며 농사짓고 있는데... 옆 밭주인들이 난리예요 밭 둘레와 돌담사이에 풀을 자라게 나두면 풀은 씨앗을 맺게 되고 그 씨앗들이 바람을 타고 자기 밭으로 날아와 풀밭이 된다, 왜 피해를 주느냐 그렇게 농사지으면 안 된다, 농사지으러 갔다가 싸움직전까지 갔고, 계속 농사를 이어갈지 갈등에 있습니다." 라고 우도에서 농부로 살고 싶었던 사람은 하소연을 했습니다.

저는 2020년 2월 3일 오후 다큐사진작가 분에게 전화를 했습니다.

- 잘 계셨지요 늦었지만 새해 복 많이 받으세요.
"네 반갑습니다. 지금도 여행 중이시죠."
- 네 덕분에 재미지게 다니고 있지요. 지난번에 우도 농사짓는 분 전화번호 여쭤봤잖아요.
"네 그때도 전화번호 알려드렸잖아요."
- 네 그러셨지요. 그런데 전화를 일부러 안 드렸어요.
"왜요."
- 혹시 제가 쓴 글로 인하여 나중에 피해가 갈지 몰라서요.
"아 네...
- 그 분 지금도 우도에서 농사짓고 계신가요."
"그게... 지금은 우도를 나와서 다른 지역에서 농사를 짓고 있어요..."

우도에서 농사는 이렇듯 개인이 가진 밭이라도 혼자서 마음대로 창작해 낼 수 있는 곳이 아닌 가봅니다. 이제 우도에서 농사는 혼자서 발표할 수 없는, 협업인 오케스트라 공연으로 거듭나야할 중대한 갈림길에 서 있는 것입니다. 우도에서 생산된 쪽파 등의 씨앗들이 육지로 판매되어 나가고 우도면적 605ha에 매년 200만 명이 관광하고 간다는 사실을 잘 이해한다면 우도의 농업환경은 바뀌어져야 할 것입니다.

저는 우도여행 중에 우도출신 공무원과 이야기를 나누게 되었습니다.

2017.2.24. 우도

- 제가 만약 도지사라면, 제가 만약 면장이라면 우도주민들께 들꽃이 피는 농사를 지읍시다, 라고 제안하고 설득하겠습니다. 그리고 주민들과 함께 우도를 그렇게 만들어 가겠습니다. 세계에서 가장 아름다운 들꽃 밭으로...밭에서 들꽃들이 춤추는 우도주민들은 계절마다 피어나는 꽃들에 대하여 우도에 오시는 분들께 낭송해드리겠습니다. 그렇게 되면 우도의 농산물과 수산

물을 이 세상 많은 벌 나비들이 찾아와 꿀을 먹듯 담아갈 것입니다. 제가 만약 도지사라면, 제가 만약 면장이라면 우도를 들꽃 밭으로 만들겁니다. 우도는 그럴 가치가 충분히 있으니까요.

그분은 제 말을 듣고 곧 화답을 하셨습니다.
"말씀은 그럴 싸 한데요, 현실은 그렇지 못 합니다 현실은 혈실이니 말이죠, '공무원이면 그 딴소리 말고 육지 나가서 땅콩이나 쪽파를 팔아와. 그래야 주민이 먹고 살지 그게 면장이 할 일이야' 이렇게 나올 거예요."
저는 그 답을 듣고 그냥 맥이 확 풀려버렸습니다. 가상이라도 대안을 마련해서 다함께 잘 살아보자고 설득할 수는 없었을까? 나의 생각은 현실적으로는 모두가 거품 뿐이로구나, 우도 앞 파도에 일었던 물거품. 그게 나의 생각들이었구나. 혹은 허공에 흐르다가 사라지는 허무한 구름. 그것이 내 소신이었구나. 어쩐지 괜한 일을 벌이고 있다는 생각에 모두에게 죄송한 마음도 들었습니다.

그러나 그분이 하셨던 말씀 중에는 중요한 이야기가 있었습니다. 지금 우도바다는 '어족자원이 고갈되어가고 있다' 저는 이 말씀에 2017년 김녕에서 뵈었던 농부이면서 어촌계 일원의 말씀이 떠올랐습니다. 그 분도 어촌자원 감소에 대한 말씀을 했었습니다. 덧붙여 어촌자원고갈의 문제는 밭에서부터 내려온다고...

우도 밭(㏊)면적 약 100만평에 년 몇 차례 뿌려지는 화학적 비료 등을 물량으로 계산하게 되면 어족자원이 왜 감소되는지 추정할 수 있습니다.

우도는 단순히 밭에 작물을 심어 개인의 농가소득으로만 한정짓기에는 너무 아까운 자연환경입니다. 제주도민들에게, 우도주민들에게 준 축복의 선물입니다. 공익적 가치가 매우 큰, 200만 명이라는 거대한 관광객들이 몰려오는 천혜의 자원을 두고도 그 가치를 충분히 살리지 못하고 있는 게 지금 우도의 현실입니다.

  거듭 제가 만약 면장이라면, 우도주민들께 우도 자치 법을 만들자고 제안하겠습니다. 제안을 드리면서 지금 우도 식수가 제주에서 이어진 상수도가 아니라 우도봉 아래 있는 우도저수지물을 식수로 사용한다고 가정을 해서 말씀 드려보겠습니다. 그리고 또 하나의 저수지가 우도면사무소 아래에 있으며 그 저수지 물도 식수로 사용하고 있습니다. 그렇게 되면 식수원의 근원은 저수지 위에 있는 밭이 되는 겁니다. 하늘에서 내리는 비가 밭으로 내려서 흙에 스며들어 지하수로 모이게 되고 또 비는 지상의 흙을 타고 저수지로 고이됩니다. 그리고 넘치면 바다로 가게 되는데, 모든 생명은 물이 없으면 마르게 됩니다. 우리의 삶도 함께 마르게 되지요.
  우도에서 살아가는 삶이 백년 천년 변함없이 건강하게 이어지길 바란다면, 우도 자치 법을 만들어 우도방문자들한테 우도관람권 또는 우도 밭을 구경하는 일종의 저작료를 받습니다. 대략1인 당 5,000원 정도를 받게 되면 약 100억 원. 이중에서 30% 정도는 들꽃이 피는 땅콩 밭 등에 사용하고 나머지 70% 금액은 꽃과 꽃말에 대하여 안내하는 직종을 만들어 일자리창출 을 합니다. 또한 우도에서 자생한 약초며 나물로 떡을 하고 차(茶)를 만들어 관광객들한테 선 보인다면 우도는 틀림없이 세계에서 가장 아름다운 힐링의 여행지가 될 겁니다.

또 하나, 물론 우도에서 운영 되고 있는 차량 등에 대해서도 적정부분 통제하고 운영되는 횟수에 따라서 적정한 비용이 산정돼야 할 것입니다. 그리고 우도 밭을 〈국립 밭(田)우도〉란 이름으로 국립보존지역 밭으로 만듭시다, 라고...제가 만약 우도면장이라면 주민들께 이렇게 제안하겠습니다.

우도에 파도가 많이 칩니다.
바다가 파도를 치는 건 바다도 균형을 잡기 위해서일 것입니다. 바다도 하루하루를 힘차게 걸어 나가는 중인 것 같습니다.

지구상에서
들풀과
들꽃과
경쟁하며
살아가는
유일한
동물은 인간

들풀과
들꽃과
경쟁하는 사회가
꽃을
꽃향기를
꽃씨를
가로 막으면
그 사회는
상여 꽃과 같은
처지가 될 것입니다.

2018.5. 우도

들꽃과 같이 자란 우도땅콩을 먹고 싶습니다.
달콤한 우도땅콩 아이스크림을 먹고 싶습니다.

울릉도 돌 외 여행에서 생각한 나리분지에 [국립 밭 나리분지]제안

2010, 5,22

2010, 5,22 울릉자생식물원 앞

울릉도 돌 외 여행에서 생각한 나리분지에
[국립 밭 나리분지]제안

2018,6,18 오전 4시 50분 울릉군 북면 딴섬 일출

울릉 딴섬 일출 유화 : 53cm 33cm

오늘이 2022,1,4. 화요일 오전 6시...

어제도 그제도 그랬습니다. 10년 전부터 이 이야기를 할까? 말까? 망설였지만 그냥 지나가면 언젠가는 스스로 실망을 할 것이 틀림없기 때문에 해야겠습니다.

10여 년 전 저는 전국의 한약재가 되는 자생식물과 한약재의 유통경로, 그리고 한약재를 사용하는 곳들을 찾아다니면서 알게 된 정부부처에 계신 분께 간곡히 부탁을 드려 한약재와 관련된 분들을 알게 됐습니다. 그 분들과 2010, 5,22 울릉자생식물원 앞에서 여섯 명이 기념사진을 찍었는데, 여기서 그분들의 소속이나 이름을 굳이 밝히지 않는 것은 혹여 불편한 일들이 생길까 염려되기 때문입니다.

울릉농업기술센터 옆 울릉자생식물원 앞에서 사진을 찍고 이튿날 인터넷 신문 기자와 저는 택시를 타고 명이나물 밭과 부지깽이 밭, 더덕 밭과 삼나물 밭 등을 둘러봤습니다. 낮에는 따개비밥을 저녁에는 도동항으로 돌아와 호박막걸리를 마시며 취재 겸 여행을 했습니다. 그런 중에 현재 울릉도 흙에 대한 이야기를 듣게 되었습니다.

사실 그때 울릉도를 함께 가자고 한 사람은 어떤 회사를 경영하고 있는 사장님이었습니다. 울릉도에 한약재가 되는 한약초 재배단지를 만들어 보려고 한약재관련 전문가 분들과 울릉도 일정을 잡으면서 저에게도 동행 하자고 권했던 것 이었습니다.

그때 저는 그분께 어떤 약초에 관심을 갖고 있는지 여쭙게 되었는데, "돌외"를 말씀해 주셨습니다. 돌 틈에서도 잘 자라는 돌외는 옛날 인삼이 귀할 때 인삼대용으로 많이 사용했다고 했습니다. 요즘에 와서는 원재료를 그대로 사용한 돌외 차와 돌외 분말을 이용한 다이어트 및 건강 제품들이 여러 곳에서 출시 판매되고 있습니다. 또한 2020,11. 제주 테크노파크 생물종다양성연구소 태성길 김기옥 박사팀과 한국한의학연구원 한의기술응용센터 마진열 박사팀이 '돌 외' 추출물에서 항바이러스 효능을 찾아내 특허출원을 했다고 합니다. 특히 돌 외에서 추출한 항바이러스 물질은 의약은 물론이고 식품과 산업에도 많은 활용가치가 예상되며, 21세기 인간의 몸을 뚫고 들어오는 각종바이러스를 억제하는 효과가 있다고 했습니다.

10년 전 돌외 여행 중에 들은 이야기 중 가장 인상 깊었던 한마디가 있습니다.

"울릉도 흙이 오염이 돼있어서 약초기지는 어렵겠습니다."

그 말을 듣고 다음날 저는 울릉군수 선거 후보자 사무실에 찾아가 후보자께 '농약 없는 울릉군 공약을 하나 내시지요, 멀리보시고 청정 울릉군으로 발전시키면 틀림없이 상상이상의 경제적 가치가 찾아올 것입니다.' 그렇게 말했습니다. 그 말끝에 돌아온 군수후보자의 답변이 걸작이었습니다.

"이제는 농사짓는 사람도 경영인입니다, 경영인이 알아서 할 때 입니다." 라고 해서, 저는 약간 목소리가 커졌었습니다. 10년이 지난 지금 또 같은 기회가 주어진다면 아마도 저는 똑같은 말을 할 것입니다. 울릉도 흙을 두고서 각자에 따라 보는 눈이 다를 것입니다. 땅에 빌딩을 짓고 싶은 사람이 있을 것이고 흙에 씨앗을 심고 싶은 사람이 있을 것입니다.

흙에서 자란 돌외를 이용 추출물로 의약품을 만들려면 필요한 물질만 뽑아내서 사용할 수도 있겠지만 물에 우려서 마시는 차와 원재료를 그대로 사용하는 분말 제품 등도 생산할 수 있습니다. 만약, 조금이라도 오염된 흙에서 자란 약초라면 어떨까요? 아마도 매우 망설여질 것 같습니다. 저는 10여 년 동안 포항항을 통해 울릉도를 몇 차례 다녀오면서 제 생각이 옳은 것인지에 대한 물음을 스스로에게 끝없이 반문했습니다. 그래서 나리분지에 울릉자생식물원을 만듭시다, 라고 제안을 해야겠다는 생각을 하게 되었습니다.

나리분지는 나리꽃이 많아서 나리라는 이름이 붙었다는 이야기를 들었습니다. 나리분지에 울릉자생식물원을 만듭니다. 울릉자생식물원으로 가는 길에 시간이 걸리면, 나리분지를 [국립 밭 나리분지] 브랜드로 만들어 울릉도에서 나오는 모든 식물을 약재로 사용할 수 있게 하는 건 어떨까요?

2018.8.19 나리분지 : 명이, 돌외

- 나리분지에 울릉자생식물원을 만들기 전, 울릉군 전체 밭과 산에서 생산되는 특산품의 매출을 알아보고 농가들에게 손실이 없도록 대안마련이 우선 있어야 하겠습니다.

한국도로공사 사장님께

운전하며 톨게이트(TG)를 지날 때 마다 한국도로공사에서 친절하게도 제게 하셨던 말씀,

"하이페스는 빠르고 편리합니다..."

한국도로공사 사장님! 일방적으로 빠르고 편리함만 추구하다보면 틀림없이 놓치고 잃는 시간을 만나게 됩니다. 제발 하이페스 게이트와 같이 통행권 게이트도 충분히 확보해 주십시오. 그리고 도로변에서도 잘 자라는 칡을 소개하겠습니다.

축제장의 풍경과 뒤에 문인들의 시화

칡은 한약재로도 사용하고 있고 식품으로서도 뛰어난 효능이 많다고 합니다. 칡꽃과 칡뿌리에는 여성호르몬인 에스트로겐 등이 함유돼 있는 것으로도 방송매체를 통해 알려져 있고요. 특히 남성들의 숙취해소에 좋다고 하여 생 칡즙 제품들이 시중에 나와 있습니다.

한국고속도로공사 사장님, 바쁘신 업무에 피곤하신 날이면 생 칡이나 칡즙 칡차를 한산 잡숴보십시오 피로회복에도 아주 좋다고 합니다.

그러나 잡수시기 전 꼭 확인 하시고 드시면 저희는 안심이 되겠습니다. 꼭 확인 하실 일은 한국고속도로 옆에서 칡을 캤는지? 입니다.

한국도로공사 사장님께

칡꽃   칡뿌리

길은 물위에 있습니다.

길에 오물을 떨어뜨리면

길 아래로 흘러내리고

길 아래는 우리들의 식수원이 있습니다.

한국도로공사에서 전국에 걸쳐 칡에게 풀에게

오물을 떨어뜨린 것은 누워서 침 뱉기 입니다.

교육부장관님께

저는 2015년 4월5일 서울시 공릉동에 사시는 김태근님을 찾아 뵌 일이 있습니다. 김태근님께서는 1964년 베트남에 파병(당시24세) 1967년 11월 귀국(3년 근무)으로 현재(아래 사진) 살이 썩어가는 육체적 고통과 정신적으로 말 할 수 없을 만큼 힘겨워 하시는 고단한 삶을 살고 계십니다. 그것은 베트남전쟁 중에 뿌려진 고엽제 때문이라고 하셨습니다.

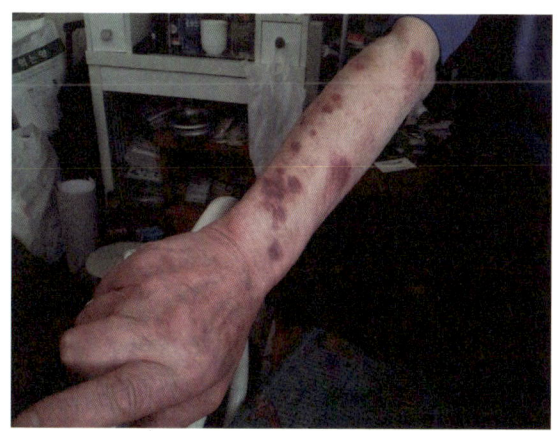

어떤 학교에서는 풀을 뽑고,

축제장의 풍경과 뒤에 문인들의 시화

어떤 학교에서는 그렇지 않습니다.

축제장의 풍경과 뒤에 문인들의 시화

왜 그런 것일까요?

장관께서 이 물음에 대한 답을 찾아 주십시오.

[다음 백과]

고엽제

제초제의 일종. 농업의 용도로 제조되었으나, 다이옥신과 같은 독성이 함유되었다는 사실이 밝혀지기 전 베트남전에서 미군에 의해 대량으로 사용되었다. 이후 독성의 후유증으로 살포지역의 생태계가 파괴, 교란되었으며, 주민 뿐 아니라 참전 군인들에게 각종 질병과 장애가 발생하면서 큰 사회문제로 대두되었다. 베트남전에 참전한 한국군에게서도 집단적인 피해가 발생했다.

정의

나무와 초목을 고사시키는 목적으로 제조된 화학약품. 잡초의 제거를 위한 제초의 목적으로도 사용되지만, 고엽제가 사회적 관심의 대상이 된 것은 미군이 베트남전에서 사용한 고엽제의 부작용 때문이다. 당시 전투지역에 대규모로 살포된 고엽제에 다이옥신과 같은 발암물질이 포함되어 있었으며, 그 부작용으로 베트남 주민 뿐 아니라 참전 군인들에게도 암을 비롯한 질병과 기형아 출산이 발생했다.

베트남 전과 고엽제

미군은 베트남 전(1955~1975) 중반인 1962년부터 1971년까지 '랜치핸드 작전(Operation Ranch Hand)을 진행하면서 고엽제를 사용했다. 이 작전의 목적은 월맹정규군이 은신해 있는 정글을 파괴하여 게릴라전을 주된 전술로 삼았던 월맹정규군의 은신처를 없애고, 농업지대의 경작을 불가능하게 하여 게릴라의 식량의 자급을 방해하며, 게릴라 은거의 기반이 되는 농업지대의 주민들을 도시 지역으로 옮기도록 하기 위한 데 있었다.

이 작전 기간 동안 사용된 대표적인 고엽제는 에이전트 오렌지라는 암호명으로 불렸는데, 유독한 제초제인 2,4,5-트리클로로페녹시 초산과 2,4-디클로로페녹시아세트산을 50:50의 비율로 섞은 분말 형태로, 후에 유독성 다이옥신이 포함되어 있는 것으로 밝혀졌다. 고엽제로는 에이전트 오렌지 뿐 아니라 에이전트 그린(Agent Green), 에이전트 블루(Agent Blue), 에이전트 퍼플(Agent Purple), 에이전트 핑크(Agent Pink), 에이전트 화이트(Agent White) 등이 활용되었는데, 주로 미국의 다우케미칼컴퍼니(The Dow Chemical Company), 몬산토(Monsanto Company) 사와 같은 화학제품 제조업체에서 제조했다.

에이전트 오렌지를 포함한 고엽제는 메콩 삼각주 지역 일대를 중심으로 한 베트남, 라오스의 동부지역, 캄보디아와의 접경지역에 광범위하게 살포되었는데, 작전기간 동안 베트남의 12%에 해당하는 지역에 약 8,000만 리터가 살포된 것으로 알려졌다. 이에 따라 남부 베트남의 1,000만 헥타아르에 해당하는 농지가 파괴되었으며, 농업의 기반을 잃은 농촌 지역 주민들 약 800만 명이 도시 지역으로 이주하게 되었다.

후유증

에이전트 오렌지를 포함하여 광범위하게 살포된 고엽제는 생태계의 파괴뿐 아니라 인체에도 많은 피해를 주었다. 베트남 정부의 발표에 의하면 약 480만 명의 베트남인이 고엽제에 노출되었고, 그중 40만 명이 장애와 질병에 시달리다가 죽었으며, 50만 명의 어린이가 기형으로 출생했다고 보고되었다.

고엽제에 포함된 다이옥신과 같은 유독물질은 선천성 구개파열, 다지증, 탈장, 정신장애, 피부질환, 폐질환 등의 장애와 기형을 유발했다. 특히 다이옥신은 토양에 축적되어 생태계를 교란하는 원인물질로 작동하고 있으며, 이에 따라 주민들은 계속되는 오염물질의 위협 속에 살고 있다.

참전군인의 피해

이 기간 동안 현지에서 작전을 수행했던 군인들에게서도 고엽제의 후유증이 발생했다. 전립선암, 폐암, 간암, 림프종 등의 암, 폐질환과 같은 호흡기 장애, 피부 질환, 신경정신과적 장애 등이 참전군인에게서 발생하면서 점차 사회문제로 발전했다. 1978년경부터는 미국 정부를 상대하여 소송이 이루어졌고 의회에서는 청문회를 열어 진상을 규명했다. 베트남전에 참전한 한국군인 가운데에서도 유사한 피해를 입은 경우가 속출했는데, 이는 미군이 살포한 고엽제 살포지역의 약 80%가 한국군 작전지역이었기 때문이었다. 고엽제에 포함된 다이옥신에 대한 경고를 받지 못한 상태에서 고엽제에 노출되었던 많은 한국 군인이 전역 후 발생한 후유증으로 고생했다.[다음 백과]

하동녹차여행
천년의 찻잔을 찾아서

천년의 차밭 앞에 노랗게 익은 가을

"삼국사기에 따르면 중국당나라에 사신으로 갔던 대렴이 신라흥덕왕3년 (828)에 차나무씨앗을 가지고 돌아오자 왕이 지리산에 심게 했다고 한다. 그 뒤 830년부터 진감선사가 이곳 시배지 차를 쌍계사 주변에 번식시켰다고 전해진다. 이곳이 우리나라에서 최초로 차를 재배한 차나무 시배지이다."

축제장의 풍경과 뒤에 문인들의 시화

하동녹차여행

천년의 차밭을 여름에 갔는데 발효차 내음에 푸르슴한 내음. 발목보다 아래로 자란 녹차줄기와 녹차나무보다 웃자란 풀 베어 놓은 곳에서 퇴비가 되어가는 향기.

천년의 차밭. 하동군 화개면 운수리 산 127 (2019)

하동녹차여행을 하면서...

하동군청님께...

2014,10,31(금)

수신 : 하동군청귀하

하동군청의 무궁한 발전을 기원합니다.

저는 이승렬입니다. 10년 전부터 전국의 논밭에 관심이 많았는데요, 그 관심으로 가끔씩 산이며 논이며 밭에 소풍형식으로 다녀오곤 했습니다. 그 이야기를 내년에 책으로 출판할 예정입니다. 책속에 녹차이야기가 들어갑니다. 녹차이야기 중에 제가 알지 못하는 부분이 너무 많습니다. 그러나 관광객 입장에서 생산자 입장에서 지자체 입장에서 고민을 해봤는데요, 더 궁금한 점이 있어 하동군청에 이메일로 여쭙게 되었습니다. 바쁘시더라도 녹차 밭을 찾는 분들이 묻는다 생각하시고 답장을 주셨으면 감사드리겠습니다.

- 차밭현황 면적(전체)
- 필지수
- 농가수
- 수확면적
- 차 생산현황
- 생엽 톤
- 건엽 톤

- 차 생산소득
- 차가공업체현황
- 업체수
- 차상품의 종류: 녹차/발효차/홍차
- 유통기한
- 녹차수출현황(년도 별)
- 녹차 밭을 찾은 관광객현황

- 하동녹차를 소개한다면 어떤 말씀이 있을까요?

감사합니다.

하동군청에서 온 이메일

하동차 (茶) 현황

○ 차밭현황 면적(전체) : 1,015ha

○ 필지수 : 6,509필지

○ 농가수 : 1,956농가

○ 수확면적 : 900ha

○ 차 생산현황

　- 생엽: 1,974톤

　- 건엽 : 200톤

○ 차 생산소득 :180억원 / 년

○ 차 가공업체 현황

- 업체수 168개 업체

○ 차 상품의 종류

　- 수확시기에 따른 분류

　1. 우전차 : 곡우(4월 2일)이전에 채취한 아주 여린 차로 부드럽고 향이 강함.(가장고급차)

　2. 세작(세차) : 곡우에서 입하(5. 5일)전까지 딴 차로 차 잎이 여린 차로 맛과 좋음.

3. 중작(중차) : 입화이후 10일정도로 세작보다 잎이 더 자란 후에 딴 차
4. 대작(대차) : 5월 하순 이전까지 중작보다 더 굳은 잎을 따서 만든 거친 차
5. 말작(말차) : 1번차의 끝물로서 세줄기가 굳기 전까지 수확하여 엽차용으로 만든 차

- '초잎을 따서 상전께 주고, 중잎을 따서 부모님께 주고, 말잎을 따서 서방님께 주고, 늙은 잎을 따서 차약 만들어 봉지봉지 담아놓고, 우리아이 배 아플 때 차약 먹여 배 고치고,... 녹차를 수확시기에 따라 분류한 시 입니다.

- 발효정도에 따른 분류

하동 차는 발효정도에 따라 녹차, 황차, 홍차로 구분됩니다. 녹차는 발효하지 않는 불발효차로서 덖음차, 증제차라고 불립니다. 반발효차는 황차로 청차, 오룡차로 불리우며, 완전발효차의 경우 붉은 색을 띠며 홍차로 불리워 집니다. 참고로 중국의 보이차는 후발효차입니다.

○ 유통기한 : 2년(녹차는 2년으로 유통기한이 정해져있으나, 발효차의 경우 개봉하지 않는 경우 기한이 지날수록 가치가 올라가고 맛도 좋아짐. 중국의 보이차와 같음)

○ 녹차 수출현황(년도별)
 - 2011년 1,7톤, 30백만원
 - 2012년 1,2톤, 20백만원
 - 2013년 1,3톤, 90백만원

○ 녹차 밭을 찾는 관광객현황
 - 2011년 11만명

- 2012년 15만명

- 2013년 20만명

○ 하동녹차를 소개한다면 어떤 말씀이 있을 까요?

대한민국 최남단 경상남도 하동군에서 지리산 산록의 바위틈에서 자란 야생차잎을 전통적인 수다제법으로 생산하는 세계 최고품질의 명품녹차로 예부터 왕에게 진상된 일명 "왕의 녹차" 입니다. 하동은 우리나라 차의 시배지로서 천년을 이어온 차의 고향이자 성지로서 다성 초의선사는 하동 야생차의 우수함을 동다송을 통해 극찬하였으며 색이 맑고, 맛이 깊으며, 향이 풍부한 명차입니다. 겨울이 따뜻하여 동해가 적고 최다 다우지역으로 강수량이 풍부하며 토심이 깊고 비옥하며 배수가 잘되는 풍화토로서 "천혜의 차 생산지"입니다. 하동녹차는 고급녹차중심으로 찻잎 수확 전 안전성 검사를 의무화하여 안전성이 확인된 녹차이며 2011년 美 FDA 승인을 받았습니다.

참고자료(본 자료 통계 기준일) : 2013. 12월말

○ 하동녹차산업분석

- 하동군 녹차산업은 전국대비 재배면적 25% 농가수 43%로 녹차재배에 있어서 비교우위를 가지고 있음.

- 하동군의 대표적인 지역 특화사업으로 녹차를 원료로 한 다양한 상품개발, 다원의 아름다운 경관을 활용한 관광 산업화, 문화적 상품가치 등 산업 연관효과가 큼.

- 제다업 허가 업체는 작목반 영농조합 등 단체 포함168개소임.

  (화개면과 악양면에 집중 : 127개소 76%)

- 녹차생산량과 생산금액이 증가하는 추세를 보이다가 최근에 감소 추세임. (경기침체 및 관련 제품의 단순화로 판매부진과 소비확대의 지연)

○ 하동녹차산업의 약점
  - 비효율적이고 영세한 생산환경(차 밭이 대부분 산록변에 위치(52%)하여 수작업으로 이루어져 생산단가가 높게 형성되고 기계화 등 생산비 절감에 문제가 있음.)
  - 대다수 야생 재래종으로 신품종에 생산성이 낮음.
  - 생산구조, 유통기반 취약
    · 영세 소농가에서 부터 기업농에 이르기까지 다양한 농가가 복합적으로 공존
    · 영세 소농가(자가생산 생엽을 단순 가공방법으로 수가공해서 판매)가 대다수를 차지하고 있는 상황에서 생엽 채취에서부터 가공, 유통, 소비에 이르기까지의 단일 구조로 되어있어 생산성 향상이 어려움.
    · 개별적인 유통구조로 균일화된 품질 유지가 곤란하고 고급녹차 파워 브랜드를 형성하기 어려움.
    · 영세 제다업체의 독자적인 판매유통체계 미흡으로 판매교섭력 취약
    · 녹차의 안전성과 위생적인 생산시설부족(Haccp, iso등 품질관령인증)
  - 녹차산업과 관광산업 연계미흡(차의 시배지, 야생차의 고장이라는 전통성을 확보하고 있어 우리나라 녹차의 메카지만 이를 활용한 연계 관광프로그램은 미흡)
  - 지속적인 인구감소와 인구노령화 현상 심화로 차엽 채취 대체인력의 수급불균형으로 인한 인력난과 지역혁신을 주도할 리더 부족

○ 녹차산업 부진원인
  - 경기침체로 인한 기호식품 소비감소
  - 커피시장의 상대적 확장으로 인한 녹차시장 축소
  - 소비자취향 및 선도가 아닌 생산자의 여건에 맞추어 생산된 제품판매

- 홍차나 보이차 등 발효차 부문의 무역역조 현상발생
- 젊은(young) 차 문화 인식 저조
- 제한적인 유통경로와 미흡한 녹제품의 표준화(등급 표준화가 없음으로 시장에서 보증된 상품으로 인정 한계)
- 생산농가의 고령화로 인한 일손부족 및 인건비 상승 등

○ 향후계획
- 이러한 현실 속에 하동녹차산업의 제2부흥기를 맞이하기 위해서는 외적인 환경요소는 시장에 맡기지만, 내적인 우리문제는 스스로가 해결해야 할 것임.
- 특히, 친환경적인 녹차 잎 생산, 위생적인 가공, 다양한 제품개발, 젊은 층에 대한 호감성 발굴, 그리고 커피문화에 대한 전통차의 문화 컨텐츠 개발 보급
- 행정과 농가, 가공업체 소비자 등이 지혜를 짜내어 녹차산업과 문화가 조화롭게 국민의 대중차로 자리매김 하기를 기대함.

하동 천년의 찻잔을 찾아서

삽화 : 유화 41cm31cm

지역 곳곳을 여행하다보면 그 지역에서만 맛볼 수 있는 특별함을 보물찾기하듯 찾아다닐 때가 있습니다. 하동에 가면 천년의 차밭이 있고 그래서 그 천년의 녹차를 담을 수 있는 찻잔이 있는지, 그 찻그릇이 차례 또는 다례 또는 다도 같은 예의범절과 함께 잇고 이어져 하동 흙으로만 빚은 찻잔이 있는지, 하동 흙을 닮은 찻잔이 있는지...궁금한 게 많습니다.

만일 그런 찻잔이 있다면 그 찻잔에 천년의 녹차를 담아 마시고 싶은 생각이 간절합니다. 화개장터에는 있을 수도 있겠다, 싶어 몇 년 간 수차례 다녔으나 제가 찾고 싶은 하동 흙으로빚은 찻잔은 만나지 못했습니다. 그래서 또 하동군청에 하동군내 도자기 생산업체 현황을 부탁 드렸는데 그때 도자기 업체 이름이 열 곳, 그로부터 7년이 지난 동안 모두 건강히 잘 버티고 계시는지 궁금합니다.

화개장터 앞 섬진강이 흐릅니다. 그 섬진강물을 마시려면 사람은 손바닥을 모아 국자를 만들어 강물을 떠서 마시는 사람이 있을 것이고 노루나 고라니는 앞 다리를 약간 구부리고 어깨를 숙여 강물을 마실 것입니다. 백 년 전, 천 년 전 하동을 상상해보면 그런 그림이 그려집니다. 강물이 흐르듯 그렇게 하동엔 천 년 전부터 푸른 차밭이 이어져오고 있으니 천년의 찻잔도 분명 존재하고 있을 겁니다. 온 우주의 태양 에너지로 밤하늘의 샛별을 굽는 도공이 분명히 있을 것이다, 그런 생각으로 이곳저곳에 묻고 물으니, 다행히 백련리 도요지에서 그곳 흙으로만 빚는 찻잔도 있다고 했습니다. 저는 기쁘게 그곳을 찾아갔습니다.

화개면 천년의 차밭에서 진교면 백련리까지 거리가 약 49킬로미터. 약 45킬로미터 지점에 화개장터가 있고 약 24킬로미터 지점에 하동읍 천년송림공원이 나옵니다. 송림공원에서 약 25킬로미터를 더 가면 그곳 흙으로 빚은, 그곳의 흙 색깔을 닮은 찻잔이 있습니다.

2019 하동읍 송림공원

백련리 (옛, 사기마을 : 통일신라시대의 가마터와 분청, 백자, 사기를 굽던 곳)에 도착하니 '하동요' 가마에 불을 지피고 있는 정운기 도공을 만났습니다. 몇 년을 드문드문 찾아가 찻잔에 대하여 여쭈었습니다.

2019,7,13

- 선생님 백련리 마을 소개 좀 해주세요?

"이곳은 임난 전까지 도자기를 구웠던 곳이고 임난 때 왜구들이 들어와서 도공들을 붙잡아 간간 곳입니다. 인근지역들에서 곤양에 집결 70여명을 잡아 갔습니다. 산청지역 사람들 남해에도 가마터가 있었으니까 하동 이곳을 비롯한 해안을 중심으로 남해 마산까지 도공들을 모았지 않았겠어요? 곳곳에 있는 사람들을 보고 데려갈 것인가 안 데려갈 것인가? 결정을 했겠지요. 도자기를 해오던 우리 마을의 이름은 백련마을. 임진년에 하얀 연꽃 밭이 있었다. 그 때 씨앗을 가져가 일본(규슈)에 심었다고 합니다.

국화밭에 큰 버드나무가 있어요

- 네 그랬었군요. 선생님은 언제부터 이곳에서 사시게 되셨어요?

"아까 말씀 드렸지만 도자기를 하는 사람이니까 임진왜란 때도 도자기를 구웠던 곳이니까 이곳에는 분명히 도자기를 구웠던 좋은 흙과 유약이랑 재료들이 있을 것 같다 그래서 그것을 찾아서 좋은 재료가 있을 것 같아서 그리고 뿌리가 확실히 있고 또 나왔던 도자기들이 빛깔도 좋고 형태도 예전 파편들을 보면 상당한 숙련공들이 빚은 것 같고 그런 것을 종합해 봤을 때 이곳으로 와서 이곳의 흙으로 작품을 해야 되겠다, 이곳으로 오게 된 계기는 그것입니다.

- 선생님 요즘엔 세상이 빨리빨리 돌아간다고 하잖아요. 그런데 어떻게 보면 불편함을 무릅쓰고 이곳의 흙만을 가지고 빚는 그릇도 있다고 들었어요.

"맞아요."

- 세상에 흙도 많은데 왜? 이곳의 흙으로만 그릇을 빚으시는지? 그리고 이곳의 흙으로 그릇을 빚어놓으면 어떻게 다른지요?

"이곳의 흙은 독특해요 여기만의 색깔이 있어요."

- 이곳만의

"이곳만의 맛이 있어요."

- 아, 네

"무엇보다도 중요한 것은 재료가 중요하잖아요. 원초적인 거 도자기로 따지면 흙이지. 좋은 재료가 여기 있으니까."

- 아 좋은 재료가 있으니까 그것으로 빚어야 되겠다.

"아 그렇죠. 거기에 대한 독특한 색깔, 여기 백련리 만의 흙으로 빚었을 때의 맛, 여기만의 색깔이 있죠."

- 아까 선생님말씀 하실 때 흙속에 무지개색깔이 있다고 하셨는데...

"아 그러니까 그것은 무슨 뜻이냐 하면, 요즘에는 유약을 가지고 많이 도자기 색깔을 내버려요. 나는 그것보다도 흙을 잘 선택하면 흙 자체에서 발색되는 그대로를 가지고 아무것도 섞지 않는, 흙 색깔에 따라서 빚어 구워 내면 무지개색깔이 나옵니다. 본연의 흙 색깔을 굽는 거지요. 그래서 무지개 색이 들어있다는 겁니다. 이랬을 때 가공된 유약을 이용해서 무지개 색을 구워내는 것과 자연 흙속에 들어있는 것을 구워내면 천연 흙속에 들어있는 색깔을 살려서 무지개 색을 구워내 놓은 것이 훨씬 더 살아있다는 것이죠, 질리지도 않고. 어제도 이야기 했지만 과일로 따지면 사과가 햇빛에 은은 하면도 탐스럽게 빨갛게 빛이 나잖아요."

- 그러니까 가능하면 흙이 갖는 특성을 살려야 한다, 그런 말씀이신 거죠.

"그렇죠, 흙속에서 모든 것을 찾아야 된다 이거죠 색깔들을..."

- 아 네

"요즘에는 쉽게 물감처럼 유약에서 이것 섞고 저것 섞으면 온 색깔이 다 나와요 그런 것보다는 힘들지만 흙속에서 자연 속에서..."

- 흙속에서 무지개색깔을 찾아낸 것은 어떻게 보면 선생님만의 비법인데요?

"아니 뭐 다른 사람들도 그렇게 생각하는 사람들이 많이 있죠. 도공들은 또 누구나 그렇게 해보고 싶을 거예요 모든 도공들의 꿈이겠죠."

- 선생님 여기로 오셔서 작업하신지가 몇 년 되셨어요.

"지금 한 35년 됐습니다."

- 앞으로 또 어떤 계획이 있으신지요?

"앞으로는... 인생은 육십부터라고 하는데 여생이 그리 많이 남는 것 같지도 않고 앞으로는... 제가 생각하고 있는 나만의 작품을 만들어 보고 싶은 생각이 있어요. 그것을 위해서 지금까지 왔는데 그것을 무탈하게 이뤘으면 좋겠다는 생각을 간절히 바라고 있어요."

- 선생님 그것은 무엇이세요? 선생님께서 정말 하시고 싶은 게?

"아까도 말했지만 가공되지 않는 흙, 인스턴트 같은 흙이 아니고 정말 이곳에서 난 천연재료를 가지고 빚어보고 싶은 찻사발이라든가."

- 무지개색깔 같은 거요?

"자연에서 준 색채 그러니까 파랗고 노랗고 일곱 가지 무지개색이 아니더라도 자연에서 온 색채 그래서 누가 봐도 좋다. 이런 그릇으로 완성시키는 것이 내 꿈이죠!"

- 또 어제 말씀하시길 걸망하나 지고 어디론가 떠나고 싶다 말씀 하셨잖아요.

"그러니까 남들이 볼 때는 여기서 이런 집이라도 하나있고 잘 알려진 도요지에서 전통방식으로 작업을 하니까 성공했다고 한다면, 도공은 작업할 수 있는 공간이 있기 때문에 성공했다고 볼 수 있죠."

- 네...

"그러니까 그것 또한 지금 와서 보니까 사람들이 많이 찾아오고 만나서 이야기도 하면서 사람들은 나보고 유명하니까 대단하다고 이야기를 하지만 정작 내 마음속에는 항시 나의 작품을 해야 하는데...하는 가슴이 텅 빈 것 같은 느낌이 들어서..."

- 아 네...

"스님 이야기처럼 스님이 앞에 나와서 주지로 있던 간에 일반인을 상대로 법문 같은걸 하잖아요. 여러 말씀도 하시고 스님의 기본이 있으니 대단하시다고 하잖아요. 그러나 법문이 끝나고 뒷방으로 가서는 자기한테 '나는 왜 깊이가 없을고' 공부를 해야 되겠다. 내가 이렇게 가야되는 것인가? 어느 날 홀연히 느꼈을 때 걸망지고 화려한 큰절에서 떠나가 버린다고 하잖아요. 그런 스님이 있듯이, 나 역시도 그냥 이곳에서도 잘 할 수는 있는데... 더 내가 맘 먹었던 대로 하려고 하면 금방 스님이야기 한 것처럼 걸망하나 매고 스님 떠나듯이 나도 물레 하나 매고 어디론가 가서 도자기를 하면서 나만의 공간에서 소문나지 않게 나만의 작품을 완성하고 싶다 이거죠."

- 그릇과 함께 세상을 빚어보고 싶은 마음도 있으신 거 아닐까요?

"근데 이제는 지금의 모든 상황이 조금은 슬퍼요. 이 슬픈 마음들을 어떤 면에서는 후회와 한, 잘못해서 한이 만들어져 버렸고 이런 것을 넘어서 흥으로 돌려놔야 되는데 그게 잘 안 되는 거 같아요.(20년 된 제자가 2019년 작고, 선생께서는 미안함이 있어 밤에 무덤을 찾아가는 일도 있으며...)

- 네...

"그러니까 이것을 흥으로 돌려서 어디로든 가서 우울한 작품이 아니라 맑고 힘 있는 작품을 만들 수 있어야 하는데 그러려면 마음의 정리를 잘해야 되는 것. 그것은 마음을 비우고 내려놓아야, 화려함 속(편안함)에서... 이것을 앞으로 못 넘으면 완성을 못 시키고 오히려 잘못하면 여러 가지로 정신적으로 도태될까봐 걱정이죠!

2021, 11,23 오후 3시 하동요에서
선생님 요즘도 제자 무덤에 자주가세요?

"꽃을 좋아했으니까... 국화꽃도 들고 가고... 가서 술 한 잔 따라놓고 도자기 빚을 때처럼 이런 얘기 저런 얘기 하죠.

- 선생님 하동엔 천년의 차밭이 있잖아요? 차 문화가 천년동안 이어져 왔다는데 그러려면 그에 따른 찻잔도 시대별로 있을 것 같거든요, 천 년 전 사람들은 어떤 찻잔으로 차를 마셨을까요?

"이곳 통일신라시대의 가마에서는 토기를 구웠습니다. 그리고 자기...

하동녹차여행 천년의 찻잔을 찾아서 367

• 일본의 차를 좋아하는 사람들은 이곳의 옛 지명인 "문골"을 일본말로 이도라 불렀다. 현재일본에서는 이도차완을 국보로 지정하여 소중히 여기고 있다. 이곳 백련리 가마터에서 출토되는 유물들은 이도차완과 유사한 특징

을 갖고 있다. 그러므로 이곳 백련리 가마터는 웅천도요지와 함께 임신왜란 때 우리나라도공들을 납치하여 생산한 "이도차완 기원을 밝히는데 중요한 유적이다.(하동군청 : 백련리 도요지 알림 글에서)"

• 소 잃고 외양간 고친다, 는 옛말이 있습니다. 우리는 임진왜란으로부터 500년 가까이 빼앗긴, 그래서 그 나라의 국보가 된 찻잔이 있습니다. 그런데 그것이 하동에서 만들어진 것이다, 문경에서 만들어진 것이다, 진주, 사천, 창원, 산청에서 만들어진 것이다... 등등 서로 빼앗긴 탓만 하다가 우리의 것을 남들이 인정하면 그때서야 비로소 고개를 끄덕이는 게 우리의 문화정책입니다. 2022년 하동세계茶엑스포장에서 하동 흙으로 빚은 찻잔에 천년의 녹차가 담겼으면 좋겠습니다.

• 2021,11,22 하동군청에 문의하였습니다.
- 하동군 내 도자기를 빚는 곳 중에서 국가문화재 도문화재 군문화재로 등록된 도공이 있는지 있는지요?
"군 조례에 향토문화재가 있습니다, 그러나 향토문화재로 지정된 사례는 없습니다."

보성녹차밭 커피월담

(캠바스/ 아크릴 53cm*33cm)

보성녹차밭 커피월담

보성군청 녹차사업소에서 운영하고 있는 〈그린다향〉 카페에서 녹차와 커피를 시켰습니다.

영수증에 나와 있는 내용입니다.

```
상호 : 보성녹차사업소(그린다향)
사업자 : 699-83-00012(대표자:    )
주소 : 전남 보성군 보성읍 녹차로 750
전화 : 061-852-5955


메뉴명
아메리카노(HOT) 3800원
세 작 6500원
2018.10.24
```

녹차밭 커피월담

녹차밭 커피월담 이야기는 지금으로부터 몇 년 전부터 해오고 있고 제가 갖고 있는 생각을 여러 사람들에게 질문을 하며 이야기를 나누고 있지요. 그러나 아직 제 생각에 공감해주는 사람이 그리 많지 않은 상태입니다.

차(茶)를 전문업으로 하시는 분께, 차밭을 운영하시는 분께, 녹차로 유명한 하동에 가서도 그랬습니다. 하동녹차밭 정상을 깎아 200억 가까운 국비를 들여 건물을 짓고 하동군청 녹차를 담당하는 과에서 녹차와 함께 커피를 판매할 수 있을까요? 200억을 준다면 말입니다. 질문하기도 했습니다.

보성군청(2018.10.30기준) 061-852-2181번호로 전화를 하면 "반갑습니다. 녹차수도 보성입니다. 세계가 감탄한 계단식 차밭과 역사와 문화, 자연생태가 살아 숨 쉬는 풍요로운 땅 어디를 가도 넉넉함과 여유로움이 넘쳐나는 보배로운 땅 보성에서 행복한 미래를 설계하세요."라는 연결 음이 나옵니다.

녹차 수도라는 보성군은 녹차축제인 보성다향제행사가 44년이 흐른 역사 깊은 차의 고장이라고 합니다.

2017년 차(茶)관련 통계조사(보성군 녹차사업소) 결과입니다.

□ 차 재배현황 (단위 : ha, 호, 필지)

구분	2016	2017	전년대비	비고
면적	1,008	868	△139	
농가수	917	494	△423	
필지수	2,180	1,474	△709	

□ 읍,면별 재배현황 (단위 : ha, 호, 필지)

구분	계	보성	벌교	노동	미력	겸백	율어	복내	문덕	조성	득량	회천	웅치
면적	868	284	52	42	26	31	8	70	16	13	49	262	15
농가수	494	99	20	40	21	43	15	12	15	7	19	184	19
필지수	1,474	241	122	89	87	87	31	136	41	29	57	520	34

□ 생산량 (단위 : ha, ton)

구분	2016		2017		증감		비고
수확면적	744		422				
생산량	생엽	건엽	생엽	건엽	생엽	건엽	10a =50kg
	5,059	967	844	211			

생산량 : 농산물 소득자료(농진청)를 통하여 산출 (생산면적* 단위면적 생산량)

매출액 : 422ha* 4,032천원 = 1,701,504천원 (기준 2016농산물 소득자료, 농진청)

녹차생산 결과표만 놓고 보면 차밭위에서 커피를 수입하여 판매하는 것이 어쩌면 그럴수 도 있겠다는 생각도 들었습니다. 어쩌면 말입니다. 저는 이 물음에 현재 변해가는 우리사회속의 서도 분명 답이 있을 거라고 생각했습니다. 보성군청에 전화를 하여 녹차밭을 찾는 관광객이 일 년에 얼마나 되는지 물었더니, 2017년 기준 40만 명이라고 하더군요. 보성군청은 녹차밭을 찾는 관광객들에게 보성녹차를 즐기며 마실 수 있는 분위기는 가꿨는지? 물음표를 그려 볼 일입니다. 보성군청은 녹차밭에서 커피를 팔아 직원월급을 줄 수 있는지? 커피를 판매함으로서 녹차수도 명성에 도움이 되는지? 또 물음표를 분명 그려 봐야 합니다.

저는 ?물음표와 같이 배를 타고 제주도에 갔습니다. 항에 도착하자마자 녹차로 유명한곳을 네비에 찍고 그곳에 도착했습니다. 그리고 그곳 주차장에서 4일을 지냈습니다. 인터넷 검색을 하면서... 그곳을 찾아오는 관광객의 표정을 보고 관광객의 연령층을 보고 매장을 들어갔다 나온 손에든 봉지들을 보고...

저도 매장에 들어갔습니다. 젊은 남성 직원이었는데 그에게 주문하기가 정말미안 했습니다.
- 커피한잔주세요. 했더니,
"커피 없어요."하더군요. 그리고는 또
- 커피가 왜 없어요. 해더니

"커피 없습니다."라고, 하더군요. 저는 잘 알면서 주문했습니다. 그것은 세상이 아니, 제가 잘 변한 탓이라 하겠습니다.

이곳은 년 중 200만 명이 찾아온다고 합니다. 저 같은 속물은 차밭에 마트도 지어야하고 쇼핑센터도 열면 돈을 긁어 가마니에 담겠다는 생각을 잠시 해보았습니다. 200만 명이니까요.

제주도 여행 중일 때 보성에 사는 후배가 2017년 찾아와 함께 여행을 했고 또 보성에 사는 지인과도 2018년에 함께 여행을 했습니다. 그때마다 저는 그곳으로 가서 '커피 한잔 사갖고 오소'라고, 시킨 적이 있습니다. 물론 커피는 살 수 없었지요.

저는 알고 있으면서도 여러 번 확인을 하고 또 하고도 '언젠가는 커피를 팔 거야!' 내가 잘못 알고 있겠지, 변했을 거야! 이런 의구심을 여전히 하고 있었습니다. 그래도 못 미더워서 녹차밭을 가진 회사 홍보실에 여쭤봤더니 녹차밭을 일군 창업주분께서 녹차밭을 지켜달라는 말씀이 있었다고 했습니다. 녹차와 관련한 7~8년 전 대전에서 있었던 일입니다. 보성녹차 하동녹차 제주녹차가 모인 어느호텔 세미나장(전국특산품) 일일 판매장에서 언쟁이 벌어졌습니다.

문제는 자기고장에서 난 녹차가 제일 좋다고 하니, 제주녹차로 참석한분이 큰소리로 화를 내고 계시는데, 그때 저는 싸움을 중재하느라 그분들께 "어느 지역이든 특별한 맛과 특별한 향이 있습니다. 그것은 그 지형에서부터 흙과 바람과 햇볕이주는 그곳마다의 특별함이 분명 있습니다. 그러니 우리 싸우지

맙시다. 우리 모두 특별한 녹차입니다." 그런 말씀을 드리며 녹차의 전쟁을 막은 일이 있었습니다.

보성녹차밭으로 여행을 가면 녹차를 마셔야 할까요? 커피를 마셔야 할까요? 참 고민스럽습니다.

밤 밭을 지나다가
푸른 밤 밭을 꿈꾸며

2014.9

밤 밭을 지나다가 2015.10.7

밤 밭을 지나다가 푸른 밤 밭을 꿈꾸며

2015,10,7 밤 밭을 지나다가

삽화 : 아크릴

밤 밭을 지나다가 푸른 밤 밭을 꿈꾸며

2021.10.3 하동군 화개면지역 푸른 밤 밭

밤 밭을 지나다가 푸른 밤 밭을 꿈꾸며

2021.10.6 공주지역의 벌거벗은 밤 밭

밤 밭을 지나다가 푸른 밤 밭을 꿈꾸며

화개면지역의 밤 밭 2021.10.3   공주지역의 밤 밭 2021.10.6

구수한 밤 이야기를 어떻게 할까?

사진으로 말할까?

글로 말할까?

고민 고민 하다가 글은 가능한 최소한으로만 쓰기로 했습니다.

입으로 밤 밭 이야기를 몇 년을 해도 변화한 것 없으니 이럴 땐 가벼운 현장 사진들이 더 호소력이 있겠다는 생각이 들어서 입니다.

농촌여행을 하면서, 특히 밤 밭 여행을 하면서 들꽃들의 소리를 듣고 그 들꽃들의 아우성을 어느 시인께 낭송한 일이 있습니다.

그때 시 제목이 〈사람 꽃〉

사람 꽃

봄꽃은 봄에 핀다
여름 꽃은 여름에 핀다
가을꽃은 가을에 핀다
계절엔 계절의 꽃이 핀다
시인이 말했다
사람 꽃은 언제 피어요.

하동군 일원과 화개면 지역은 2003년부터 녹차 밭과 함께 밤 밭을 개인적으로 관찰 해오고 있습니다. 봄부터 가을까지 연녹색의 녹차 잎과 고사리, 취나물, 머위나물, 두릅나물, 엄나무, 참옻나무, 헛개나무, 그 나물들과 약초들 그리고 들꽃들이 1년 내내 공생하는 밤 밭. 가을이면 그 푹신한 들풀 위로 알밤들이 까르르 웃으며 뛰어내리는 화개의 푸른 밤 밭을 보았습니다.

그리고 공주 지역의 밤 밭을 갈 때면 밤 막걸리를 대 여섯 병 씩 사는데, 물론 마시기도 하지만 다른 지역사람들을 만날 때 한 병씩 드리고 싶은 마음에서 입니다.

밤이 들어간 막걸리

밤은 밤나무에서 열리고 막걸리의 주재료는 물입니다.

물은 하늘에서 비로 내려와 밤나무를 적시고 흙에 스며들어 개울로 강으로 지하수로 흐릅니다. '그 물 일부는 막걸리가 되었단다,' 밤 막걸리를 술잔에 따를 때마다 막걸리통 목젖에서 들려오는 곡조 같습니다.

공주 밤 밭에 갈 때면 언제부턴가 술이 오른 밤들의 합창소리가 들려오는 것 같아 함께 노래하고 싶습니다.

그래서 나름 공주지역의 푸른 밤 밭을 위하여 2014년부터 산림청을 찾아가고 대변인실에 정책과 대안이 있는지 묻기도 했습니다. 공주시 지하수 현황을 살펴보니 3만 여개. 막걸리를 만든 물은 분명 밤 밭 아래서 뽑아 올린 지하수입니다. 합리적인 추측으로 말입니다.

2021.11월 산림청 대변인실 담당자와 통화를 했습니다.
내용은 : 우리나라 산림자원을 책임지고 있는 분들이 계시는 곳인데, 하동 화개면처럼 푸른 밤 밭을 위한 정책이나 대안이 있습니까? 하는 것이었습니다. "제가 산림청장이라면 민원이 있는 현장에 나가보겠습니다" 라는 말씀을 드렸습니다. 그랬더니 통화한 직원분이 "밤 생산자 단체들을 만나 뵈러 나가 보겠습니다."라고 말씀 하셨습니다. 그 말씀에 이어서 제가 다시 그분께 "밤 생산자 단체들을 만나보시려면 유기농 밤 농가도 만나보셔야 할 겁니다. 그래야 왜 푸른 밤 밭이어야 하는지 조금이나마 이해하실 것 같으니까요."

산림청장님이 하루 속히 밤 밭으로 나가보셨으면 좋겠습니다.

감초 이야기

약초이야기

축제장의 풍경과 뒤에 문인들의 시화

2019, 5,17

- 회장님 안녕하세요.

작년 12월에도 제가 왔었잖아요, 약초 이야기 중에서 감초가 빠질 수 없잖아요, 그때 감초판매가 중단 되었잖습니까.

"네 네"

- 지금은 어떠세요,

"아직까지 잘 안 풀립니다."

- 18대 국회에서 한약이력추적제 논의 된 건 아시죠 그게 시행이 되면 농업 쪽에 나을까요? 아니면...한의계에서는 반대되는 입장을 갖고 있더라구요. 그 친구들 이상한 생각을 갖고 있더라구요.

"한의계에서는 반대이지요, 당연히...수입품들을 표기하게 되니까? 아무래도 한의계에서 수입을 쓴다고 하면 소비자들은... 현재로는 95%이상 수입을 하니까 이게 현실입니다. 악순환 이예요. 국산한약재가 계속 인건비 생산비가 계속 올라가고 중간에 판매하는 사람도 국산이 좋은 줄 알면서도 팔기가 힘들어요, 값이 비싸고 수입은 싸니까. 돈 남는 것은 오히려 그것이 더 나으니까 파는 사람이 국산을 외면해 버리고 쓰는 사람도 마찬가지로 한의원 이런 데는 시실 국산 써 가지고는 수지타산도 잘 맞지 않고 약제구하기도 쉽지 않고 수입이 가격도 적당하고 수급도 잘되고 하니까 "

- 회장님 그동안 감초를 재배 생산하시면서 판매도 하셨잖아요, 그 말씀 좀 해주세요.

"판매문제는 수입산 감초가 국산감초에 비해 3분의 1정도 그래서인지 작년 같은 경우에는 생산비 이하로 낮아져서 가격이라고 할 수 없고, 금년에는 농가가 많이 포기하는 상태이고 그렇습니다."

- 네, 앞으로 10년 후 감초 시장은 어떨 것 같습니까.

"가장 큰 문제는 한약재가 규격화가 됐다는 것이죠 규격화가 되면서 옛날 약업사들이 없어지면서 제조회사들이 생겨서 GNP로 포장을 해서 한의원에 납품을 하니까 중간에 납품하는 사람들이 다 없어져버렸다, 그러니까 그 사람들로 인해서 국산한약재가 조금씩 들어간 것 마저 다 끊겨 버린 거죠."

- 아- GNP가 생기면서 약업사들이 없어져 버린 거군요, 저는 그쪽에서 너무 재미난 것을 발견했어요. 허준선생 묘소도 가거든요 근데 허준이 치료를 했던 약재는 도대체 뭔가?

"ㅎㅎㅎ~"

- 그러니까 한의계에서 우리의 약재를 포기해버리면, 그런데 동의보감을 앞에 내세워 하거든요 그럼 그때는 도대체 뭔지? 그게 굉장한 의문이 들어요.

"우리나라 1970년도 이전만 하더라도 산에서 나온 자연산 약재를 많이 썼단 말입니다 그러다 보니 사실 허준선생의 동의보감 이야기는 자연산 약재 이야기고 그리고 1980년대 들어오면서 경제성장이 이뤄지면서 한약도 소비가 많이 일어나잖아요, 그러다 보니까 재배도 필요하고 수입도 필요하게 되고. 1980년도 전까지만 해도 중국하고 수교가 안 이뤄졌으니까 우회로 돌아서 베트남으로 홍콩으로 많이 들어온다든지 하니까 수급도 원활하지 않았고. 그러다보니까 우리나라에서 재배를 많이 했었습니다. 1980년대에서 1990년대로 넘어가면서 한약초 재배농가들 수입도 쏠쏠했는데 중국하고 수교이 전까지. 그러면서 1992년, 8,24 한중 수교를 맺으면서 무역이 굉장히 활발해졌고 보따리상까지 들어오면서 한약재 가격이 폭락하기 시작했어요. 그러면서 폐농들이 생기고 90년도 후반에도 농가들이 많은 어려움을 겪었어요. 그러니까 한약재 시장은 폭발적으로 늘어나는데 농가들은 어려움을 겪고 그러면서 지금 와서는 중국산도 우리나라에서 생산되지 않는 품목은 가격이 많이 올랐어요.

- 네 그렇다고 들었습니다.

"그런데도 우리나라 생산기반은 자꾸 무너지고 이런 상태가 되어가는 거죠 그러면서 수급조절위원회라는 것이 보건복지부에 있어서 국내에서 많이 나는 것들을 보호하기 위해 수입금지 품목을 정해서 농가를 보호하기도 했어요. 우리나라에서 생산량이 너무 적어서 약을 지을 수가 없는 품목만 수입할 수 있도록 한동안 역할도 했었습니다. 그런데 요즘은 그마저도 없어져 버렸습니다.

- 수급조절위원회가요

"그게 없어진지가 몇 년 안됐는데 그 무렵 저도 보건복지부에 갔었는데 그 때마다 아까 말씀드린 GNP공장을 가지고 있는 제조회사들이 자기들만 수입 독점을 하려고 법도 그렇게 만든 거고 또 보건복지부도 거기에 휘말려서 농가는 생각안하고 그 사람들은 농가 생각할 필요 없으니까, 그 사람들은 뭐 농림부에서 국가에서 자꾸만 기관과 이야기하라고 그러니까 수급조절위원회가 명분상 있었는데 세월이 흐르면서 이제는 복지부에서 필요없다는 식이야, 자기들은 약리성분만 따지지 국가의 이득을 중요하게 안보는 거죠. 그래가지고 수급조절 위원들이 단위농협에서 1명 있었고 생산자단체에서도 있었고 했었어요. 그때 마지막 보건복지부에 가서는 막말들이 나오고 그랬어요. 자기들은(보건복지부) 위해 요소만 없고 약리성만 맞으면 된다는 식이었으니까."

- 이기주의로 돈만 따라서 가는 거죠

"그러다 보니까 사실은 우리나라 한약이 국민들로부터 신뢰를 많이 잃었죠. 그래서 지금은 한약을 먹는 횟수가 줄어들었다고 봐야죠."

- 네 제가 몇 년 전에 한방병원하고 한의원하고 몇 개가 되는지 봤더니

16,000여개 되었어요. 환자들이 농사꾼들이 많잖아요,

"그렇지요"

- 그러니까 약초농사꾼들이 없어지니까 소비자들이 피하는 거죠

"네..."

- 그러니까 한의계는 어렵게 되는 거죠

"네..."

- 회장님 앞으로 한약재 시장이 어떨 것 같습니까 10년 후 정도요?

"10년만 봐도 저는 이렇게 생각해요 한의계는 계속 쇠퇴될 것입니다. 아무튼 발전이 안 되고 계속해서 침체가 될 거다"

- 제 생각도 이상태가 계속되면 거의 문을 닫는다고 보여 집니다.

"네...예전에는 흔히들 자식이 한의대를 나오면 굉장히 영광스럽고 앞으로 장래가 보장되고 이렇게 생각 했었잖아요 지금 현재만 봐도 여러 가지 발전이 안 돼는 요인이 있겠지만, 단 한 가지 천연물 쪽으로 보면 식품이나 산업 쪽으로 보면 발전이 있을 것 같고 한약재 원재료 시장은 성장이 멈추고 다른 쪽으로 발전한다. 그게 왜 그런가 하면 기능성 식품이라든지 화장품이라든지 차 종류라든지 또 식품첨가 되는 부분이 늘어나고 전체적으로 생명산업 쪽으로 관심이 많아지잖아요, 그 원료를 천연물에서 찾으려고 하고 있으니까 그쪽으로는 계속 발전 할 것으로 보입니다. 속도는 크게 장담 못 하겠지만 꾸준하게 발전해서 시장이 바뀐다."

- 네 그럴 것 같습니다.

"지금도 그게 보이고 있고"

- 네...

"그래서 약용작물 쪽에 국가가 잘못하다는 것은 기반산업을 보호하지 않

고 있다, 이게 국가 상래를 보면 잘못됐다…"

- 네 맞습니다.

"우리가 농업을 돈으로 따지면 안 되잖습니까."

- 네 그렇습니다.

"농업이 국가기반산업인데,"

- 첫 번째죠

"국가기반을 세워야만이 국가장래가 있고 한데, 현재 국가에서는 다 합쳐봐야 경제에 미치는 영향이 5% 밖에 안 되니 어쩌니 하는 명분으로 신경을 안 쓰고 있고"

- 네…

"자꾸 전문가가 없어져요"

- 네

"그러니까 큰 문제죠"

- 국가가 농업철학이 없는 것 같아요

"네 철학이 없어요. 그래서 저도 생각해보면 농사로서는 감초에 12~3년 매달려 있는 건데, 내가 전문가가 되서는 안 되죠"

- 그런데 감초에서는 아무도 안 계시잖아요

"예를 들어 국가적으로 봤을 때에는 내가 전문가라고 하면 안 돼는 거죠, 잘 못된 거죠"

- 그런데 서글프게도 아무도 안계시잖아요

"국가적으로 잘못된 것이다 물론 농진청에 감초전문박사 분들이 한두 분 있긴 있습니다. 그분들도 감초산업에 있어서 농사에서부터 가공이나 감초시장 흘러가는 쪽을 이야기하면 어려우니까… 전국에서 농민들이 감초에 대해서 관심들이 엄청 많아요, 그러면 조금 전에 얘기한 내가 과연 감초에 12~3년 매달린 내가 전문가가 돼서는 안 되는 거지... 나도 예를 들면 전문가에게 배우며 터득하면서 왔어야 했는데 그런 것이 없는 나를 전문가라고 사람들이 보낸다는 거는 국가적으로 서글픈 일이다, 나는 그렇게 생각해요"

- 회장님처럼 말씀하신분이 경주에 계시는데요, 고려청자를 재현하신... 회장님과 같은 말씀을 하세요.

"감초의 주산지는 중앙아시아 쪽입니다, 우즈베키스탄 키르키스탄 카자흐스탄 중국 서북쪽과 몽골지역에서 감초가 자라는 기후와 잘 맞고요, 우리나라 감초소비량의 약 30%는 우즈베키스탄 거예요."

- 네...

"그쪽은 자기네끼리 씨앗이 떨어져서 나고 자연산이 계속 유지가 되는 곳이고요, 한국은 중앙아시아처럼 야생에다 던져 놓으면 하나도 안 살아나. 그건 무슨 말이야 하면 그쪽은 연간 강수량이 300미리 밖에 안돼요"

- 완전 무한적인 자산이네요, 그리고 감초가 물을 싫어하는군요

"감초가 밑에 있는 수분은 좋아하면서도 위에서 맞는 수분은 싫어해요."

- 꽤 까다로운 식물이네요.

"감초는 고온다습한 것을 싫어합니다, 그래서 던져 놓으면 없어져 버려요, 그래서 한국에 맞게 관리를 하고 하니까 생산을 해야 하는 거지, 안 그러면 안 돼요. 전에도 우리나라에서 감초를 재배했는데 어려워서 그만두고 팽개치고 했다가 저는 그걸 시험 재배를 해서 성공을 했습니다. 지금은 그마저도 감초시장에서 2%도 안 되는 국산 감초를 소비자들이(한의계, 한의원 한방병원 식품회사 등) 안 팔아주니까 이런 어려움을 겪고 있지요."

- 우리나라에서 사용되는 총 감초사용량 중에서 국산감초가 2% 정도라는

말씀이시죠.

"네 우리나라에서 식품 등 사용하는 감초 총량이 약1만 톤 정도 됩니다.'

- 건으로 계산했을 때지요

"네 마른 감초요, 현재 우리나라에서 생산한 감초는 200톤도 안 되는데 그것도 못 팔아 문제가 있는 실정입니다,"

- 커피 같은 경우 축제도 하더라구요, 하우스 같은 곳에 심어서요, 보니까 시장이 좀 더 늘어나 보이는 것 같구요, 농업 관련 한약재도 다른 방법이 없을까요

"저도 늘 연구를 하고 있지만 제대로 되려면 국가가 관심을 가져야 해요, 국가가 약용작물육성법을 만들던지, 체계적으로 밀고 가야,"

- 네...

"정부에서는 바이오 쪽이 커 간다고 생각하고 있는 사람들이에요 그런데 앞뒤가 안 맞는다. 중요한 산업을 팽개쳐놓고 잘 될 것이다, 하는 것은 앞뒤가 안 맞는다, 그리 생각해요. 임시로 하기 좋은 말만 하는 거지. 국가 전체를 고민해본 사람은 없는 거죠"

- 약초 농사를 짓고 싶은 사람들께 한 말씀 해주세요

"우리가 장기적으로 봤을 때에는 바이오산업 전망이 그리 나쁘지 않다고 봅니다. 왜 그러냐면 지금의 의약품을 만드는데, 기능성 식품을 만들거나 식품 재료 이런 부분은 어차피 천연물에서 찾을 수밖에 없고 지금은 빠른 변화 속에 있는데 한약을 옛날 한약재처럼 끓여서 먹는 시대는 앞으로는 어렵다, 이거에요 그리고 약초를 심어서 세척을 하고 건조를 하고 절단을 해서 판매한다. 이것은 앞으로 현상 유지밖에 안 된다. 그 이유는 인건비가 너무 많이 올라서 어렵고 10년 전만 보더라도 배가 더 올랐어요, 그리고 지금 우리

가 탕약재를 꺼려하는 이유가 지금 상태로는 젊은 사람들이 먹을 사람이 없어요. 그리고 먹기도 불편하고 제가 봤을 때에는 중국하고 일본이 약간 앞서가고 있는데 액체를 다시 분말화해야 합니다."

- 아 네...

"그러니까 고농축을 해서 다시 분말화해야 되요, 쉽게 말하면 한 컵 량을 알맹이 하나로 만들어야 합니다. 액체를 분말로 만들면 굉장히 용해가 빨리 되요, 물에 들어갔을 때 금방 풀려요. 또 보관이 무한정이에요, 유통기한이 없을 정도니까, 이렇게 해야 고부가치가 나오는 거죠."

- 지금의 원재료 상태에서는 고부가가치를 창출할 수 없겠군요. 그런데 이렇게 하려면 돈이 많이 들어가잖아요.

"그러니까 이것을 농민들이 다 할 수 없는 거지요, 그래서 관련 기업들이 고부가치 사업을 해야 한다는 것이죠, 그래야만이 농가들이 귀하게 생산한 약초 값을 더 줘도 타산이 나올 수 있는 거죠, 이런 식으로 가야 한다, 이거죠."

2018,12 한국감초영농조합법인 : 장용상 회장님과

감초 이야기... 약초이야기

2022.1.11

오후2시 점심 후, 하루 중에서 에너지지가 가장 충만할 시간이다, 라고 평소 생각하고 있는 오후 2시에서 3시 사이에 전화를 합니다.

- 장용상회장님 안녕하세요. 빨간버스 이승렬입니다. 코로나 때문에 몇 년 못 뵙습니다.

"네 네 잘 계셨지요, 그래도 많이 궁금했었는데 목소리 들으니 반갑네요."

- 인터넷에 한국 감초 장용상 검색했더니 작년연말 기사내용이 나오더라구요,

"네... 네..."

- 지난번   을 때 감초시장이 어렵다고 하셨잖아요

"네 그랬지요."

- 지금은 어떠신지요?

"요즘 많이 좋아지고 있습니다. 국산감초가 그동안 많이 알려져서 우리 것을 찾는 분들이 많아져 그런 것 같아요."

- 어휴 다행입니다. 걱정이었는데, 기쁘고 반가운 일이네요...

"웃음..."

- 회장님 지난번에 제가 여쭤워 본 감초를 인삼공사에 납품한 그 말씀 좀 죄송하지만 다시 해주시지요. 가물가물해서요.

"인삼공사에 2009년부터 약5년간 40~50여 톤씩을 납품했지요."

- 지금은 어떠세요?

"아직까지는..."

- 그런데, 회장님 인삼공사에서는 감초소비량이 년 어느 정도 될까요?

"예전에는 약 100톤 정도를 사용한다고 들었습니다."

- 회장님 제 농업이야기가 담긴 책이 다음달 2월 중순쯤 출판 예정입니다. 일단 책이 나오면 정당대표들께 한권씩 드려서 [중앙선거관리위원회]에 대통령후보로 등록한 후보자들께 농업공약을 낼 수 있도록 추진해볼 생각입니다. 그리고 회장님을 찾아뵙겠습니다.

2014.8, 24 우수농산물(GAP) 감초밭   2014.8.24 감초밭에서(제천시 금성면)

- GNP(제조 및 품질관리기준에 따른 시설) GNP 발상지 미국/1977년 도입/ 2015년부터 한약재가공시설 의무화/ 2022년 1월11일 기준 전국에 150개 업소가 있음.

안흥찐빵에서 생각한 대한민국 특산품기본법

2020.3.10.비 내린 날이었습니다.

> ## 안흥찐빵의 유래
>
> 안흥찐빵은 예로부터 선조들의 지혜로 막걸리를 이용, 밀가루를 반죽한 후 숙성·발효시키는 방법으로 찐빵을 만들어 먹었다. 안흥은 영동고속도로 개통 이전에 서울~강릉을 오가는 나그네들이 반드시 거쳐야했던 중간지점으로서 마땅한 먹거리가 부족하던 시절에 점심을 먹고 또다시 먼길을 가야하는 나그네들이 찐빵을 허리춤에 끼고 장도에 오르던 소중한 식품이었다. 근세에 와서는 농촌지역 농민들의 새참거리로 허기진 배고픔에 든든한 먹거리로 큰 각광을 받게 되었으며 최근까지 전통적 제조방식을 고수하면서 그 명맥을 유지해옴에 따라 경제적·문화적 풍요로움으로 삶의 여유를 갖기 시작한 현대인들에게 옛 고향의 정취와 향수를 자극하게 되면서 전국민의 사랑을 받으며, 해외로 추출까지 하는 우리고장의 전통식품으로 자리잡게 되었다.

안흥찐빵의 유래

 안흥찐빵은 예로부터 선조들의 지혜로 막걸리를 이용, 밀가루를 반죽한 후 숙성, 발효시키는 방법으로 찐빵을 만들어 먹었다. 안흥은 영동고속도로 개통 이전에 서울 ~ 강릉을 오가는 나그네들이 반드시 거쳐야 했던 중간 지점으로서 마땅한 먹을거리가 부족하던 시절에 점심을 먹고 또다시 먼 길을 가야하는 나그네들이 찐빵을 허리춤에 끼고 장도에 오르던 소중한 식품이었다. 근세에 와서는 농촌지역 농민들의 새참거리로 허기진 배고픔에 든든한 먹을거리로 큰 각광을 받게 되었으며 최근까지 전통적 제조방식을 고수하면서 그 명맥을 유지해옴에 따라 경제적 문화적 풍요로움으로 삶의 여유를 갖기 시작한 현대인들에게 옛 고향의 정취와 향수를 자극하게 되면서 전국민의 사랑을 받으며, 해외로 수출까지 하는 우리고장의 전통식품으로 자리잡게 되었다.

안흥면에 도착하면 먼저 찐빵 집을 몇 군데 들러 찐빵박스를 들고 우체국으로 가서 지인들에게 택배로 보냅니다. 찐빵을 너무나 좋아하는 저는 두 박스를 차안에 두고 한 박스 20개를 하루에 다 먹습니다. 무더운 여름 안흥에 왔을 때에는 안흥천에 들어가 열기를 식혔고, 안흥 장이 서는 날에는 장 뒷길 아주머니께서 손수 만드셨다는 올챙이국수를 사먹었습니다. 그 뒤로 또 장날이 걸리면 올챙이국수를 찾지만 어쩌다 간간히 나오신다는 상인들의 말씀을 들었습니다. 그리고 2년쯤 지나서 또 안흥에 왔습니다.

꼬불꼬불 옛길에 강냉이 밭둑을 닮은 올챙이국수. 강냉이를 맷돌에 갈아 가마솥에 넣고 아궁이에 장작을 지펴 모락모락 강냉이 죽이 끓으면 박바가지로 강냉이 죽을 떠서 올챙이국수틀에 부어 뚜껑을 닫고 누릅니다. 그러면 연못 같은 옹기뚜껑에 개구리가 산란 하듯 부화되는 올챙이국수. 그러나 이번에는 올챙이국수의 안부를 여쭙기가 어쩐지 미안해집니다.

긴 겨울잠에 빠진 것 같은 전통의 올챙이국수... 계절은 꽃 소식이 들려오는 삼월중순으로 향하고 있고 저는 안흥찐빵 마을 옆에서 언젠가는 추억이 될 안흥찐빵을 만들어볼 생각입니다.

지난번 안흥에 와서는 안흥농협마트에서 원주산 팥을 사서 나뭇잎에 반죽을 얹어 찐빵을 만들어 먹었습니다. 이번에도 찐빵을 만들어 먹으려고 안흥농협마트에서 찐빵의 재료들을 샀는데,

팥(적두) 1킬로그램 11,500원(영월군 한반도농업협동조합)

토종밀가루 1킬로그램 5,200원(경남 함양농협)

중력밀가루 1킬로그램 1,500원(미국, 호주산)

막걸리 1병 750미리 1,300원(강원도 강릉시)

찐빵 만들기는 안흥면사무소 앞에 세워져있는 찐빵돌탑 〈안흥찐빵 유래〉 "막걸리를 이용, 밀가루를 반죽한 후 숙성, 발효시키는 방법으로 찐빵을 만들어 먹었다." 와 안흥찐빵 로고〈안흥 손찐빵1960〉에 세월을 유추하여 만들어 봅니다.

먼저 밀가루에 막걸리로 반죽하여 하룻밤 사람 체온 정도의 온도에서 발효시킵니다. 이렇게 반죽한 것에 삶은 팥을 앙금으로 넣고 솥에 찌면 찐빵이 된다는 것을 대충 알고 있는데 〈안흥 손찐빵1960〉이 무슨 의미인지 긴가민가해서 찐빵집 사장님께 여쭤보니 1960의 숫자는 1960년대 초 우리나라에서 미국으로부터 밀가루를 수입하던 시기라고 합니다. 당시 먹을거리가 부족했던, 그리고 아직 휴게소가 없던 그 시절 서울과 강릉을 오가는 국도 42번 길 중간에 있는 안흥면에 국밥집 일곱 여덟 군데가 있었는데 행인들은 국밥을 먹고 또 먼길을 가야하는데 간식거리가 필요했다고 합니다.

그래서 국밥집에서 찐빵을 만들어 팔기 시작한 것이 맛있다는 입소문과 함께 찐빵집들이 늘어났고 안흥찐빵의 역사는 그렇게 1960년대 초부터 시작되었다, 그런 뜻이랍니다.

202.3.7(토) 안흥농협 하나로마트

저는 찐빵반죽에 앞서 이런 생각을 했습니다. 과연 지역의 먹을거리 특산품을 자체적으로 자립생산 할 수는 없을까? 수년에 걸쳐 이런 생각을 하며 찐빵여행을 하고 있는 중입니다. 이번 여행에는 안흥천 섶다리 앞에 자립잡고 있는데 안흥토박이 라는 분이 저에게 왔습니다. 그분께 찐빵여행을 왔다고 하니 약간은 웃으면서 별사람 다 있다는 표정을 짓습니다. 그래서 저는 안흥찐빵이 대를 이어 오래 갔으면 좋겠다고 말했습니다. 제 말에 그분은 "돈이 돼야지…" 하십니다. 그래서 저는 또 말했죠. "자식을 돈으로 생각하고 낳지는 않잖아요. 할머니 할아버지 아버지 어머니가 계셨기 때문에 가문의 역사가 유지되고 우리들이 지금의 세상에 살아갈 수 있는 거니까요. 찐빵도 그렇다고 봅니다" 제가 그렇게 말했습니다. 안흥에 와서 안흥식 찐빵을 만들다가 안흥 토박이를 만나서 별별 이야기를 늘어놓았습니다.

안흥 하나로마트 막걸리 진열대에는 여러 종류의 막걸리가 있었습니다. 안흥막걸리가 있는지 대충 찾아보았지만 눈에 띄지 않았습니다. 막걸리 병에 적힌 이름들이 좋아서 "강원도 특주, 사임당 옥수수 생동동주"로 샀습니다. 밀가루는 국산 토종밀가루와 수입산(미국,호주산) 중력밀가루를 샀는데 가격 차이는 국산이 수입 산에 비해 무려 세배이상 높았습니다. 이러한 가격경쟁과 맛의 벽을 어떻게 극복할 것인지, 또 찐빵의 고장으로 세월을 이어가려면 어떤 특단의 결정이 있어야 하지 않겠나, 그런 생각도 들었습니다. 또 한편으로는 이를 극복하지 못한다면 찐빵업소들은 줄어들 것이고 줄어든 찐빵 집만큼 인구도 감소하고 결국 지역의 특산물 이라고 하는 먹을거리를 자급자족하지 못하게 되면 옛 명성은 명성으로만 남을 뿐이라는 생각이 들었습니다. 막걸리병 뒷면에 표기된 내용의 글을 보면서 든 생각이었습니다.

제품명: 사임당 옥수수 생 동동주. 식품유형: 생탁주. 내용량: 750ml. 에탄올함량: 6%. 원재료 및 함량: 정제수83,07% 평화미(국내산)8,1% 옥분(외국산)4,0% 미국: 2,4% 옥수수물엿1,6% 치자추출액: 0,81%, 혼합제제:(효모분말덱스트린유당)0,009%, 아세설팜K:(합성감미료)0,005%, 정제효소:0,006% (밀유당 함유)

밀가루 반죽은 밀가루 500g 정도에 막걸리700ml 정도를 넣고 반죽을 했는데 이번에는 발효가 잘되지 않았습니다. 밀가루에 반해 막걸리 양이 많아 반죽이 질었고 과한 막걸리 사용으로 쪄낸 찐빵에서는 에탄올 냄새인지 합성감미료 냄새인지 정확히 알 수는 없으나 결코 맛있게 먹을 수 없었습니다.

찐빵반죽 2020.3.7   반죽 후 찐빵 2020.3.8

"안흥찐빵의 유래- 안흥찐빵은 예로부터 선조들의 지혜로 막걸리를 이용, 밀가루를 반죽한 후 숙성, 발효시키는 방법으로 찐빵을 만들어 먹었다."

- 다음 찐빵여행에서는 선조들의 지혜로 빚은 안흥막걸리를 이용해 안흥찐빵을 꼭 만들어보겠다는 약속을 남기며... 2020.3.12.(목) 안흥천 섶다리 앞에서

2020.3.12.(목) 안흥천 섶다리 앞에서

안흥찐빵 여행 중에 생각한 대한민국 특산품기본법

1. 대한민국 특산품기본법
   대한민국 특산품이란 대한민국에서 생산하고 대한민국이 만든 것을 특산품이라 한다.

2. 지역특산품 기본법
   지명을 사용한 지역의 특산품
   (예) 안흥찐빵은 안흥에서 재배하고 생산한 밀, 팥, 누룩, 막걸리, 물 등을 사용하여 만든 찐빵을 안흥찐빵 이라 한다. 또 국내산 소금을 사용해야하며 단, 국내생산이 불가한 경우, 설탕은 예외로 사용할 수도 있다.

3. 지명을 도용한 특산품 방지법

   (예) 고속도로 휴게소 또는 국도 또는 산모퉁이에서 빨간버스가 안흥찐빵 플랑카드를 걸어놓고 찐빵의 재료 원산지가 불분명한 찐빵을 판매하고 있다면 안흥면과 안흥찐빵 업체들은 안흥찐빵 이름을 도용한 빨간버스에게 법에 따른 제재를 한다.

4.

5.

6.

천안명물 호두과자 여행!

2018,9,8 왼쪽 유충신 선생 호도시식지(표석), 그리고 400살 호두나무 우측 광덕사

2021,10,5 광덕사 호두나무에 철기둥

2014,9 광덕사 400살 호두나무에서 열린 호두

2014,9 청설모가 먹은 호두. 광덕면 호두 밭을 여행하다

천안호두과자를 처음 맛보게 된 것이 언제 어디서인지 기억이 명확하지 않습니다만, 아마도 고속도로 휴게소가 아닐까? 하는 편향적인 추측을 할 뿐. 제가 천안 호두과자여행을 시작한지가 벌써 반 10년이 지나고 또 10년이 다 되어갑니다. 2021년 11월 5일 금요일. 그러니까 지난달 10월7일 목요일에도 광덕면에 있는 광덕사와 10월9일 10일 호두축제를 한다는 광덕쉼터에 들려서 천안명물 호두과자가 담겨진 오천 원 만원 하는 선물용 몇 상자를 샀습니다. 천안 지장골에서 생산한 깐 호두알 한통과 고속도로 휴게소에서 산 천안명물 호두과자를 꺼내먹으면서 산속오두막에서 '천안명물 호두과자 여행' 이야기를 하려고 합니다.

천안명물 호두과자 여행을 괜히 했다는 생각도 들면서 아직 먹지 못한 그러니까 의도적으로 먹지 않고 있는 천안명물 호두과자가 들어 있는 상자 안에서 미라가 된 호두과자들을 꺼내 손바닥에 올려놓고 '니가 천안명물이냐?' 혼자 주절 주절 거렸습니다. 빨간 버스에서 함께 살아가고 있는 바둑이, 토돌이, 꼬밍이(토돌이는 바둑이 새끼, 꼬밍이는 바둑이 두번째 새끼) 에게도 몇 개씩 집어 주며 약간은 쉰 내 나는 호두과자를 저도 아무렇지도 않게 먹었습니다.

천안명물 호두과자... 천안명물 호두과자 이야기가 도무지 앞으로 나가질 못하고 있으니 참으로 한심합니다. 원고를 쓰고 있는 노트북 화면에서 눈꺼풀이 내려않고 눈동자는 도망가고. 옆으로 더듬더듬 기어나가는 손가락... 폭우에 흙탕물이 된 강물 그래서 그 강물에 서서히 하늘의 구름과 산과 나뭇잎들이 보여지길 기다리며 꾸역꾸역 그래도 천안명물 호두과자 여행이야기를 해보겠습니다.

그러니깐 천안호두과자의 시초가 어디인지가 궁금했습니다. 그래서 천안시청 문화관광과에 전화를 걸어 문화관광해설사께 천안호두과자에 대하여 이야기를 들어보기로 했습니다. 그때가 2014년 늦여름 광덕사 부지 내에 있는 문화관광해설사 컨테이너 사무실 앞 광덕사 호두나무가 있는 곳이었습니다. 그때 대화 중에 유독 기억에 남은 말이 있는데 "천안호두과자 이야기 잘 써 주세요." 라고 했던 말이었습니다. 천안시청 산림과를 방문하여 호두나무와 호두재배 호두품종에 대해서도 이야기를 듣고 또 호두과자에 대해서도 질문을 했던 천안명물 호두과자…도대체 "천안명물 호두과자"란 이름은 누가 지어냈을까?

천안명물이라는 천안호두과자의 시원은 어디서부터인지 그리고 천안호두과자가 있긴 있는 것인지 몇 년을 두고 천안호두과자를 판매하고 있는 판매점들을 찾아 다니며 호두과자를 사먹어 보기도 하였으나, 꼭 만나고 싶은 진짜 천안호두과자는 만나지 못했습니다. 그 상태로 400살이 되셨다는 호두나무를 찾아갔습니다.

400살 호두할머니

매년 주렁주렁 열린 호두. 광덕사에서는 수확한 호두를 예전부터 광덕사를 찾는 분들과 함께 나눠 오고 있다고 합니다. 몇 해 전 광덕사종무실 앞에서 어떤 분이 들려주신 이야기입니다.

저는 400살 호두나무에서 호두가 주렁주렁 열린 것이 믿기지 않았습니다. 그것은 사람 수명보다도 거북이 수명보다도 몇 배나 길고 제가 알고 있는 어떤 과일나무도 이렇게 고목의 이름으로 해마다 결실을 거두는 과일나무는 보지 못했기 때문입니다. 400년이나 된 나무가 열매를 맺을 수 있다는 것이... 그래서 400살 호두나무 아래서 호두나무를 구경 온 사람들을 만나봤습니다. 그리고 사람들께 질문했습니다. "이 호두나무가 할아버지일까요? 할머니일까요?" 어떤 분이 "할머니죠!"라고 하셨습니다. 아- 그렇군요. 그렇죠! 할머니 호두나무...

천안의 명물 천안 호두나무 할머니는 매년 당신 가슴쯤에 호두나무 잎과 호두 한두 개를 넣어두고 있었습니다. 그것은 아마도 할머니의 이야기를 듣고 싶은 사람에게 보여주려고 담아둔 것은 아닐까? 생각도 되었습니다. 호두나무는 땅에서 약 1M위에서 Y자 형태로 갈라져 뻗어 올라가는데 Y홈 안에 호두나무 잎과 함께 호두 한 두 개가 담겨 있는 해도 있었습니다. 누구든 호두 할머니께 가면 계절에 상관없이 그 Y홈에 호두나무 잎을 들춰보면 아시게 될 겁니다.

그리고 400살 호두나무 할머니는 할머니로부터 뿌리가 닿을 수 있는 거리에 오른쪽과 왼쪽에 손녀 증손녀쯤 되는 호두나무를 두고 있으며 이 또한 호두가 열린답니다.

유청신선생 호두시식지
(천안시 동남구 광덕면 광덕사길 30)

유柳청淸신臣선先생生호胡도桃시始식植지地

천안호두 시원을 찾아 호두나무가 있는 가까이로 가면 신라의 고승 자장률사가 창건한 광덕사를 만나게 됩니다. 광덕사를 들어가기 전 호두나무에 관한 알림 글이 있는데,

"호두"는 고려충렬왕 16년(1290년)류청신 선생이 원나라로부터 왕가를 모시고 올 때 열매와 묘목을 가져와 묘목은 광덕사 경내에 심고 열매는 광덕면 매당리 고향집에 앞뜰에 심은 것이 시초이며 그 후 선생의 후손 및 지역주민들이 정성껏 가꾼 결과 호두의 주산지가 되었고,(생략)

이곳에서 약400~500M미터 걸어서 올라가면 천안호두의 시원을 만나게 되는데 그에 관한 글을 요약하여 옮겨봅니다.

"이 호두나무는 나이가 약,400살 정도로 추정되며 높이는 18,2M이며, 지상60CM 높이에서 두 개의 줄로 갈라져 각각2,62M 2,50이다.

호두나무 3M앞에는 이 나무의 전설과 관련된 〈유청신선생호도시식지〉란 비석이 새워져 있다.

이곳 마을에서는 이것이 우리나라에 호두가 전해진 시초가 되었다 하여 이곳을 호두나무 시식지, 라고 부르고 있다."

• 천안시 광덕사 호두나무는 국가지정문화재 천연기념물 제398호입니다.

삽화 : 천안시 광덕면 광덕1리 표석　　　광덕1리 표석 앞에서

"천년을 이어온 명물 광덕호도 광덕1리."
광덕1리는 광덕사 앞마을입니다.

길가 마을광장 주차장 앞에 세워진 표석을 보면서 웬 호두? 라는 질문을 하게 되었습니다.

그러니까 1290년 류청신 선생께서 호두나무를 광덕사에 심을 때 호두 이름을 "오랑캐나라에서 가져온 봉숭아나무"라고 하였다고 합니다. 그 이야기는 표석을 보면 이해가 됩니다.<유柳청淸신臣선先생生호胡도桃시始식植지地> 이러한 근거에 호두이야기는 700여 년을 잇고 이어서 광덕마을 표석에까지 새겨졌습니다. 지금 우리가 사용하는 한글도 50년 전과 100년 전에 사용되었던 다른 글자가 있습니다. 현재 우리가 사용하는 한글도 백년 천년 후에는 다르게 말하는 글자들이 많이 있을 것입니다. 그러니 천안시 광덕면에 호두를 만나러 가시거든 "호두"를 ""호도"라고 불리도 좋을 것 같습니다.

- 광덕마을에는 호도마을 답게 호도나무들이 논에 벼가 자라는 것처럼, 밭에 콩이 자라는 것처럼 자연스럽게 자라고 있답니다.

천안명물 호두과자는 없다

사실 저는 천안명물 호두과자를 한번도 먹어본 적이 없습니다. 광덕면에 가면 광덕호두를 사서 호두알을 까서 밥을 지어먹곤 하는데 천안호두과자 보다는 천안호두 밥을 해 먹는 게 천안시로부터 사기를 안 당하는 느낌이라고 할까요? 그래서 광덕에 가면 호두 밥을 지어먹곤 합니다. 그리고 가짜지만 천안명물 호두과자도 사서 먹어봅니다. 혹시나, 혹시나 그동안 진짜로 천안산 호두로 호두과자를 만들었을지 모르니까요. 그렇지만 매번 사기를 당하는 느낌! 그런 기분이 천안명물 호두과자를 살 때마다 자동적으로 듭니다. 최근 2021년 10월에 구입한 천안명물호두과자 두 업체에서 만든 호두과자의 주성분을 보면

① 설탕, 밀가루(미국산, 호주산) 팥 (중국산, 미얀마산) 계란(국산) 호두살1,5%(미국산) 정제염, 마가린[팜유, 대두유, 팜스테아린, 코코넛오일] 포도당, 베이킹파우더(합성팽창제, 소맥분) 유유(국산)

② 밀가루(국산) 호두(미국산) 팥앙금. 국내생산 팥(중국산) 검은 강낭콩(수입산)

이렇듯 "천안명물 호두과자"에 국내산 호두가 들어갔다든지 천안산 호두가 들어갔다는 아무런 표시가 없습니다. 그래서 이것은 분명히 큰 문제가 있고 이런 문제를 바로 세우지 못하면, 천안시는 대국민 사기를 오래도록 치고 있는 것입니다. 이제라도 천안명물 호두과자를 독립시키지 못하면 점점 혼돈의 세상으로 빨려 들어갈 것입니다.

- 천안호두과자 여행을 하면서 400살 호두나무 할머니께 들었던 말씀이 있습니다. 마치 호두할머니가 한숨 지며 그러시는 것 같았습니다. 100년 200년 그보다 더 멀리보고 호두과자를 만드세요, 라고…

- 천안호두과자 여행을 하면서 기분 좋은 세상을 만났습니다. 그것은 2013년에 만들어진 광덕쉼터(광장)에 정원수로 호두나무도 심어졌고 광덕쉼터와 광덕면사무소 사이 광덕면 청년회에서 심었다는 호두나무 가로수 길도 봤

습니다. 광덕면 호두나무 가로수 길에 심어진 나무에서 400년 후에도 광덕호도가 주렁주렁 열리길 호두나무 할머니가 바라는 마음 같았습니다.

고려비색청자(高麗翡色靑瓷)여행

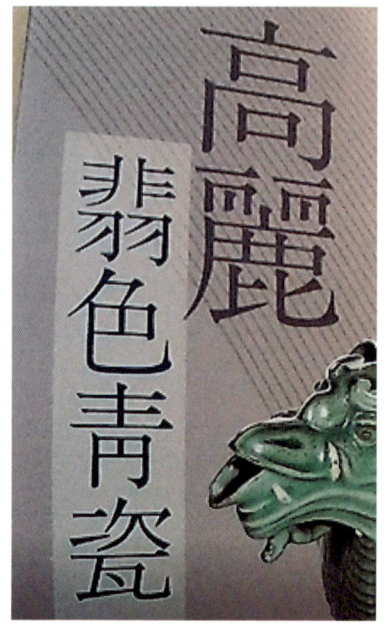

고려비색청자 재현한다? 재현 못한다?

강진고려청자박물관과 경주시 건천읍 김해익 고려청자재현 가마를 다닌 지가 햇수로 8년째가 되었습니다. 그렇지만 여전히 처음과 같이 알듯 모를 듯 참으로 신비한 색깔의 고려청자입니다. 고려청자도 한 가지 색만 있는 게 아니라 푸른 계열의 그릇, 갈색 등의 그릇도 다 고려청자라고 부르는 국보와 유물들이 있습니다.

고려청자. 참으로 신비한 이름입니다. 그러나 청색이 아닌 그릇도 청자라고 부르는 것은 개인적으론 동의하기가 어렵다는 생각을 하면서도 그 이유는 청자를 굽던 가마에서 동시대에 청자와 함께 탄생된 작품들이기 때문에 색깔이 다른 그릇들도 녹청자, 회청자, 갈색청자로 현대에 들어서 함께 부르기 시작하지 않았을까? 제 나름 고려청자 색깔에 대하여 이렇게 이해하면서 여행을 시작합니다.

강진청자축제장을 다니면서 문화관광해설사로부터 그리고 경주 김해익 고려청자재현 가마를 다니면서 고려청자에 대해 이야기를 듣고 또 들어도 고려시대에 청자와 현대청자의 차이점을 쉽게 구분할 수가 어려웠습니다. 제가 알고 있는 고려청자에 대한 짧은 지식은 중국에서 고려로 건너와 상감청자로 꽃을 피웠다 정도 였습니다.

그리고 천년이 지난 지금 강진에는 1997년 강진청자자료전시관 개관에서부터 2007년부터는 강진고려청자박물관을 운영 중에 있고, 청자축제를 매년 개최하고 있으며 또 김해익 가마에서도 고려시대의 청자를 재현하려는 대를 잇은 정열이 어느덧 50년 이어지고 있다는 정도를 알아가고 있었습니다. 고려청자비색을 찾아가는 뜨거운 도공의 열정에도 저는 여전히 고려청자의 비색을 분간 못할 때였습니다.

저는 그 느낌을 김핵익 가마 안에서 사진을 찍어 2017년 초 제주도 해안가에 떠밀려온 갈치상자를 뜯어 캔버스 틀을 만들어 안동포를 입혀 아득히 보이는 제 마음속의 고려청자를 그려보았습니다.

시간이 조금 더 지나도 여전히 고려청자에 대해서 아득하기만 하고, 그 문명에 대한궁금증이 더 커져만 갔습니다. 고려청자에 관한 책들을 찾아보면서 고려청자가마터가 있었다는 몇 곳을 찾아다니며 가마터 일원에 조각난 작은 청자파편들을 들춰보면서 옛 청자색깔과 현재, 재현하고 있는 청자의 색깔이 비슷한지, 책에 실린 국보와 유물사진들과 비교해보면서 고려청자를 재현하려고 하는 사람들 그 사람들은 왜 천 년 전 그릇 청자를 재현하려고 하는지, 그리고 재현은 가능한 것 인지 소풍가서 보물찾기 하듯 들뜬 마음으로 천 년 전 장작가마의 푸른 불빛을 자기에 물들인 인간의 문명을 제 나름대로 따라가 보았습니다.

===

삽화 : 유화   2016.12.6. 김해익 가마

강진청자 인터뷰

농부와 빨간버스 작가/이승렬입니다
전화:
E-mail:

기획의도	풍요로운 농촌을 위하여…
인터뷰일시	2018.8.1.(수) 10:00시~
장 소	청자박물관사무실: ○○○ 주무관
게제	<농부와 빨간버스> 2018년12월 중
인터뷰대상	청자박물관 (관계자)
취재 및 인터뷰 주요 내용	안녕하세요~ <농부와 빨간버스> 이승렬입니다~ 강진청자에 관심이 많은데요. ○청자레시피 ○흙은 어디서 와서 어떻게 청자로 탄생되는지? (전 과정, 유약 및) ○현재의 강진청자가국보급 청자와 얼마큼 가깝게 재현되는지? ○일반(생활)자기와 강진청자가 다른 점이 있다면? ○ 청자를 굽던 시대에서 맥이 끊겼습니다. 어떻게 그 맥이 강진에서 이어져 왔는지?

 그리고 2018, 10월 25일 강진고려청자박물관의 고려청자를 재현하고 계신 분께 강진요, 청자를 굽기 위해 초벌구이를 하고 유약을 발라놓은 상태의 예

비청자 두 작품을 빌려주실 것을 간곡히 부탁을 드렸습니다.

"빌려주시면 고려청자를 재현하고 계신 경주 김해익 선생 가마에 가서 청자로 구워 갖다드리겠습니다." 라고 말했습니다. 그런 저의 간청에 기꺼이 매병과 주전자를 강진요 박스에 담아서 주셨습니다.

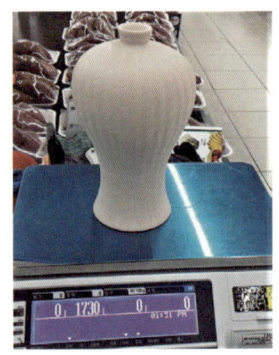 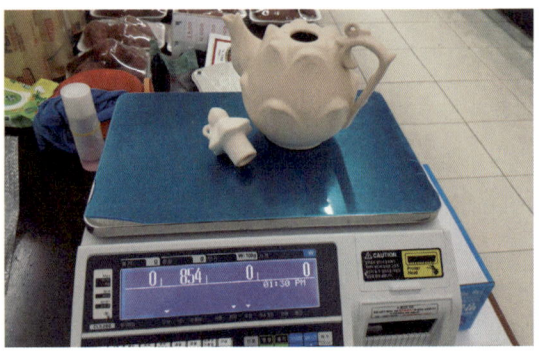

(건천읍 드림마트) 1730그램   (건천읍 드림마트)   854그램

그리고 2018. 11월7일 경주시 건천읍 드림마트에 들려서 매병과 주전자를

전자저울에 올렸더니 매병1730그램 주전자854그램이었습니다. 이날 오후 고려청자재현을 하고 계신 김해익 가마에서 명작이 나올 확률이 높은 가운데 강진요에서 가져온 매병과 주전자를 넣고 가마에 불을 지필 예정이었습니다.

2018.11.7. 김해익가마 입구, (강진요, 매병과 주전자)

2018.11.7.김해익가마 (강진요 매병)　　　2018.11.7.김해익가마 (강진요 주전자)

2018.12.22. 김해익청자가마(왼쪽 주전자를 들고 있는 김해익선생)

2018.12.22. 김해익청자가마(매병을 들고 있는 김해익선생)

저는 1년 전부터 김해익 선생님께 "기회가 생긴다면 강진요를 선생님 가마에 넣고 구워보면 어떻겠습니까" 하고 말씀을 드렸고 이미 흔쾌히 허락하신 터였습니다. 그리고 김해익 선생님께서는 청자가마에서도 비색청자가 제일 잘나온다는 자리를 미리 비워두셨다가 강진요를 그 자리에 넣었습니다.

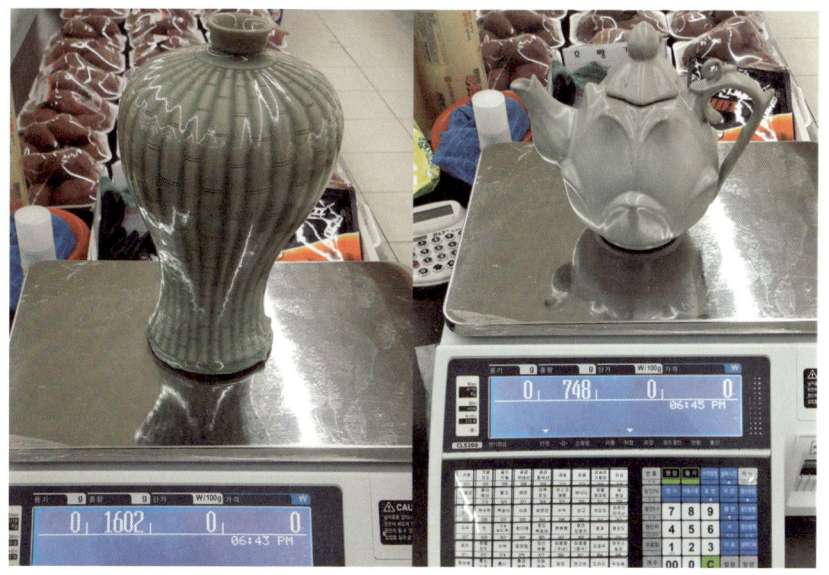

2018.12.22.(건천읍 드림마트) 1602그램 　　2018.12.22.(건천읍 드림마트) 748그램

　21일 동안 김해익 선생님은 청자 가마에 불을 지피고 21일을 식힌 다음 12월22일 청자를 꺼냈습니다. 그런데 신비한 일이 일어났습니다! 분명히 흰 색깔의 그릇 두 점을 넣었는데 매병은 청자가 되었고 주전자는 백자로 신비한 청자가 탄생하였습니다. 가마 안에서 저는 김해익 선생님께 "어떻게 이런 일이 일어나지요?" 중얼거리듯 질문하니

　"이게 다 불에서 오는 신비함입니다. 유약보다도 불의 기운이 우선하지요 결국 불이 색깔을 바꿀 수 있습니다."

2018.12.22. 김해익 청자가마에서 구워낸 오른쪽 강진요 매병.(왼쪽 김해익 청자)

그릇이 놓였던 위치는 가마의 정중앙으로 매병과 주전자와 거리는 약 50cm정도 떨어져 있었습니다. 그런데 마치 백짓장과 겨울하늘빛 같은 색깔로 서로 다르게 나왔습니다.

김해익 선생님께서는 "이 현상은 청자가마에서 불이 가져다주는 신비함입니다. 그리고 불길의 차이와 미세한온도 차이가 이렇듯 색깔을 바꿀 수 있습니다. 국보나 유물 등을 보게 되면 청자색깔들이 다른 걸 볼 수 있지요. 이것은 비색청자로 가는 과정 중의 일부입니다." 라고 설명하셨습니다.

그리고 매병의 유약은 녹아내렸습니다. 그래서 매병의 바닥이 가마의 바닥과 얼음처럼 붙어서 매병을 떼어내니 흘러내린 유약이 깨지면서 고려비색청자를 찾아가는 지도로 그려지는 순간이기도 했습니다.

다시 한 번 강진요를 김해익 청자가마에서 굽게 된 일정과 함께 정리를 해

보면 이렇습니다.

강진요 매병과 주전자를 2018년10월25일 강진청자박물관 청자사업소에서 받아 빨간버스에 실고 경주로 가 2018년11월7일 김해익 청자가마에 넣기 전 건천읍 드림마트에서 식료품 전자저울에 무게를 쟀습니다., 매병은 1730그램이었고 주전자는 854그램 이었습니다. 가마에 불을 지펴 21일간, 그리고 다시 21일간 식힌 후 2018년12월22일 김해익청자가마에서 꺼낸 매병은 1602그램으로 129그램이 줄었으며 주전자는 854그램에서 748그램으로 106그램이 줄어든 것을 확인 할 수 있었습니다.

2018.12.26.(빨간버스 내, 강진청자사업소에 전달하기 전)

그리고 2018.12.26. 강진청자사업소에 매병과 주전자를 약속대로 전해드렸습니다.

2019.1.10(목)
강진군 고려청자재현 취재/인터뷰

(이 메일 자료도 책에 게재 됩니다)

농부와 빨간버스 작가/ 이승렬입니다.
전화: 010-6
e-mail: lsy0575@hanamil.net
==
강진군 홍보팀 대표메일
Gjdept24@korea.kr
전화: 010-

기획의도	풍요로운 농촌을 위하여...
취재/인터뷰일시	2019.1.10~
장소	강진군청, 강진고려청자박물관 일원
게재	출판 2019년 중 [농부와 빨간버스] 풍요로운 농촌을 위하여, 에 게재
내용	○ 강진군은 1977년부터 고려청자 재현사업을 해오고 있는 데요 40여년이 지난 2019년 현재 고려청자 재현은 어디까지 왔나요? : ○ 21세기인 오늘, 천 년 전의 그릇 고려청자를 재현한 의미는 무엇입니까?: ○ 고려청자 재현 레시피를 말씀해 주신다면? : 　(흙과 물과, 유약과, 가마와 불) ○ 고려청자를 재현하고 청자축제를 하고 있는 강진에서는 청자를 빚을 때 필요한 고령토, 점토, 백토 등 채굴권이 있을 것입니다. 몇 곳이나 있는지 흙별로 알려 주십시오? : ○ 고려청자 파편과 그동안 재현된 청자색깔을 맞춰 주시기 바랍니다. "2018. 12.27. 목요일 날 청자제작 공방터(고려시대) 강진군 대구면 사당리와 1988년 국립광주박물으로 이전된 용운리10-1호 고려청자 가마가 있었던 용운리 저수지 윗마을 밭에 있는 고려청자파편들 입니다." ○ 사진 : 아래(다음 페이지)

2018년 12.27. 목요일 날 청자제작 공방터(고려시대) 강진군 대구면 사당 리와 1988년 국립광주박물으로 이전된 용운리10-1호 고려청자 가마가 있었던 용운리 저수지 윗마을 밭에 있는 고려청자파편들 입니다."

강진군 고려청자 재현 취재/인터뷰 : 답변서

√ 2019년 고려청자 재현은 어디까지 왔나요?

⇒ 고려청자 재현사업은 고려청자의 역사, 문화, 과학, 생산기술 등 다양한 분야에 걸쳐 학문적으로 연구하고, 단절되었던 고려청자의 계승과 더불어 창조적으로 청자를 발전시키는 것입니다. 대한민국의 대표 문화유산인 고려청자의 재현사업을 강진군은 지자체로서 열악한 재정적인 배경에도 불구하고, 고려청자의 계승과 창조적 발전이라는 목적으로 1977년부터 오늘날까지 추진해오고 있습니다. 재현사업을 통해 고려청자의 연구에 대한 학문적 관심을 가져오게 되었으며, 1997년 고려청자박물관이 설립되어 강진에서도 다양한 고려청자의 문화를 향유할 수 있는 역할을 하고 있습니다. 그리고 강진관요가 중심이 되어 청자의 생산기술을 밝혀가면서 점진적으로 청자의 생산이 가능하게 되었고, 현재는 민간요를 중심으로 대한민국의 청자산업을 발전시켜 나아가고 있습니다.

따라서 고려청자의 재현을 수치적으로 얼마만큼 진행되었다고 명확히 밝히기 어려운 부분이 있습니다. 고려청자를 벗어나 21세기의 청자가 만들어지고, 오늘날 우리나라만이 아니라 전 세계인의 삶속에 청자문화가 깃드는 시점에 고려청자 재현사업이 마무리될 수 있을 것으로 보입니다.

√ 고려청자를 재현한 의미는 무엇입니까?

⇒ 고려청자 재현에 대해서는 위에서도 설명이 되었듯이 하나의 그릇을 만들어내는 것이 아니라 다양한 방법으로 고려청자의 실체를 규명하고, 당시 고려청자를 만들었던 장인의 숨결까지 느낄 수 있다면 고려청자의 재현에 대

한 의미를 부여할 수 있을 것입니다.

√ 고려청자 재현 레시피를 말씀해 주신다면?
⇒ 고려청자에 대한 과학기술적 연구를 통해 청자에 대한 화학성분은 다양한 논문을 통해 공개되어 있습니다. 현재 강진군은 청자의 생산기술에서 핵심적인 내용을 공개하지 않는 것을 원칙으로 하고 있습니다.

√ 채굴권이 몇 곳이나 있는지요?
⇒ 청자의 주요원료는 점토이고, 점토종류에서도 2차점토입니다. 강진군에서는 2차점토의 광권을 소유하고, 주기적으로 채취하여 사용하고 있습니다. 질문하신 고령토 및 백토는 점토종류에서 1차점토의 별칭으로 통용되고 있고, 백자의 주요원료입니다.

√ 고려청자 파편과 그동안 재현된 청자색깔을 맞춰주시기 바랍니다.
⇒ 질문에서 제시하신 고려청자 편의 사진과 같이 고려청자의 색상은 다양합니다. 물론재현과정에서도 다양한 청자의 색상이 도출되고 있습니다. 강진군에서는 청자의 원료에 함유된 철분과 환원번조로 발색되는 청록색계열의 청자를 주로 생산하고 있습니다.

※ 참고사항
⇒ 질문지에 사적68호 고려청자 요지에서 2018년 12월 27일에 유물을 수습하여 촬영된 사진을 제시하였습니다. 사적지에서 유물을 수습하거나 수습된 유물을 반출하는 행위는『매장문화재 보호 및 조사에 관한 법률, 법률 제

15172호』에 저축됩니다.

2019년 1월17일 강진군고려청자재현 취재/인터뷰에 답변서를 이메일로 받고 1월25일 청자파편들을 가지고 경주 김해익 가마로 갔습니다.

2019.1.25

그리고 강진의 청자파편들을 색깔별로 김해익 청자가마에서 탄생된 여러 색의 청자들과 맞춰보았습니다.

고려비색청자(高麗翡色靑瓷)여행

강진청자파편들과 함께 수습된 화석(청자를 구울 때 가마에서 재가녹아 화석이 된 돌)

김해익청자가마에 재가 녹아 벽에 붙은 화석2018.12.22.(불에 재가 녹아가마 벽에 붙어 화석이 됨)

강진에서 가져온 청자파편들과 청자를 구울 때 나무재가 녹아 화석이 된

돌덩이 한 점까지 경주 김해익 청자가마에서 탄생된 청자들과 얼마나 색깔이 같은지 맞춰 보았습니다.

그리고 2019년 1월28일 강진군청으로 가서 매장문화재 발견신고서를 작성했습니다. 물론 그 전에 문화재청에 청자파편들에 관한 이야기를 했고 파편들이 작아서 강진군청에 신고를 해도 된다고 하여 강진군으로 갔습니다.

매장문화재 발견신고서 (접수확인 2019.1.28. 강진군청)

2019년1월28일 강진군청 문화관광과에 청자파편들을 들고 가서 매장문화재 발견신고를 끝마치면서 수습한 청자파편들이 어느 시대 것인지 궁금했습니다. 또 신고한 청자파편들은 어디로 가서 누가 감정을 하는지...?

그렇게 몇 달을 기다리다가 문화재청에 전화를 했습니다. 그리고 통화 중에 개인적으로 보다는 공적으로 정보공개 청구를 하면 그 정보를 알 수 있다고 하여, 2019년 6월18일에 [발견매장문화재 예비평가서 정보공개요청]을 했습니다.

문화재청의 발전을 기원 드리며,
2019년 1월 강진군 문화예술과에 신고한 고려청자파편들에 대한 평가서를 공개 요청합니다.
청구내용:
1. 청자파편19점의 평가서
2. 평가단 또는 평가위원(청자 파편진위를 가리는 평가단, 소속기관 등 명)
(파편들마다 개별적 연대기와 개별별 이름이 있으면 좋겠다는 바람입니다, 더불어 파편들의 유약도 종류별이 있었다면 유약의 개별적 이름도 있기를 원합니다.)

2019.6.18.(화)

정보공개요청에 대한 답변

1) 안녕하세요. 국립문화재연구소 소속 국립나주문화재연구소 학예연구실 실○○○입니다.

2) 귀하의 정보공개청구건(접수번호 5719940, 2019.6.18.) 관련입니다.

3) 귀하께서 청구하신 내용 중 1번 내용에 해당하는 발견매장문화재 예비평가서 자료를 붙임 파일로 제공해 드립니다.

발견매장문화재 예비평가서

☐ 관련 문서번호 : 문화재청 발굴제도과-1368호(2019.2.1.)

발견장소	전라남도 강진군 대구면 사당리 127번지 일원							
발견일자	2018.12.27							
발견자	성명		주소					
연번	문화재명	사진	수량(점)	시대	재질	규 격 (cm)	예비평가액	비고
1	자기편등			고려	토도			
	구조. 특징. 의견							
	강진지에서 기존에 많이 확인되었던 고려시대 청자완, 청자접시, 갑발편, 벽체편이다. 대부분 굽의 일부만 남아있어 전체적인 기형은 정확하게 알 수 없다. 태토나 시유 상태가 좋지 못하여 학술적인 가치는 그다지 높지 않다. 여의두, 연판문 등 상감기법의 문양이 일부 확인된다. 강진 사당리에 소재하는 '고려청자박물관'이 있어, 향후 여기에서 학술자료로 활용하는 방안이 고려되어야 할 것으로 판단된다.							

위의 발견매장문화재를 매장문화재 보호 및 조사에 관한 법률 시행령 제32조에 의거 감정(예비평가)합니다.

2019.3.20.

국립나주문화재연구소   감정관: 전용호

정보공개를 통해서, 발견매장문화재 예비평가서를 메일로 받아보았으나 갈증이 해소되지는 않았습니다. 청자파편들을 감정한 분들을 만나서 고려청자에 대한 이야기도 듣고 싶고 또 19점의 청자파편들은 잘 있는지 궁금하여 2019.7.24. 수요일 국립나주문화재연구소를 찾아갔습니다.

국립나주문화재연구소에 보관중인 강진청자파편들 2019.7.24

2019.7.24. 국립나주문화재연구소 감정관: 전용호님과

이승렬 선생님께

어제는 잘 가셨는지요?
강진 사당리 청자편을 계기로 하여 만나게 되어 좋았습니다.
저와는 다른 사람들을 만나서 서로 다른 삶의 이야기를
나누어서 좋았습니다.
앞으로도 멋진 삶을 살아가시길 바랍니다.
여름철에 날씨가 더우니 항상 건강하시길 바랍니다.
강진 청자와 관련하여 요청하신 자료를 〈붙임〉과 같이
보내드립니다.
아울러 추가적인 설명 자료도 함께 보냅니다.
다음에 또 뵙겠습니다.

나주에서 전용호 올림

강진 사당리 수습 청자에 대한 추가 설명 자료

전체적으로 순청자 계열과 상감청자 계열로 대별되는데, 순청자 계열은 황녹색과 녹색의 유색을 보이고 있고 기내외면에 문양이 없다. 기종은 접시와 대접류가 대부분이다. 12세기(12세기 후반경)으로 추정된다.

상감청자 계열은 대부분 편이지만 대접과 접시류로 추정된다. 문양은 여의두문 연판문, 운문이 대부분으로, 유색 또한 짙은 녹색과 황색계열이 확인되는 점, 13세기 간지명 청자 문양과 유사한 점 등으로 보아 13세기로 추정된다.

기타 유물은 가마 폐기물과 벽체편에 부착된 청자구연부편이 있으나, 이들 편의 유색으로 보아 빠른 시기의 청자는 아닌 것으로 추정된다.

일부 청자편에서 규석받침이 확인되나, 모래받침, 모래가 섞인 백색내화토받침 등도 확인되어 고급품은 아닌 것으로 보이고, 녹청자 계열의 청자도 1점 확인되고 있다.

고려비색청자를 조리한 그릇

고려시대 청자가마와 그리고 강진요와 경주 김해익마가

2021년 1월초 어머니가 아침을 차려주시는 중에 "어머니 곰탕을 냄비에 끓이면 어때요?" 라고 뜬금없이 여쭈어 보았습니다. 그 말에 어머니께서는 아무런 말씀을 안 하셨지만 음식조리에 대한 엉뚱한 물음이었기에 아무런 말씀을 안 하셨다고 생각하고 있습니다.

고려청자를 재현하고 있는 경주 김해익 가마와 강진요(청자축제장의 가마)를 찾아가 보겠습니다.

고려비색청자를 구운 최상의 그릇 용운리 10-1호 가마

1981년 국립광주박물관에 복원된 강진군 대구면 용운리 10-1호 가마

청자 가마 靑磁窯

전남 강진 용운리   全南 康津 龍雲里

여기에 복원된 가마는 1980-1982년에 만들어진 전라남도 강진군 대구면 용운리 당전저수지 부지 발굴에서 확인된 청자 가마[靑磁窯]다. '용운리 10-1호 가마'로 이름 붙여진 이 가마는 1980년 국립중앙박물관이 발굴한 것을 1981년 국립광주박물관으로 옮겨 왔다.

가마는 길이가 약 10m(번조실 길이: 6.8m)에 너비가 1~1.3m인 반지하식의 오름가마[盈窯]인데, 땅을 파 만든 아궁이는 단단한 갑발로 보강하였다. 가마벽 역시 갑발로 내벽을 쌓고 그 위에 진흙을 다져서 만들었는데, 아궁이에서 보았을 때 오른쪽에는 출입시설을 그 맞은편에는 불 상태를 확인하는 불창구멍을 두었다. 발굴 당시 가마바닥에서는 점토와 모래로 여러 차례 개축 된 흔적이 확인되었고 드물게 천장의 일부가 남아있었다. 이 가마는 전기의 무문청자부터 상감청자까지 오랜 기간 운영되어, 고려청자 발달사를 밝히는 중요한 자료로 손꼽히고 있다.

Celadon Kiln

Yongun-ri, Gangjin-gun, Jeollanam-do Province

This is "Yongun-ri No. 10-1 Kiln," a restored celadon kiln that was originally discovered during the preparations for the construction of Dangjeon Reservoir at Yongun-ri in Daegu-myeon of Gangjin-gun, Jeollanam-do Province. It was excavated in 1980 by the National Museum of Korea and relocated to the Gwangju National Museum in the following year. The kiln is approximately 10 meters long (6.8 meters for the firing chamber) and ranges from 1-1.3 meters wide. It is a type of climbing kiln with the lower half buried. This kiln is highly significant for its long period of operation, producing diverse types of celadon from plain early versions to inlaid celadon. As such, it bears close witness to the development of Goryeo celadon.

국립광주박물관에 옮겨진 강진군 대구면 용운리 10-1호 가마 평면도

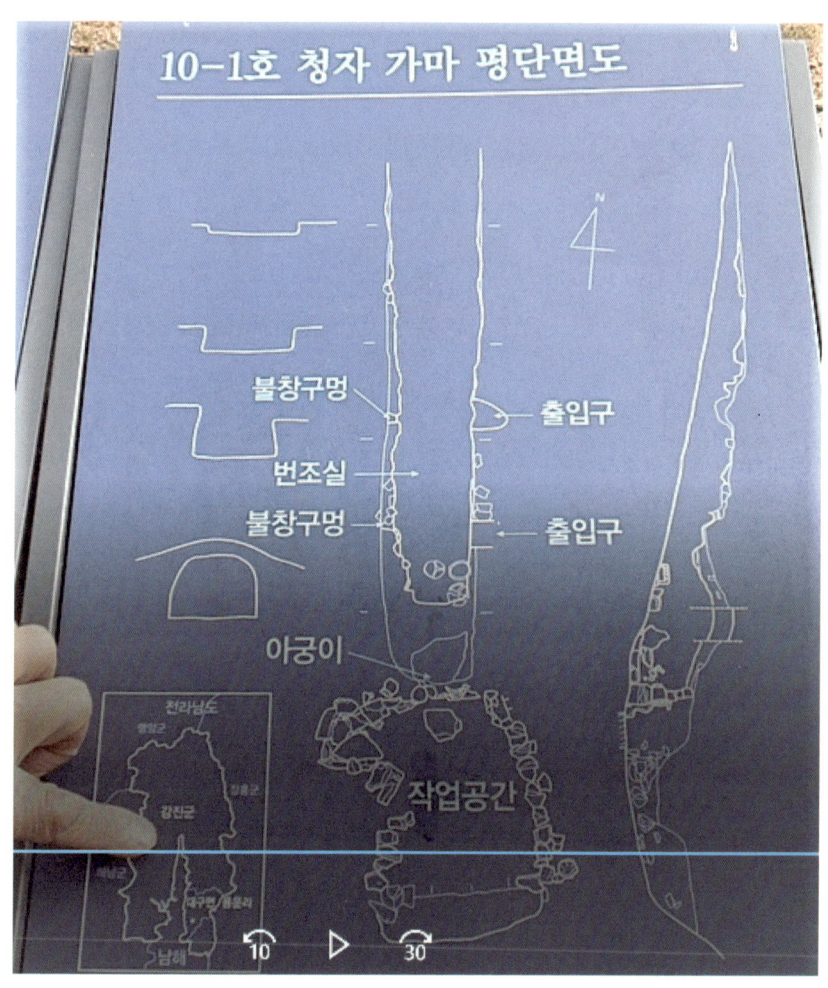

고려비색청자(高麗翡色靑瓷)여행 443

강진요 제1호

강진요 제1호

강진요 제1호(康津窯 第一號)
전통적인 고려시대 청자 가마의 형태와 구조를 복원하여 1977년에 만든 가마로 길이는 8.0m, 폭은 1.2m이다. 고려시대 장인들은 불길이 상승하려는 성질을 잘 파악하여 완만한 자연 경사면에 가늘고 긴 구조로 가마를 축조하였다. 박물관에서는 수많은 시험과 노력 끝에 1300℃의 고온에서 아름다운 비색(翡色)의 유약을 만들어낸 장인정신을 계승하고자 1년에 3~4차례 전통 제작방식으로 청자를 생산하여 우리나라 문화유산의 맥을 잇고 있다.

전통적인 고려시대 청자 가마의 형태와 구조를 복원하여 1977년에 만든 가마로 길이는 8.0m, 폭은 1.2m이다. 고려시대 장인들은 불길이 상승하려는 성질을 잘 파악하여 완만한 자연경사면에 가늘고 긴 구조로 가마를 축조하였다. 박물관에서는 수많은 시험과 노력 끝에 1300℃의 고온에서 아름다운 비색(翡色)의 유약을 만들어낸 장인정신을 계승하고자 1년에 3~4차례 전통 제작방식으로 청자를 생산하여 우리나라 문화유산의 맥을 잇고 있다. (강진요1호 : 알림 글 2021.11.28)

강진요 제2호

2018, 8,2 강진요 제2호 전통가마 공개요출(청자 축제 중에서)

2018, 8,2 강진요 제2호 전통가마 공개요출

2018,8,2. 강진군수님은 기자들이 있는 가마 앞에서 요출한 청자들을 10여 점 망치로 깼습니다. 저는 공무원 분께 왜 청자를 깨는 거예요? 라고, 묻자 그분은 "불량이라서요" 라는 말씀을 하셨고 저는 "뭐가 불량인지 잘 모르겠는데요?" 라고 했습니다. 만약 천 년 전 일이라면 가마에서 나온 모든 청자들은 국보급들 일 것입니다. 그러나 현재 고려비색청자 재현품으로는모두가 불량품인지도 모를 일입니다.

강진요 제2호

2018. 8.2 강진요 제2호 전통가마 공개요출

2018. 8.2 강진요 제2호 전통가마 공개요출

강진요 제2호

2018. 8. 2 강진요 제2호 전통가마 공개요출(청자 축제 중에서)

강진요, 청자축제장의 청자가마

2021.1.7. 축제장의 가마

2021.11.28 축제장의 가마

강진고려청자축제

고려시대의 명작 청자의 맥이 끊긴지 500여년이 됐습니다. 청자의 발원지 송나라(960~1280)에서도 송나라와 함께 청자의 기술도 사라졌다고 합니다.

1977년부터 고려청자재현사업과 청자축제를 이어오고 있는 강진군 문화체육관광부에서는 우수축제로 선정하기도 한만큼, 우리역사에서 흙으로 빚은 최고의 그릇은 바로 고려청자일 것입니다. 이 청자기술은 조선중기까지 이어오다가 1592년 임진왜란 때 도공1천여 명이 일본으로 납치되면서 사실상 청자를 빚는 기술도 사라지게 됩니다. 저는 그동안 강진군일원 비색청자여행을 하면서 속으론 응원의 박수를 보내면서도 겉으론 아쉬운 표현도 하였습니다. 이유는 청자축제 때마다 청자를 빚는 흙 때문입니다. 현재 강진 청자는 강진의 흙이 아닌 타 지역에서 가져온 흙으로 빚어지고 있는 실정입니다.

'저는 제가 문화체육부장관이라면 대한민국 청자축제 그러니까 흙 축제가 열리는 곳이 강진군인데 강진의 흙으로 청자를 빚게 하겠다, 지자체를 활성화시키는 에너지로 진정한 지역의 축제가 되도록 강진군에서 채취한 청자토를 최소한의 비용으로 도공들께 기꺼이 제공해 드려야한다' 여러 번 축제장에서 아쉬운 이야기를 하곤 했습니다. 어쩌면 군수님이나 장관께서도 들으셨을지 모르지만요. 이는 마치 요리를 뽐내는 어느 소문난 집에 초대되어 갔는데 젓가락을 들고 음식을 먹으려는 순간 주문 해온 음식이라는 것을 알았을 때의 느낌이랄까. 그것은 또다시 그 집에 초대되어 가느니 가까운 음식점을 가는 것이 훨씬 따끈따끈하고 맛있는 음식을 먹을 수 있다는 생각...너무 비약일지도 모르겠습니다.

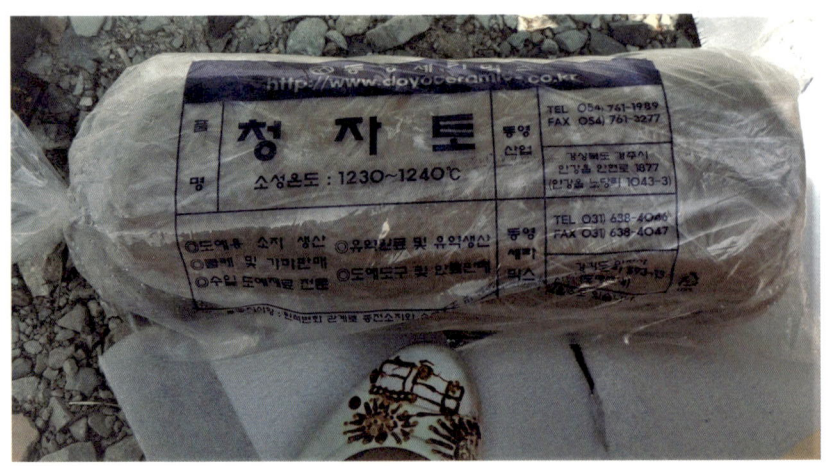

강진청자축제에서 주문해 사용한 청자토

강진 청자가마와 고려청자재현에 대한 의문?

1. 강진요 제1호

전통적인 고려시대 청자 가마의 형태와 구조를 복원하여 1977년에 만든 가마로 길이는 8.0m, 폭은1.2m이다.

- 1981년 국립광주박물관에 복원된 강진군 대구면 용운리 10-1호 가마와 비교하면 강진요 제1호 아궁이는 장식장 같은 직사각형의 현대식벽난로 아궁이와 닮아 있습니다. 그래서 그 구조로는 가마 안에 청자를 굽기 위해 그릇을 가득 쌓고 자기로 굽기 위해 불을 땐 다면 1300℃까지 올리기가 매우 어려운 아궁이 구조인 것입니다.

첫 번째 이유, 국립광주박물관에 복원된 용운리10-1호 가마는 아궁이서부터 통가마인 반면에 강진요1호는 아궁이와 가마사이에 불길을 막는 벽돌을 쌓아 불길이 여러 갈래로 흩어져 들어갈 수 있게 불구멍을 주었기 때문에 불길을 방해하는 구조임. 불 흐름이 자연스럽지 못하여서 고려비색청자를 재현하는데 한계를 느꼈을 것으로 판단

두 번째, 아궁에서 가마까지 자연스럽게 불길이 이어지는 용운리 10-1호 가마인 반면에 강진요1호는 아궁이에서 가마사이에 벽돌로 쌓아놓은 직각 때문에 나무가 미처 연소되지 못하고 숯이 쌓이는 결과가 생겼을 것.. 아궁이에 숯이 쌓이면 나무는 더디게 타게 되고 쌓였던 숯 아래 바닥에는 온도가 내려감. 계속적으로 아궁이에 숯이 쌓이면 결과적으론 숯과 재가 아궁이를 막게 되고 지속적인1300℃ 열로 자기를 구워야 할 청자가마 바닥에서는 토기(500~700℃)의 온도가 발생하고 가마 전체적으로는 겨우 1000℃를 넘나드는 도기온도의 아궁이임.

강진요 2호
- 강진요 2호는 강진요1호 직사각형 아궁이입구에서 타원형 입구로 바뀌면서 가마전체적인겉모양이 고려청자전통 가마를 잃어가는 모양새로, 반지하식인 전통가마에서 지상식가마로 바뀌어가고 있는 모습에서도 점점 전통청자가마에서 빗나가고 있는 형태를 띠고 있음

- 청자축제장의 가마
산업용 굴뚝처럼 전통 청자 가마 굴뚝이 이렇게 높았을까? 아궁이 입구와 같은 크기로 가마길이와 같은 길이로 높은 굴뚝을 세우면, 자동차를 예를 들면 히터를 틀어놓고 앞창을 살짝 열어놓고 뒷좌석의 창문을 반쯤 열어놓아

공기의 흐름이 너무 좋아서 원하는 난방의 효과를 얻을 수 없음. 또 가마의 내형은 물론이고 외형까지 강진요 1호와 비교하면 전통 청자 가마 와는 점점 멀어져 가고 있으며 앞으로 수십 년에 걸쳐 몇 개의 청자 가마를 축조하는 일이 생긴다면 강진군은 전통에서 완전히 벗어나 새로운 형태의 청자 가마를 짓고 전통이란 이름으로 축제를 이어나갈 것으로 예측되는 상황,

<다음검색: 고려청자박물관/ 1913년 전남강진에서 고려청자조각이 발견되었다. 지금의 청자박물관 자리였다. 이후본격적인 조사를 시작해 지금까지 강진일대에서만 188개 가마터를 확인했다. 이렇게 발굴한 청자를 보관, 연구, 전시하기 위해 강진군은 1977년 '강진청자자료전시관'을 개관했다. 그리고 2007년부터 '강진청자박물관으로 이름을 바꾸어 운영하고 있다.>

강진군은 2021년 현재 청자축제와 함께 50년 가깝게 고려청자재현사업을 이어오고 있는데 그동안 고려시대의 청자(국보, 또는 유물)들과 얼마만큼 가깝게 재현 되고 있는지...?

"1913년 전남 강진에서 고려청자조각이 발견되었다." 이때부터 최소한 1945년 8월15일까지 일본은 고려비색청자를 굽는 비법을 찾아내려고 많은 수단과 방법을 동원 했겠다, 라는 추정이 자연스럽게 듭니다. 그러나 지금까지 일본에서 고려청자와 비슷한 자기를 구워냈다는 소문이 없는걸 보면 일본은 우리나라에서 많은 청자가마터를 헤집어 놓았지만 비색청자의 비법은 결국 발굴하지 못한 것 같습니다.

저는 강진요 2호에서 구워낸 청자축제장에서 본 청자들이 고려시대의 청

자들과 모양은 비슷하지만 색깔과 그릇의 질감은 고려시대의 청자파편들과 다르다고 생각합니다. 고려시대의 청자가마주변에서 발견된 청자파편들을 보게 되면 여러 가지 색깔의 청자들이 탄생되었음을 알 수 있는데 현재 강진요에서는 고려청자파편들과 비슷한 색깔의 청자들을 찾아볼 수가 없습니다. 그래서 응원을 하면서도 한편으로는 안타까운 마음이 더 크게 드는 게 사실입니다.

고려비색청자 재현이 가능한지 확인할 수 있는 시각적 방법으로는 현재 청자가마에서 요출한 청자와 천 년 전 깨어진 청자파편들과 맞대어 보면 분명해 질 것 같습니다. 한마디로 '고려청자 재현이 가능하다 고려청자재현이 어렵다.' 그 진위를 파악할 수 있을 것입니다.

저는 고려비색청자 여행을 하면서 전국의 자기를 굽는 가마들을 눈으로 확인해 보았습니다. 비슷한 점들이 있다는 것을 느꼈습니다. 가마의 뚜껑과 겉면이 볼록볼록해 전통의 청자 가마와는 거리가 있다는 것을… 그래서 이 가마는 대체 어디서 왔을까? 이 가마의 근원지는 어디일까…? 점점 궁금해졌습니다.

2021,12,7 문경시청에 전화를 걸어 [문경망댕이 사기요]가 문화재인데 망댕이의 어원이 무엇인지, 자료가 있는지를 부탁드리니 망댕이에 관한 자료를 찾아 아래와 같이 보내주셨습니다.

망댕이의 어원

받은날짜 : 2021-12-07 (화) 15:16
보낸사람 : 문경시청...
받는사람 : 〈lsy3331@naver.com〉
안녕하세요. 문경시청 ...입니다.
문의하신 망댕이의 어원에 대한 내용 송부드립니다.

망댕이의 어원

문경 망댕이 사기요는 망댕이라는 원통형의 건축부재를 이용하여 만든 우리나라 전통 가마이다. 망댕이는 내화성이 강한 진흙(내화토)을 길이 20~25㎝ 정도 마치 무 모양으로 빚은 진흙덩어리를 일컫는 용어로 위아래 굵기를 달리하여 만든다. 조선 후기 대략 19세기 이후의 가마에서 주로 확인되며 지역에 따라 망댕이(망뎅이), 망생이, 망송이, 망숭이, 망세 등 다양하게 불리었다. 어원과 관련해 가마 하나를 짓는데 만 덩어리의 흙이 들어가기 때문에 만 덩어리라는 말이 경상도 사투리로 변화해 망뎅이(망뎅이)로 불렸다는 이야기가 있고, 흙덩어리를 세는 단위가 송이이고 만 송이의 흙덩어리가 들어가기 때문에 망송이가 되었다는 유래가 전한다.*

* 출처 : 柳鏞哲, 2008, 「망뎅이 가마와 내화벽돌 장각가마의 열효율 비교분석」,
명지대학교 산업대학원 도자기기술학과 석사학위논문, P. 22.

강진고려청자 여행 중에서 청자를 빚는 그릇 여행에서 가마의 변천을 따라가니 망댕이 가마까지 찾아가게 되는 천년의 고려청자여행... 강진청자축제장의 청자 가마는 망댕이 가마를 닮아가고 망댕이 가마는 일본 노보리가마를 닮아가고 있다는 생각까지 이르렀습니다.

- 빨간버스 생각: 강진청자축제일정을 8월초 여름에서 추수가 끝난 가을에 축제를 열면 먹을거리와 함께 풍성해 지겠다. 그리고 주최 주관자 여러분께서도 손님을 맞이하시는데 땀 닦을 손수건을 덜 쓰겠다는 생각.

경주 김해익가마

경주 김해익 고려청자 재현 가마는 두 개가 있습니다.

하나는 흙을 빚어 초벌구이를 할 때 사용하는 노보리 가마(일본말). 경주에서는 개량굴(개량된 가마)이라고 불렀다고 합니다. 또 하나는 국립광주박물관에 1981년 복원된 강진군 대구면 용운리 10-1호 가마를 보고 지은 [용운리 10-1호형] 가마가 있습니다.

　김해익 고려청자재현 가마터는 할아버지께서 건너편 앞산에 통가마로 옹기를 굽고 계실 때 아버지께서는 고려청자재현을 하신다며 1970대년 초 지금에 자리에 가마터를 잡고 고려청자재현을 위한 통가마와 노보리 가마 길이 17~18미터를 지어 운영하셨다고 합니다. 그때 통가마는 지금의 청자 가마와 비슷했고 노보리 가마에서는 청자연구를 위해 필요한 생활비 마련용으로 옹기를 구우셨다고 합니다. 그리고 연속적으로 고려청자 재현이 어렵게 되자 아버지께서 포항 오천에 고려청자재현 가마를 다시 짓고 오천으로 거처를 옮기시자,

　김해익 선생님께서는 아버지의 고려청자재현의 뜻을 이어 1981년 국립광주박물관에 복원된 용운리 10-1호 가마를 견학하고 아버지께서 지어놓은 가마를 헐어내고 용운리 10-1호 가마형태 그대로를 지으셨다고 합니다.

　그때 망댕이 가마도 함께 헐고 다시 지으셨는데 그것은 망댕이 가마에서는 청자를 재현할 수 없다는 것을 아버지지의 고려청자 재현 작업을 보고 잘 알고 계셨는데, 사라진 우리의 우수한 전통 청자 가마가 얼마나 과학적이고 자연스럽게 청자를 조리할 수 있는 그릇인지 비교하기 위해서 함께 지어놓으

셨다고 합니다. 물론 강진 해남 등의 가마터들을 수차례 견학하고 심사숙고 끝에 말입니다.

국립광주박물관에 1981년 복원된 강진군 대구면 용운리 10-1호 가마를 모델로 제작한 김해익 고려청자 재현 가마 2020년 12월10일 모습

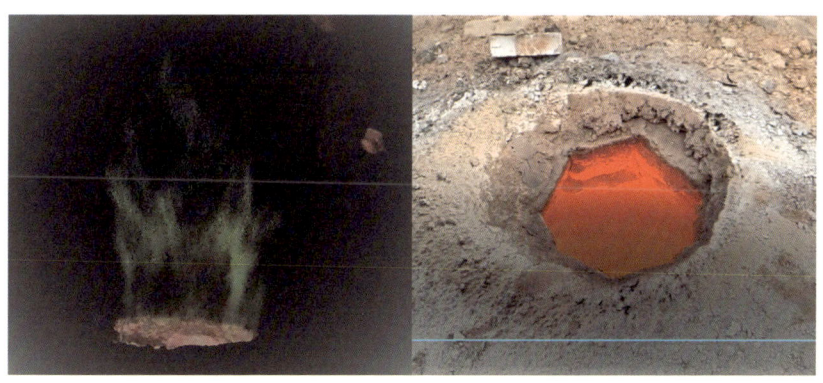

2020.12.9. 밤. 환원불(녹임 불) 굴뚝의 비색 불이 아침까지 이어지는데 이 푸른 불꽃이 자기에 물들면 비색청자로 탄생된다고 합니다.

2020.12.10.아침 가마 불 막기1시간 전 굴뚝의 모습

고려청자비색대담 2020.2.10.(월)

2014 고려청자재현 김해익가마 : 사진 2021,12,13 김해익 촬영

2020.2.10

- 선생님 잘 계시죠.

"네 이 선생님… 새해 복 많이 받으세요. 그동안 잘 지내셨지요…"

- 네 선생님 늦었어도 제가먼저 새해 인사를 드려야 맞는데요…

"작년에 일 년 쉬면서 이리 돌아보고 저리 돌아봐도 청자를 내가 정확하게 이해를 하고, 노란색이 왜 나오고, 가마터에 도편들 있잖아요. 노란색, 갈색 별거 다 나오죠, 나오는 이유가 다 있어"

- 그럴 것 같습니다.

"나는 전에는 이해를 다 못하고 노란 걸 줍고 비색을 주워보면 이게 왜 이렇게 나오지 생각을 했는데 그게 다 이유가 있더라고. 이제 다 이해를 하고나니"

- 네, 네

"이제 건강을 챙겨야 되겠다, 이런 생각이 들어요."

- 네...

- 저는 지금 지난 9월 선생님께 빌려온 〈국립중앙박물관(2012년) 천하제일 비색청자〉 기획특별전 했던 책을 보고 있다가 전화 드렸어요.

"네 비색 전 했던 거"

- 그리고 그동안 제가 모아둔 청자에 관한 책들을 쌓아두고요 선생님 생각이 나서요

"그러니까 그 책을 이래 들여다보면 가마터마다 도편들을 주워 사진을 찍어놨잖아요 그런데 그걸보면서 왜 청자를 시퍼렇다 고만 가르치느냐, 그것부터 안 맞다 그 얘기라!"

- 전문가가 없어서 그렇겠죠.

"아 그러니까 전문가가 그러면서 색깔이 짙게 나오고 옅게나오고 이러면 온도차에서 그게 짙어지고 그렇게 되는데 그러니 그 많은 게 불 기술에서 바뀌는데"

- 그럴 것 같습니다 선생님.

"유약이 틀릴 줄 아는 거라"

- 유약은 같은데 불에 따라서 불가마 안의 온도에 따라서, 온도하고 불길에 따라서,

"색깔을 바꾸는 게 하나 재료가 뭐가 더 있냐면 산소가 하나 더 들어가요

- 산소요!

"네"

- 산소는 공기 중에 있는 거잖아요

"그런데 공기 중에 환원, 환원 이야기를 자꾸 하거든. 환원불 산화불 이래

얘기를 해요 산소를 이용을 해 불꽃에다 불을 연소시키려면 산소가 있어야 되잖아"

- 네 그러니까 일종의 불 기술 인거죠

"그렇습니다. 그런데 환원이라는 불은, 공기 속에는 산소가 있어야 되잖아 그걸 제로로 만들 수 있는 불이거든. 공기 속에 있는 산소를 제로로 만들 수 있는 불 기술이 있어야 돼요 산소는 타거든"

- 아 네

"산소는 타요 빠르게 유입되는 산소를 제로로 만들 수 있는 불 기술이 있어야 되는 거죠"

- 불 기술.., 네

"네 그러니까 요즘 사람들은 온도를 1300도씨 까지 만들기 위해 산소를 이용해서 불꽃을 일으켜야 되는 거라"

- 아, 불길을요

"불이 많이 들어가도록 나무를 가마 안으로 자꾸 던져 넣잖아요.

- 네...

"그러니까 너무 많이 넣으면 산소유입량이 적으면 연기가 나게 되고.."

- 아 네...선생님 제가 비색청자 도록을 보고 있는 데요 선생님 작품 중에 표주박주전자 청자가 있잖아요.

"네 네"

- 그 중에 한 점은 옹기색이 있어요, 알고 계시죠.

"그러니까 그게 뭔가 하면 불 기술에서 옹기색깔도 나온다 그 얘기라! 검정색도 나오고 별별 색깔이 다 나온다니까 그렇지만 옹기하고는 완전히 다르지"

- 연기가 스며들어서 그런 거 아닐까요.

"아니에요 그거는 산소가 맞으면 자색도 나오고 붉게도 되고"

- 네 네

"그래가 요즘에 청자에 대한 나의 생각을 다 정리했어요. 제가 요즘에 이상한 소리 자주 하잖아요 산소가 어떻고 청자에 대한 책을 암만 봐도 불에 대한 그런 얘기는 안 나오잖아"

- 네 불에 대한 얘기는 아예 하나도 없지요

"없다니까 그래 혼돈이 일어날까봐 그거는 얘기 안 할라고. 나중에 때가되면 알려 줄라고"

- 때가 되면요

"네…"

- 근데 선생님 제주옹기는 유약을 바르지 않는다고 하는데, 흙이 녹아내려 유리 질화 되는 것인지 왜 그렇게 되는지 확실하게 잘 모르겠어요.

"근데 그거는 흙 성질이 육지거하고 제주거하고 틀리는데 제주옹기 만든 흙 있죠. 제주옹기는 소성온도가 낮다니까"

- 온도가120도씨 까지는 올라 간데요.

"올라가는데 그 정도는 견뎌요 견디는데, 거기는 유약을 안 발라도 되요"

- 제주옹기는 유약을 안 바른다고요…

"왜 안 바르냐 육지 거는 그 정도 올려가지고 구워 놓으면 물이 새서 못써요 육지거하고 제주 흙하고 다르다, 한 이유가 흙속에 장석, 규석성분이 많아서 유리 질화 되는 성분이 흙속에 포함돼 있다 그 얘기라"

- 제주 흙이요

"그렇지"

- 철분이 많다 하던데요.

"그러니까 그 사람들은 철분이라고 그러는데 철분 말고 유리 질화 되는 성분이 흙속에..."

- 아 네 사막에 있는 석영같은 거군요

"그렇지 그렇지...그게 들어가 있고 육지의 흙은 백토라든가 고령토성분이 들어가 있기 때문에 그 보다 더 높은 온도에 가도 덜 찌그러지고 그래요"

- 제주옹기는 투습이 되는 것도 있다고 하던데요

"네 옛날에 해녀들이 바다에 갈 때 항아리 띄워놓고 그랬다니까 그리고 제주옹기가 육지거보다 가벼워요"

- 제 생각에 언젠가는 제주옹기를 선생님가마에서 한번 구워보면 좋겠다는 생각을 했어요. 어쩌면 옹기가 형태가 변할 수도 있겠다, 생각도 들고요

"그러니까 내려앉을 수도 있어요. 그런데 나는 그걸 안 해도 돼요"

- 어쩌면 그런 일은 우리나라 그릇 이야기에서 중요한 일일 것도 같아서요. 그 문제는 늘 선생님이 말씀하신 가마 축열 같아요.

"그럼요 그러니까 소성온도가 낮은 것은 유약을 바르죠, 유약을 바르면 불을 잘 당기는 게 있거든. 육지 거에는 유약을 발라놓으면요 철분이라든지 이런 게 많아가지고 유약이 열을 빨리 받으니까"

- 그렇겠죠.

"그래서 그게 코팅을 해요 근데 제주도 것도 불을 잘 때면 물이 스며들지 않게 돼요 그러니까 거기는 유약을 안 발라도 그렇게 되고, 육지 거는 안 된다 유약성분이 될 수 있는 것이 흙속에 있다 그 얘기라"

- 네 네

"육지의 흙들은 그게 없으니까 별도로 유약을 발라야 되고 그런데, 신라 때 육지의 흙을 가지고 물이 안 스며들도록 고화도의 신라 토기를 만들어 놓

은 게 있어요. 그거는 자연유가 붙어서 재도 떨어져서 색깔도 나오고 하는 게 있는데, 지금 제주옹기는 신라 토기처럼 구우면 다 찌그러진다. 그 얘기라 그걸 아셔야 돼"

- 네...

"나는 청자를 만들기 위해서 청자 가마를 만들어 놓고 흙 찾는데만 20년 넘게, 흙은 불에서 어떻게 변하는지 그 연구 하는 시간만 20년이 더 걸렸다니까요"

- 네 네

"내가 옛날 유약 안 바르고 토기 만들었다 했잖아요. 토기에서 별별 색깔 다 만들었다 했잖아요 거기에 고령토가 들어가고 안 들어가고 연구를 하고 난 다음 유약을 발랐다니까"

- 네 그 그릇들 중요한 자료 같아요.

"우리가 역사적으로 보면요 선사시대토기부터 시작해서 유약개발이 안될 때 오랫동안 유약 없이 구워요 신라 때는. 유약을 아예 안 바르거든 그걸 갖다가 육지에서 엄청난 세월동안 노력을 해요 거기에서 축적된 기술에서 청자가 만들어지고 백자가 만들어지니까. 그러니까 페르시아 중앙아시아 터키라든지... 이런데 흙이 뭐가 없어 가시고 고화도를 못 올렸냐 하면요 백토 고령토가 없었기 때문에 구울 때 가마 안에서 주저앉아버리지. 그래서 고화도로 못 구워요 1200도씨 넘어 장시간 가야되는데 그래 가면 내려 앉아버린다니까"

- 네 장시간은 못 가는 거죠

"그러니까 짧은 시간에 빨리 굽고 이러다보니 거기 도자기는 몇 천 년이 가도 안변하는 도자기를 못 만든다니까"

- 네...

"수천이 가도 안변할 도자기를 만들기 위해서는 내화도가 어느 정도 견디는 백토 고령토가 있고 거기에다 유약을 발라가지고 불 기술을 터득한 후 만들어야지, 중국에 만들어진 청자 우리나라의 청자 이게 제일 안변하는 도자기를 만들어 났다 이거라"

- 네…

"그 기술은 현재 전 세계에서도 없다는 거죠. 그래서 내가 그걸 한다고 고심을 하고 다시 수 천 년이 가도 안 변하는 도자기를 만들기 위해 하다 보니 뭐를 잘해야 되냐면, 가마 안을 진공상태로 산소가 없는 공간으로 만들어야 된다니까. 공기는 유입돼야 하지 불은 움직여야 돼니까 그래야 열이 유지가 되거든. 그런데 가마 안에서 저번에 불 땔 때 굴뚝에 불이 튀어나온다니까 눈 깜박하면 불이 튀어 나오거든. 그만큼 짧은 시간에 움직이는데 그렇게 많은 공기가 따라 들어가도 그 안에서 산소가 완전 제로가 되는 불을 항상 만들 수 있는 능력이 있어야 된다, 그 얘기라"

- 네…

"그게 정말로 어려워요 그게 요즘사람들은 나무를 가마 안에다 던져 넣지요 공기가 그대로 따라 들어가잖아요. 그러니까 산소가 제로가 될 수 없고 옹기가마라든가 백자가마라든가 옆에다 나무를 자꾸 집어넣지요. 거기에 산소가 안 따라 들어가면 연소가 안돼요. 공기가 안 올라오고 온도가 안 올라오고 그러니 그 불로는 청자를 만들 수 없는 거라니까"

- 선생님 청자 구워 낼 때 20일 불을 지핀다고 하셨잖아요.

"네 그럼요 그게 왜 그런가 하면 유입되는 산소를 태울 여건을 만들기 위해서. 가마 안에 열을 축적 안 시켜 놓고는 들어오는 공기를 태워가지고..,"

- 가마안 산소를 제로로 만들 방법이 없다...?

"그렇죠, 그렇죠."

- 네...

"그러니까 그거를 축열을 해야 되는데 축열하는 기술이 엄청나게 인내심도 필요하고 어려워요"

- 축열이 어렵다...

" 네 그게 어려워요 옛날 어른들이 얘기 하셨거든 중간 불을 오래 때라 하는 거라고"

- 어떤 불을...

"그러니까 처음에는 시작하는 불 끝나는 불 그 사이에 중간이 있을 거 아니에요, 그래 중간을 오래 때라고 하는데 뭐가 중간인지 몰라"

- 그러면 선생님 삼 칠 일이 있잖아요

"네.."

- 그러면 일주일은 어떻게 때야 돼요 첫 불은 일주일 정도...

"그게 아주 중요한데 그게 내가 20여 년 동안 어떤 불 인지 쭉 적어 놓은 게 있다니까. 우리도요 20일 동안 내가 불 때 본 것도 수 천 가지가 넘는데 그걸 정리 안 해 놓고는... 불 땔 때도 솔직히 헷갈린다니까"

- 아 그러니까 바람하고 또는 느닷없이 소나기 올 수도 있고 그러니까 때에 따라서 다 다르겠군요.

"그렇지는 않아요, 근데 불을 바꿔가는 방법이 있어 뿔불 흰불 어떤 불...하는 게 있어요. 흰불은 종이같이 만들고 뿔불은 홍시같이 만들고 이런 게 있어요. 그게, 그렇게 되도록 만드는 불이 있다니까..."

- 20일 동안 불을 때는 기간 동안 불 이름들이 다 있군요.

"있습니다, 그런데 옛날사람들은 불을 조각조각 잘라서 얘기를 안 해놓고 두루뭉술하게 말 했다니까"

- 두루뭉실하게요...

"네. 그런데 그 얘기가요 처음에는 말을 왜 그리했을까 몰랐는데 다 지나면 이유가 있고 알게 돼 있어요"

- 선생님

"네..."

- 천하제일비백청자 도록에 선생님 지문이 많이 묻어있는데요

"...웃음. 내가 작업하면서 보고 또 보고해서 흙도 많이 묻혀놓고 나도 그런 걸 열심히 봐야 되니까"

- 선생님 지문이 많아요. 흙도 많이 묻어 있구요

"네 네 곰팡이 냄새도 나고 그럴 거 구만요"

- 곰팡이도 하나씩 있구요 도록 안에 있는 청자유물들이 선생님께서 빚어 놓으신 청자들과 같아요.

"그래 내가 요즘 청자창고에 들어가 보니 강진 가마터에서 주워 보면서 노란 것이 이런 게 왜 청자인가 그러면서 주워 보았는데, 다 하고나니 노란색이 나오는 이유가 있어 비색 나온 자리 가마터에 가야 노란 게 찾아져"

- 네...

"노란 게 없는 가마터에 가면 비색도 없다고 보면 돼요"

-노란색하고 비색은 같군요.

"동행을 해요"

- 같은 친구군요

"노란 걸 구워놓고는 비색이 나오고 노란 걸 못 구워놓은 곳은 비색이 안 나와"

- 선생님 이게 물감 같은 데요 물감 세트처럼...

"네 네"

- 노란 색이 있으면 비색이 있고 같은 기술이라고 보시는 거죠

"근데 거기에 노랗게 되고 비색은 유약이 없다고 했잖아요"

- 네 비색은 유약이 없다...

"비색은 불 기술로 만들고 노랗게 되는 것은 불 속에 산소가 미량으로 있는 불이 맞으면 나오고..."

- 산소가 미량으로 있는 불에서 노란 청자가 나온다, 이런 말씀이시죠.

"그렇습니다. 그런데 그런 얘기를 하면 거짓말이라고 그래"

- 가마가 알려주는 것 아닐까요

"그러니까 그거를 지금 내가 얘기하잖아요. 나도 옛날에 노랗게 구워놓은 게 있잖아"

- 네 있죠.

"있는데 이걸 해 놓고 실패한줄 알았다니까 근데 그때 비색이 제일 많이 나왔어요."

- 네...

"가마 안에서"

- 예전에 선생님이 보여주신 청자들이 그랬었지요.

"그래서 노랗게 구워 놓고 참 고민을 많이 했다니까 (웃음)"

- 도록에 있는 유물들을 보니까 선생님 작품들하고 같아요.

"그런데 요새는 녹색하고 비색하고만 잘 보이게 하고 노란 그릇을 빼 버렸다니까, 청자가 아니라고 아이고 참..."

- 네...

"그래서 우리의 청자기술에 혼돈이 일어 난거에요"

- 노란 그릇하고 함께 있으면 비색이 더 아름다울 것인데요.

"노란색 흰색 갈색 그담에 녹색 비색 이게 다 있어야 되는 거라"

- 모두 함께 있으면 더 아름답겠죠.

"함께 있어야 그게 가마에서 나오는 색깔이라니까..."

- 네 사람과 같네요, 형제간 여럿 있는 집 보면 모두 다르잖아요.

"그래서 요새 가스가마에서는 열 개면 열 개 스무 개면 스무 개 다 똑 같이 나오는데 옛날가마에서는 다 틀리게 나와요 그런데 제일 근사치로 만들어 낼 수 있는 것은 비색입니다."

- 비색 근사치라고 하면 어떤 근사치일까요

"색깔의 근사치"

- 비색은 접근이 가능한데 노란색은 어렵다, 더 어렵다 그런 말씀인거죠.

"어렵기는 비색도 어렵고 다 어려운데 그 다음에 만들어지는 근사치로 간다는 것은 숯에서 나오는 불이죠"

- 네

"그건 소나무를 쓰면 거의 일정하게 색깔이 나온다니까. 참나무를 쓴다든가 나무에 따라서 비색이 약간 틀리는데 나무에 따라서 소나무로 만드는 비색이냐 참나무로 만드는 비색이냐 따라서 거의 근사치로 나온다 그 얘기죠"

- 그렇겠죠, 화력이 다르니까

"그건 그래요. 그리고 나는 요즘 딴 거 안 하고 내가 고민도 많이 하고 어려워 가지고 힘이 엄청 들었던가 봐"

- 그러셨을 것 같습니다

"그래서 작년에 작업할 여건이 안 돼 한 해 놀았잖아요. 한 해 놀고 나니 몸이 좀 좋아지고 있어.

- 네...

"다시 내가 놀 기회는 올해뿐이다. 내년부터는 뭘 해야 안 되겠느냐...

- 네 네

"그래서 올 한 해를 더 놀까 작업을 할까 이렇게 고민 중이라..."

- 더 노세요. 선생님

"그래가지고 만약에 하던 안하던 결정은 5월 달 가서 할 거예요"

- 저는 지금 그동안 모아두었던 청자에 관한 책들을 노트북 앞에 쌓아놓고 있어요.

"(웃음) 청자 재현하려고 하는 사람들 있지요"

- 네...

"제일중요한 것은 불입니다. 흙은 보면 허연흙 뻘건흙 이래 표가 나잖아... 유약도 장석 규석 이래 표가 나잖아요. 그것을 그때그때 물감 섞듯이 배합하면 돼. 맛있는 빵을 만들려면 빵 중에서도 조금 틀리잖아요. 빵마다 점도를 더 써야 된다. 백토를 더 써야 된다. 이런 게 나오거든. 흙은 세 가지 뿐이라 백토 고령토 점토 세 가지 중에 제일 다양한 흙이 뭔고 하면 점토고,"

- 다양한 흙이요..

"네 점토 속에는 빨간색 노란색 흰색 검은색 별별색이 섞여있거든. 점토를 채취할 때 원토 속에도 다섯 가지 정도가 들어 있어요.'

- 아..네

"근데 그 중에 배합을 해서 섞었을 때 붉은 빛이 많이 나면 그게 철분이 많다고 보면 돼. 근데 점토 중에서도 회색 나는 점토 검은색 나는 점토 이런 게 있거든. 무안점토는 새까매요 무안에서 나오는 점토는 회색하고 재색하고 흰색하고 검은색하고 섞여 올라오는 점토들도 있고, 경상도 쪽에는 붉은 점토가 많고 이러거든요. 그러니 거기에 따라서 철분을 뺄라하면 빨간색 노란색 점토를 빼야 되고. 그래서 철분 함량을 맞춰서 하고 그래요"

- 네...

"그래서 백자 흙에서는 붉은색이 아에 없거든"

- 네 네

"백자에는 철분을 안 써요"

- 백자에는 철분을 안 쓴다.

"네 그래 거기에다 그때그때 맞춰서 써요 그거는 오래 해보면요 가스 가마에 굽느냐 나무 가마에 굽느냐 높은 온도에 굽느냐 낮은데 굽느냐 따라서 다 틀려요 똑 같은 흙을 사용해도"

- 같은 흙이라도 불에 따라서 색깔이 다르다..

"그렇습니다. 전기에 구운거 하고 소나무 때서 구운 거 하고 빨리 때서 구운 거 하고 늦게 땐 거 적게 들어간 거 색깔이 다 다릅니다. 그 색이 그렇게 다 틀리는데 요새사람들은 가스로 구우면 간단하잖아요. 그러니까 한 색깔이 일률적으로 나오지만 불 터득을 못한 사람은 마른나무 생나무 이틀 때고 삼일 때고, 가마에 불을 지필 때 마다 흙이 다 달라집니다."

-네 네

"그러니까 이 만큼 어려웠던 거죠"

- 제가 2014년도에 선생님 뵈었을 때 계획에 대한 말씀을 하셨거든요

"네 네"

- 35세 45세 55세가 되면 그러니까 20여 년 동안 청자를 재현 못하면 이쁜 그릇을 만들 수 있을 테니...생계에 보탬이나 돼야겠다, 그런 비장의 말씀

을 해 주셨거든요

"그 때 이 선생한테 이야기 할 때 내가 아버지가 하시는 걸 어렸을 때부터 봤잖아요."

- 네...

"봤는데 나는 이걸 안 할라고 했다니까 내가 스물 여덟 살에 결혼을 했는데 나는 안하려고 했거든 '아버지 저는 나가서 직장생활하며 살랍니다.'"

- 그러니까 옹기나 그릇쟁이를 안 하시려고 하셨군요.

"그렇죠. 옹기고 뭐고 아버지 하는 것은 안 한다고 했지 그러니까 나를 안 놔준 거지"

- 아버지께서요

"네 그렇습니다. 내가 일 년 동안 일도 하고 아버지말도 안 듣고 나 자립 시켜주세요 하고, 근데 결국은 자립 안 시켜주고.. 만약에 나는 이 직업을 하면 굶어죽기 때문에 안한다고 했거든"

- 굶어 죽는다.

"네"

- 어려운 길이라 색각을 이미 하셨군요.

"그렇죠"

- 네 에...

"아버지가 하시는 걸보니 안 되더라는 거지"

- 아버지께서는 청자를...

"하고 있었죠.'

- 그때 당시에도 아버지께서는 청자를 재현하려고 하셨군요.

"그렇습니다.'

- 그러면 아버지가 처음 청자를 재현하려고 하신 시기가 몇 년도 일까요.

"옛날 저 쪼맨할 때부터... 걸음마 할 때부터... "

- 오래 되셨군요.

"그럼요 그때부터 우리나라에 청자에 대한 책들이, 한국 책이 거의 없었어요. 그러니까 도록을 일본 걸 갖다가... 아버지는 일제 강점기 때 사람이잖아요"

- 네...

"그러니까네, 그 전부터 작은 아버지하고 아버지 형제들 서너 분이 일을 했어요. 할아버지도 하고. 그러면서 일본에서 나오는 책이 있으면 아버지가 그 책을 구해다....그런데 지금 찾을 수가 없어요."

- 네...

"나는 일본 말을 모르잖아요."

- 네...

"아버지는 일제 강점기 때 소학교를 다녔으니 일본책을 보고 아시더라고. 그러면서 뭐 환원불 산화불 제유 무슨유 하시며 자꾸 그때부터 얘기를 했어요."

- 선생님이 그릇 쟁이 몇 대 째 세요?

"5대 5대째입니다"

- 대단하십니다.

"그런데 아버지가 그걸 하시는데 내가 10여년 가까이 거들어 드렸잖아요. 열여섯 살부터 스물여덟까지 10년 이상 거들어 드렸잖아요. 결혼할 때까지니까"

- 네 네

"그래서 10년 이상을 봤는데 아버지가 청자를 재현할 수 있을 거라는 생각이 조금도 안 들더라 이거지 나는. 그런데 어떤 실마리라도 보였으면 내가 했을지도 모르는데"

- 그때 당시를 생각해 보면 그런 생각이 드셨어요?

"네"

- 우리나라에서는 청자 재현을 아무도 안 할 때 아닌가요.

"아니에요, 했어요. 그 당시 경주에서 아버지하고 여러 사람들이 모여 교류도하고 그랬어요."

- 아 그러니까 아버님 말고 다른 분들도 청자 재현 작업을 하셨군요..

"그럼요 경주서 해가지고 경주불국사 근처에서 1970년 후반에 몇 명이서 모여서 10억 이상 털어 묶어버렸다니까요. 5,6명이서 연구한다고 했는데 망했어요."

- 그런 열정적인 어르신들이 계셨네요.

"네 그러면서 아버지는 더 이상 목돈을 들여 가지고는 못하시고 옹기해가면서 수입이 생기면 그걸로 하겠다고 가마를 만들어 놓고 그러셨어요."

- 네...

"완전히 청자에 올인 하지 않고 형편이 되면 재료 구하러 방방곡곡 댕겨가 흙 구해오고 그랬어요."

- 네...

"그러면서 '야야 이거나 하자'면서 만들어가지고 불 때면 안 되고 불 때면 안 되고 그랬어요."

- 불 때면 안 되고 불 때면 안 되고..

"네 청자 근처도 안 갔지"

- 왜 몇 년 전에 아버님이 빚으신 청자라고 보여주시고 그랬잖아요. 제가 청자씨앗이라고 이름 지은 거요.

"네. 그런데 거기에서는 청자가 만들어지는 기술이 없었다니까. 그래가지고 나는 아버지 밑에서 청자를 할 자신이 없었고..."

- 청자씨앗 구워진 것이 선생님 몇 년도죠?

"아 그게 제일 첨에 했던 거는 40년 넘어간 게 있고 그것은 확실히 모르겠어요. 더듬어 봐야 되요"

- 아버님 계실 때잖아요.

"그렇습니다. 아버지가 포항 오천 나가가지고 했어요. 오천에 청자 터가 있어요. 거기에서 영덕까지 가마터가 나와요"

- 청자 가마터가요

"네 그래가 아버님도 그렇고 그 이 선생님이 어느 골짜기 가서 가마터가 엄청 있다고 보여줬죠. 거기하고 경주에도 아주 괜찮은 가마터들이 자료 같은 거 찾을 때 도움이는 되는 가마터들이 많았어요."

- 포항 오천에서 청자씨앗을 구우셨군요.

"아버지가 그때 이런 저런 것 때문에 오천 이라는 곳에 가서 재료 같은 거 연구 한다고 가마를 쪼매하게 만들어 놓은 게 있어요."

- 아 네 그러셨군요. 그 다음에 마음잡수셨을 때 그 얘기 좀 해주세요. 자꾸 생각나서요.

"그래서 내가 안 할라고, 독립을 해요. 아버지하고 같이 안 해요. 스물 여덟 살 때 까지는 아버지가 시키는 대로 했고 스물 여덟이 지나고 스물 아홉 살 때에는 내가 직장 간다 해도 기어이 안 보내줘서 경주 가서 내가 토기 가마를 만들었다니까요"

- 토기 가마를요.

"먹고는 살아야 되니까. 관광객들 오는 곳에 신라 토기를 만들어가지고 하니까 내 마음대로 할 수 있잖아"

- 네...

"아버지 밑에서 하는 것은 아버지 심부름을 했기 때문에 아버지의 의중을 다 받아들이기가 힘들어요. 내가 해보면 뭐 때문에 실패 했는지 고민을 할 수 있잖아, 이유야 정확하게 이것 때문에 잘못했다 알 수는 없지만 고민은 해 볼 수 있잖아요.

- 네...

"그러니까 백문이 불여일견. 지가 하는 거 하고 남이 하는 거 하고 다르다, 아버지 밑에서 암만해도 내가 한 경험치가 내한테 축적이 빨리 되더라 거는 거죠. 그러면서 나가서 한 5,6년 정도 함에 내가 거기서 뭐 이상한 것을 하나 만들었어요."

- 경주에서요

"그렇습니다. 그래서 경주는 관광지다보니까 거기서 연구하고 할 수 있는 곳은 못돼. 그래서 다시 집으로 들어왔다니까요"

- 그때 선생님도 청자를 연구하신 것 같은데요 이상한 걸 만드셨다고 하시니까요

"그러니 아버지 노름하면 자식이 클 때 나는 절대 아버지 따라 노름 안할 끼다 하거든"

- 아버지 따라서 그릇 쟁이 안 하시나 그런 말씀이신가요.

"아니 만약에 아버지가 노름하는 밑에서 자식을 낳잖아요.

- 노름

"네 '도박'하는 아버지 밑에서 있으면, 나는 아버지가 노름해서 가산을 탕진하고 집구석을 돌보지 않으니까 '나는 노름 하는 놈은 안돼야지'...한다고"

- 네에

"그런데 크면 그 자식이 노름을 한다, 그 얘기라. 나도 마찬가지잖아 아버지

가 청자연구 하는데 죽어도 안하겠다고 했으면서 그걸 하더라는 거지. 내가..."

- 네에... 유전 자전이라서 그런 가요 선생님

"모르겠어요, 그래가지고 그걸 하게 돼가 결국은 싫어했던 청자연구를 내가 하더라는 거지"

- 그렇게 싫어했던 청자연구를 선생님께서 하시게 된 거군요

"그러니까 아버지가 흙 구해오시고 뭐 어떤 것을 구해오시고 이거는 다 알잖아요"

- 네...

"그러니 그때는 구해다 놓은 거를 아버지가 시키는 대로만 하잖아요. 요거를 섞어라 하면 요거를 섞고 저거를 섞어라하면 저거를 섞고 내가 어떤 생각으로 하는 게 없잖아요. 왜 그런고 하면 아버지가 내 보다는 위에 있다는 생각을 하기 때문에 시키는 데로만 할 거 아닙니까."

- 네..

"그러면서 거기서 나만의 기술을 축적시키면서 전승공예대전에 가가지고 상도 받고 이런 걸 했어요 나 혼자"

- 무슨 공예전요

"전승공예전 인간문화재로 가는, 내가 무형문화재 가입해가 있다고 했잖아요..."

- 전승공예대전에 입상을 해야 국가무형문화재회원 가입이 가능하다 그런 말씀이시죠.

"내가 서른다섯쯤 돼가 어차피 이래 된 거 청자를 연구하자 이래가지고 아버지가 계시는 여기로 들어 온 거라. 그래가 딱20년만 하고 쉰다섯 돼가 청자를 만들 수 있으면 이 길로 가겠지만 안 되면 흙을 갖고 만드는 직업 중에

서도 여러 가지 있잖아요. 옹기도 있고 생활자기도 있고 별별 많잖아 그래가 노후대책이나 해가 살라고 했는데 하필 쉰다섯에 KBS뉴스에 청자재현 했다고 뉴스에 나온다니까"

- 꼭 20년 째 네요

"20년 하니까 아버지한테 받은 기본서부터 자꾸 알파가 돼 올라가서 제일 좋다고 하는 비색까지…"

-네…

"그걸 만든다고 또 이제까지 10년을 보냈지"

- 쉰다섯에 청자재현을 하셨는데 비색이 마음에 안 들었군요.

"그렇지 청자도 우리나라에 색깔이 많다고 했잖아요. 많은 거중에 그 색깔이 왜 만들어지고 이걸 정확하게 모르니까… 그걸 이해하는데 보니까네"

- 청자를 이해하시는데 미심적은 게 있었는데 그거 이해하시는데 10년, 예 순다섯이 되셨군요.

"예 예"

- 네 선생님 축하드립니다.

"(웃음)…축하를 받아야 할지. 그러다보니 남들은 도자기를 함에 돈도 벌고 이래가 살았는데 나는 해마다 몇 천 만원씩 까묵었제, 근데 나는 까묵었다기보다는 우리문화에 투자를 했다고 생각하고 마음 편하게 살라고…"

- 아무튼 선생님 대단하세요.

"그런데 내가 서른다섯에 시작해서 20년 하는 거는 그때 20년 간 해보고"

- 네 네

"안되면 손을 털든지"

- 네에 손을 털든지

"이 기술가지고 돈 버는 쪽으로 바꾸던지"

- 가정생활에 보탬이 되는...

"네 그런데 그래놓고 오동나무에 더 걸려버렸어. 텔레비전 나오고 10년 해가 청자가 나오니까 여기에다 더 올인을 하고 있어. 묵고 사는 데는 생각 못하고...(웃음)"

- 네...

"한 20년간 했으면 거덜 났다 그 얘기거든"

- 그렇겠지요.

"또 10년 거덜 냈다 그 얘기지. 그러니까 한 25년은 거덜 내는 세상만 살았다 그 얘기라"

- 그러니까 20년 하시고 10년을 더 청자연구를 하셨으니 그러셨겠습니다.

"나는 청자를 하면서 마이너스 되는 세상만 살았다 그 얘기라, 이 선생 처음 우리집 올 때

간판 있었는가요."

- 없었던 같은데요.

"없었지요. 그래 그때부터 청자하고 1년 있다가 간판을 띠붓거든"

- 네..

"청자 만들기 전에는 간판을 붙여놓고 있었어요. 그러니 나도 가만 보면 또라이 기질이 조금 있지...(웃음) 남들은 자꾸 돈 벌고 하는데 나는 자꾸 돈을 안 버는 쪽으로 생각해가 오다보니 여기까지 왔어요. 우리 아버지처럼 "

- 선생님은 작품세계로 가시니까 그러신 것 같아요.

"나는 작품보다는 우리나라의 맥을 되살려내자- 작품은 나보다 학을 잘 파는 사람이 많고 조각도 나보다 더 잘하는 사람 많고 그림도 나보다 더 잘

그린사람 많고 그러니 이거는 여럿이 모아가지고 불 기술 접목시키면 작품성부터 다 좋아진다 그 얘기라..."

- 네...

"나는 그 중에서 도자기는 만들어지는데요 기능이 너무 복잡해요. 복잡하다보니 내가 다 습득할 수는 없고 그중에서 내가 제일 많이 신경을 썼던 거는 불이었지..."

- 네 불...

"그러니까 나는 불을 아주 중요하게 여겨요 도자기를 하는 과정 중에 재료 가마 이런 거 다 보이잖아요 가마, 아래 만들어 놓은 거 강진 가보고 국립광주박물관에서 보고 하니까 가마형태가 보이잖아요. 뚜껑 없으면 뚜껑 만들어 넣으면 되고 그러면 되는 건데 재료도 흙도 노란흙 빨간흙 흰흙 검은흙 보면 보이잖아요. 그거 맞춰 넣으면 되고 그림도 학 그러보고 잘 못 그렸으면 더 이쁘게 그리려고 하면 자꾸 발전하고 그런데, 불 기술만은 이해하기 전에는 절대 안 보입니다."

- 불은 이해하기 전에는 안 보이는 군요

"그럼요. 그렇습니다. 불이 뛰어가는지 아 가는지 엎어져 가는지 굴러가는지 그걸 알아야 된다 이거라 불도 굴러가고 디비(누워)가고 그라 거든"

- 굴러가고 디비가고요...

"예... 기가고 그래요 불을 한 살 어린애에게 세 살짜리 불을 먹이면 짜구가 난다고, 내가 얘기를 했고요 그런 게 있어요. 엄청 복잡해집니다.

- 네 청자의 최종 색깔은 불이 만드는 군요

"그래요 불이 만듭니다. 기본적으로 유약 만들고 흙 만드는 거는 오랫동안 하다보면 기본은 맞춰졌는데도 내가 만드는 청자 흙 있지요 색깔부터 강진하고 다릅니다. 내꺼 갖다 주고 강진에서 구워도 안 된다 그 얘기라"

- 그러니까 비색은 불이군요

"불 기술입니다"

- 네 비색은 불 기술...

"불 기술을 터득하기 전에는 비색 안 나옵니다 비색 아니라 청자색 자체가 안 나옵니다 왜 이 선생이 가마터에서 주워봤던 도편들 있지요"

- 네...

"그 색깔 못 만듭니다."

- 그 색깔들은 다른 곳에서는 한 번도 본적이 없습니다.

"그거는 청자 가마터에 가보면 있다니까. 가마터에 가면 있는 그 다양한 색깔을 청자 하는 집에서 내라고 하면 못 냅니다.

- 네, 네 그동안 선생님이 빚어놓으신 작품들 많잖아요.

"그래서 그동안 와 안 팔고 놔뒀냐 하면 4-50여년 아버지부터 작업했던 작품이 다 있거든. 그걸 전부 정리를 해가 기증할 때가 되면 기증하려고. 50여 년 동안 되는 일만 했냐, 50여 년 동안 안 되는 일만 했다 그 얘기라. 여기까지 올 때까지 50여년 만들어 놓은 청자가 청자가 되기 위한 씨앗이라고 보면 되요"

- 네 네

"그 보면 청자가 안 되는 걸 하면서도 청자를 꿈꾸고 왔다는 거죠. 50여 년 전에 걸 보면 청자 근처에도 안 오는 걸 가지고 청자가 될 수 있는 데까지 끌고 온 거에요"

- 그 자료들이 너무 멋진 거죠

"그걸 없애 버렸으면 큰일 나는 거죠. 그러니 내가 그만큼 해가지고 왔으니까 거덜 날 대로 거덜 났지"

- 그렇겠습니다.

"나는 이걸 하면서 사명감 같은 게 자꾸 생기더라고. 결국 이게 만들어져야 세계에서 청자를 유일하게 만들 수 있는 나라가 우리나라가 된다, 이 얘기라"

- 네...

"이 기술은 다른 데 없거든. 내가 전번에 일본 불 중국 불 땐다는 거 본다 그랬죠. 암만 봐도 그 불 때가지고는 청자가 안 된다 그 얘기라"

- 그러니까 중국에서도 우과천청(휘종)을 재현하고 싶지만 재현 못하고 있다고 방송 보니 그렇더라구요.

"그렇습니다. 최고의 그릇 작품을 만든다는 사람을 일본은 국부라고 하던데, 비젠불 기술로도 청자 못 만듭니다.

- 네...

'불을 가마 앞에 끄집어 내놓고 때는 사람은 내불 밖에 없다니까. 일본도 가마 안으로 장작을 던져 넣고 중국도 던져 넣는데 우리나라 사람도 옹기 굽고 망댕이 굽고 할 때 가마에 불 때는 사람이라면 가마 안에 다 장작 던져 넣어요. 가마 안에 안 던져 넣는 사람 없다니까."

- 선생님께서만 가마 앞에 불을 놓으신 거군요

"네 그렇습니다. 그런데 나는 밖에 때는데 열이 이동하는 걸 알기 때문에 알짜배기 열을 안으로 들어간다는 것을 알기 때문에 밖에 때도 되지"

- 열을 전달하시는 불을 사용하시군요.

"열은 뜨신데 들어가지 차가운데 안 들어가요 불을 넣으면 가마 안이 뜨겁잖아 바깥보다는 그러니까 불의 엑기스 열은 가마 안으로 들어간다 그 얘기라, 그래 열이 이동하는 것을 이해를 하게 되면 밖에 때야 되는 이유가 있다니까. 밖에 때도 관계없다는 것을 안다니까"

- 네...

"그래 밖에 때야지 불을 오래 땔 수 있어요 나무를 안에 던져 넣으면 오래 못 때요 하루가면 숯이 차서 못 땐다니까 그래서 내가 불을 오래 때야 되기 때문에 때는 방법을 찾은 게 그거라니까..."

- 2021.12.12 아침8시 통화중에, 선생님 아버지께서 처음 청자를 빚고 구우셨던 청자씨앗 있잖아요, 몇 년도인지 말씀 좀 해주세요.

"그때 아버지께서 녹 청자를 구우려고 했는데 아버지 뜻대로 안되고 흑 그릇이 나왔어요, 그게 1976년 그럴 거예요, 그리고 이 선생이 자꾸 청자씨앗이라고 하는데 1990년도 그럴 겁니다.

- 선생님 그동안 청자이야기 중에서 불 이야기가 만 번은 넘게 하신 것 같은데요, 환원불이란 어떤 불인지요.

"환원불이란 : 녹힘(저녁부터 아침까지 가마 불을 막을 때까지) 불을 땔 때 불속에 산소를 없애는 것입니다.

1976년 녹 청자를 구우려고 했으나 흑 청자가 나옴

• 고려비색청자여행을 하면서 도움이 되었던, 20여 년 전 실패했다고 생각한 '숯가마사업'

저는 2000년도에 숯(흑탄)가마를 10여개를 제작하여 대나무 숯 참나무 숯 소나무 숯을 구워 제품으로까지 판매한 이력이 있는데 그때 숯가마가 무너져 얼굴에 화상을 입고 전남대학교병원에서 붕대로 얼굴과 머리를 미라처럼 꽁꽁 동여매고 10여일 입원치료를 받았습니다. 그때 담당 의사선생님께서 얼굴에 화상이 심하여 죽을 수 있다고 가족에게 말했다고 했습니다. 어쨌든 숯가마를 만들어 숯을 구워본 경험이 고려청자 가마를 이해하는데 또 가마의 불길을 이해하는데 많은 도움이 되었습니다. 인생사에 있어서 결코 실패라는 것은 없다, 실패라고 생각하는 것은 나무를 심어놓고 나무가 꽃이 피기 전 열매가 열리지 않는다고 심어놓은 나무를 스스로 뽑아버리는 것이다, 라는 생각을 하게 되었습니다.

1976년 녹 청자를 구우려고 했으나 흑 청자가 나옴

고려비색청자여행을 하면서, 어떤 때에는 상상으로 천 년 전 청자를 빚는 도공이 되어보기도 했고, 또 어떤 때에는 일본 도공이 되어서 청자를 굽는 불 기술을 도굴 하려고도 했었습니다.   고려비백청자여행 원고를 쓰면서 까지도 공동묘지 같은 땅속을 걷는 꿈들을 참 많이도 꾸었습니다. 송장과 송장 썩은 물과 함께 차곡차곡 쌓여진 사기 그릇 들과 아주 먼 옛날에 빚고 구웠던 제기용품들과 사각형으로 된 그릇들이 절개된 계곡 무너진 흙더미 사이로 뒤엉켜 있는 ...그리고 응달의 산길을 걷는 밤에 구름이 희미한 달빛을 덮으면 세월에 삭은 움막에서 남루한 시커먼 옷을 입은 할머니가 지팡이를 짚고 빠른 걸음으로 따라오는 꿈. 이제 고려청자여행을 마치니 그곳에 햇볕이 들어 움막에서는 밥을 짓는 연기가 흐르고 지팡이를 짚고 따라오셨던 할머니는 지팡이를 땅에 심어 물을 주는 꿈이 되었으면 좋겠습니다.

김제평야는 휴식이 필요하다

김제평야 가는 길 91cn61cm 아크릴

2016 김제평야에 벼 심고 콩 심고

2015.10.6 김제평야에 콩 심고 벼 심고

소이산에서 본 철원평야

소이산에서 바라본 철원평야와 평강고원 194cm130cm 유화

소이산에서 철원평야와 평강고원을 잇는 황톳길을 그렸습니다. 이 길은 남북을 오가기도 하도 동해 서해를 오갈 수 있어 언젠가는 한반도 중심의 길이 되길...

2014.7.28 소이산에서 본 철원평야

2015.10.13 소이산

2015 지평선 추억의 보리밭 축제

2015 지평선 추억의 보리밭 축제